兰台翰墨 家国春秋

明清历史档案展图录

中国第一历史档案馆 编

文物出版社

兰台翰墨 家国春秋

明清历史档案展图录

中国第一历史档案馆 编

文物出版社

图书在版编目（CIP）数据

兰台翰墨　家国春秋：明清历史档案展图录 / 中国第一历史档案馆编. — 北京 : 文物出版社, 2022.12
ISBN 978-7-5010-7718-2

Ⅰ. ①兰… Ⅱ. ①中… Ⅲ. ①中国历史—档案资料—明清时代—图录 Ⅳ. ①K248.063-64

中国版本图书馆CIP数据核字（2022）第093745号

审图号：GS（2022）5375 号

兰台翰墨　家国春秋

明清历史档案展图录

编　　者　中国第一历史档案馆

封面题字　王学岭
函套题字　薛　镛
责任编辑　许海意
责任印制　张　丽

出　　版　文物出版社
社　　址　北京市东城区东直门内北小街 2 号楼
网　　址　http://www.wenwu.com
经　　销　新华书店
印　　刷　文物出版社印刷厂有限公司
开　　本　787mm × 1092mm　1/8
印　　张　34.25
版　　次　2022 年 12 月第 1 版
印　　次　2022 年 12 月第 1 次印刷
书　　号　ISBN 978-7-5010-7718-2
定　　价　980.00 元

图录编辑委员会

主 任

孙森林

副主任

高建平 韩永福

委 员

（按姓氏笔画排序）

王 澂 王玉田 王旭东 王郅文 王金龙 牛永胜
刘兰青 李 刚 伍媛媛 张小锐 宋 宇 陈宜耘
张 晶 郑文富 胡鹏程 徐 杰 倪晓一

本书编辑部

主 编

倪晓一

副主编

吴焕良 袁晓璐 谢小华

编 辑

马德玲 吴歆哲 崔 猛 陈 洁 冀永娉 龙 婧

装帧设计

袁晓璐 龙 婧

展览筹备委员会

总策划

孙森林

策划

高建平　韩永福　胡忠良　李国荣

展览执行

倪晓一

策展助理

吴焕良　袁晓璐

学术顾问

韩永福　王光越　吴元丰

王　澈　徐　莉　徐春峰

展览协调

郑文富　刘兰青　王玉田　徐　杰

李　刚　王郅文　王旭东　伍媛媛

内容编撰

（按姓氏笔画排序）

丁　威　马德玲　王景丽　龙　婧　卢　溪
孙浩洵　张小锐　陈　洁　陈晓东　吴焕良
吴歆哲　郑海鑫　倪晓一　崔　猛　谢小华
韩晓梅　褚若千　冀永娉

展览团队

倪晓一　袁晓璐　吴焕良　谢小华　马德玲
吴歆哲　崔　猛　陈　洁　冀永娉　龙　婧

展品筹备

（按姓氏笔画排序）

孙　丹　许妍婷　刘洪胜　邢　洲　齐银卿
刘　超　杨　永　李　丽　杨　军　张佳爱
杨　茉　杨　勇　陈　浩　杜钰冰　张　颖
周欣华　祝　石　胡锦春　徐桂芬

序言

2021 年 7 月 6 日，习近平总书记作出重要批示，对中国第一历史档案馆新馆开馆表示热烈的祝贺。作为专门负责收集管理明、清两朝及以前各朝代中央机构形成档案的中央级国家档案馆，中国第一历史档案馆承担着为党管档、为国守史、为民服务的重要职责。馆藏 1000 余万件明清档案，记录了明清两朝国家治理的历史经验和社会生活的百态千姿，是迄今保存最为完整系统的中国古代文书档案集合，不仅是中华民族的宝贵财富，也是全人类共同的文化遗产。

为更好发挥档案工作存史资政育人的重要作用，我们在新馆开馆时同步推出了基本陈列“兰台翰墨 家国春秋——明清历史档案展”，该展览分为明朝掠影、清朝肇建、康乾盛世、帝国秋凉、抗争求索五个部分，共展出馆藏珍贵档案 200 余件（组），包括：我国现存最大古代彩绘世界地图《大明混一图》，入选联合国教科文组织世界记忆名录的《清代科举大金榜》，原藏于乾清宫正大光明匾后的“秘密立储谕旨”，以及其他反映明清两代历史的重要档案和实物。

我们从展览中精心选取部分展品，辑成此书，以飨读者。期望同大家一起透过档案的视角，徜徉于明清历史的长河，感受那段波澜壮阔的家国记忆，在回顾历史中汲取智慧，在学习历史中坚定自信，在研究历史中把握规律，在洞察历史中着眼未来，为实现中华民族伟大复兴的中国梦不懈奋斗！

馆　长 孙森林

2022 年 7 月

凡例

1. 本图录所辑档案，绝大部分系明清两朝官方文书。除特别说明者，均为中国第一历史档案馆所藏。

2. 本图录按照中国第一历史档案馆基本陈列“兰台翰墨 家国春秋——明清历史档案展”展陈顺序排列，分为明朝掠影、清朝肇建、康乾盛世、帝国秋凉、抗争求索五个部分。每个部分，又分作若干单元。档案展品依专题收入，并参照形成时间排序。

3. 本图录所收入档案，标注题名（含作者、官职、事由、文书种类）、时间（中西历）、尺寸、材质等信息，并附有简要内容和背景介绍。

4. 档案标注时间，以具文或发文时间为准；没有具文或发文时间者，标注朱批、抄录、收文时间；有文件形成时间段者，标注起止时间；没有明确形成时间者，标注考证时间，以[ ]标注；无法考证者，仅标注朝代。

5. 有的档案图像不能反映档案全貌，或在编辑过程中选择部分图像者，均标注“局部”字样。

目录

第一部分 明朝掠影

第二部分 清朝肇建

第三部分　康乾盛世

第四部分　帝国秋凉

第五部分 抗争求索

OVERVIEW OF THE MING DYNASTY

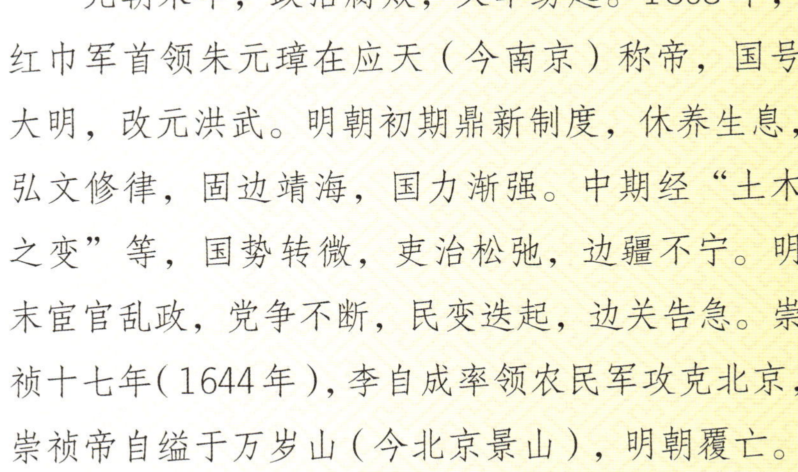

元朝末年，政治腐败，义军纷起。1368年，红巾军首领朱元璋在应天（今南京）称帝，国号大明，改元洪武。明朝初期鼎新制度，休养生息，弘文修律，固边靖海，国力渐强。中期经“土木之变”等，国势转微，吏治松弛，边疆不宁。明末宦官乱政，党争不断，民变迭起，边关告急。崇祯十七年（1644年），李自成率领农民军攻克北京，崇祯帝自缢于万岁山（今北京景山），明朝覆亡。

In the late Yuan Dynasty, political corruption led to a succession of uprisings. In 1368, the leader of the Red Turban Army, Zhu Yuanzhang, proclaimed himself emperor in Yingtian (now Nanjing), founded a new dynasty titled Great Ming, and changed his reign title to Hongwu. In the early Ming Dynasty, new measures were introduced to reform the system of government, heal and restore the economy, promote education and revise the law, and strengthen border defense on both land and sea. As a result, the country gradually became stronger. In the mid-Ming Dynasty, after the Tumu Crisis (when the emperor was captured and held hostage by the Oirat Mongol Esen), the country became weaker, the administration of officials was slack, and the border area was in unrest. Towards the end of the Ming Dynasty, eunuchs corrupted politics and party struggles continued endlessly. The people waged numerous revolts, and the dynasty faced external threats on the borders. In the 17th year of Chongzhen (1644), Li Zicheng led a peasant army to conquer Beijing. Emperor Chongzhen hanged himself on Wansui Mountain (now Jingshan), and the Ming Dynasty collapsed.

海運故道始於福 而迄于直沽致
之海道經海運編山東通志等書互
有異同未知孰是今所據者念菴羅
公廣輿圖所載其見識淵博考計精
詳蓋必有確見也故不疑而錄之云
南日水寨原設于海中南日山北
以遏南茭湖井之衝南可阻湄州
北塞之阨最為要害自遷入吉了地
方黃紫不守遂使番船北向泊以寄
潮是自失險也必復舊而後可
鷄籠山
彭湖嶼
長嶼
東沙山
牛嶼
烏坵山
崎沙門
鎮東衛
平海衛
永寧衛
福清縣
長樂縣
連江縣
羅源縣
永福縣
閩清縣
興化府
莆田縣
晉江縣
泉州府
惠安縣
仙遊縣
永春縣
南安縣
安溪縣
德化縣

明太祖朱元璋建立起一整套国家制度，奠定了明朝统治的基础。经靖难之役，燕王朱棣即位，年号永乐。永乐四年（一四〇六年），诏建北京皇宫。永乐十八年，紫禁城等基本完工。次年正月，下诏迁都北京。这一时期国家富足，疆域广阔，郑和舰队远航西洋，明朝进入全盛时期。

第一单元

开国封疆

Founding of the Dynasty

《大明混一图》

［明洪武二十二年］

1389 年

横 453 厘米 纵 382 厘米

| 绢本 |

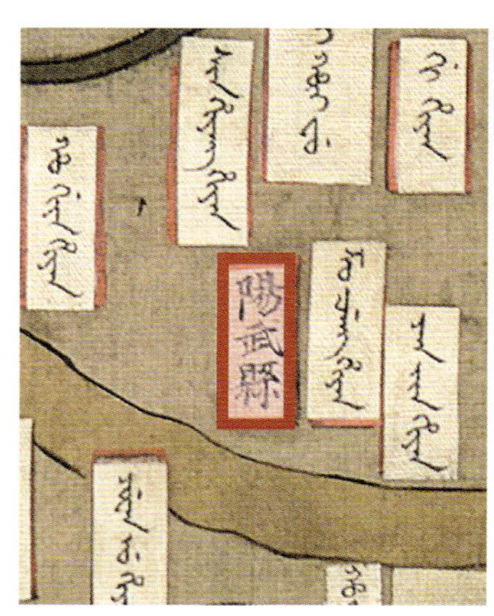

汉文标注

满文标注

《大明混一图》是我国现存绘制时间最早、尺寸最大的中外全图。图中以明代中国疆域为主体，东起日本，西达欧洲，南至赤道，北及贝加尔湖以南地区，详细描绘出这一广大区域内山川河流、海洋湖泊及都邑市镇等内容。标注域内外地名五千余处，原为汉文书写，清康熙年间覆以满文名签。2003 年，《大明混一图》被列入《中国档案文献遗产名录》。

《大明混一图》全图

大明混

汉、藏文合璧

永乐帝敕谕

命土官军民为喇嘛失家摄聂修行提供便利

明永乐八年九月十六日

1410年10月14日

横175厘米　纵66厘米

|纸本|

大明皇帝勅諭剌麻失家攝聶
朕惟佛氏之興其来已遠西土之人久事崇
信其教以空寂為宗以普度為心化導善類
覺悟群迷功德之著無間幽顯有能尊崇其
教以導引夫一方之人去其昏迷嚮慕善道
强不至凌弱大不至虐小息爭鬬之風無侵
奪之患上下各安其分長幼各遂其生同歸
於仁壽之中同安於泰和之世上是以陰翊
皇度下是以勸善化俗其功德所及豈不遠
哉今剌麻失家攝聶演如来之教法悟大乗
之真詮以慈悲導一方以善行化衆類所在
土官軍民人等聽從本僧從便脩行益弘願
力丕闡宗風為一方之人祈福並不許侮慢
欺凌生事沮壞敢有不遵朕命者必罰無赦
故諭

钤印

敕谕是皇帝专用文书之一，主要用于向特定范围的人员下达命令及训诫等事。元朝时，西藏被正式纳入中央管辖。明朝在西藏地区设乌斯藏都司、朵甘都司及行都司。永乐帝善用宗教力量，召见、封赏教派领袖，分赐封号，以此强化对西藏的管理。此件敕谕汉藏文合璧，颁给失家摄聂喇嘛，命令属地官民为其修行提供便利。

敕命之宝

永乐朝词臣献颂

《圣德瑞应颂》

明永乐十八年

1420 年

横 28.5 厘米　纵 45.5 厘米

| 纸本 |

明代凡遇庆典，内外臣僚按例献颂进贺。永乐十八年（1420 年），紫禁城建成，内阁重臣胡广、杨荣、金幼孜三人，分别向永乐帝朱棣进呈颂词《圣德瑞应颂》等三篇。其内容包含紫禁城肇建缘由、建筑规模、材料来源等重要信息。

聖德瑞應賦

惟

聖皇之御極因

龍潛而作都建兩京之偉觀恢萬世之鴻圖

中四方而正位畫千里而為區宅禹貢冀

州之域當天文析木之墟下衍坤絡上振

乾樞洪河巨川旣渾涵而聯亘重關疊嶂

復磅礴以廻紆緫陰陽之交會盡海陸之

灌輸斯乃

天府之國是為

興王之居式光昭於

景運允契合於

貞符乃蠲吉而經始乃選材而庀工詢謀冈

貳龜筮協從萬姓咸會四方攸同維仲冬

之凝沍盎和氣之沖融

神人協歡以交贊

上帝監觀而相成於是建

奉天立

乾清法剛健配高明壯

鴻基於九鼎揭

皇極於八紘肆

天休之滋至紛緫緫而來呈旣彌旬而閱月羌

日盛而日盈若乃瑞彩發舒其光五色或

紺而青或黃而赤或護日而圓或凌風而

直上燭璿璣下臨柱石繡楹耿耀丹闌有

赫晶晶熒熒燁燁奕奕昭晰輝融交暎洞

射爾其慶雲輪囷非霧非烟勃欝布濩郁

郁紛紛錯綜成章五采氤氳乍歛而合條

舒而分或圓若停蓋或長若垂紳或縈若

張綺或麗若凝纁昭回河漢朗耀三辰至

若瑶葩下垂彌空繽紛的皪璀璨狀擬日

輪炫碧含丹飄飄馥芬熠熠煜煜上騰高

旻亦有太液屢冰而瑞衆妙畢陳包含巨

細層疊森羅辟聯珠綴瑩徹方諸輝爍陽

遂匪琢匪雕匪裁匪製肧渾化工巧發神

秘於斯時也百辟庶尹羣公卿士莫不蹈

舞歡揚屏息睥睨以為曠世之奇逢太平

之盛事乃端沐齋祓敷衽陳詞再拜而進

曰

皇帝功高邃古化侔兩儀德洽庶類仁育黔黎

風雨時若百穀茂滋蠻夷欵附遐邇緝綏
圜靈薦祉柔祇效珎五行序三階平醴泉
溢甘露凝嘉禾殖芝草生麒麟騶虞鳳凰
長離籍籍紛紛合沓葳蕤斯皆前日之徵
應盛世之福禔維茲肇造
新宮允協
昌期萬靈敷佑民物咸宜誕貽
景貺申錫
蕃釐是蓋
天眷聖德佑啓
鴻基貽
皇明之偉烈開萬世之雍熙雖武有宅鎬之圖
成有卜洛之舉曾何足以方於斯也
皇帝乃謙抑遜避寅畏悚惕登進羣臣戒厲訓
勑慎乃位脩厥德毋恃安而忘危毋恃祥
而自逸納赤子於泰和措羣生於豐殖家
無夭札之虞人靡饑寒之戚禮讓行而俗
化淳刑罰清而奸慝息上安下順內寧外
謐庶幾上荅
天眷茂衍

鴻澤固
邦基於久遠綿
曆數於無極貽生民永世之安為
子孫不刊之式顧不偉歟於是羣臣拜手稽
首揚言曰
皇帝克當天心圖其難不圖其易于其德不于
其瑞誠
國家莫大之慶天下無窮之惠臣等敢不罄
竭愚衷欽服
明訓以副
陛下拳拳之盛意載歌曰瑞光耿兮五采紛紛
兮卿雲絜兮五采成文兮瑤葩麗兮藹璘
璸兮氷華耀兮蘊奇珎兮
帝京建兮瑞駢臻兮
皇德謙兮訓戒之諄兮
寶祚隆兮景命維新兮
聖壽永兮何千萬春兮
翰林院學士兼右春坊右諭德奉議大夫臣金幼孜謹進

第二单元

建章立法

Rules and Laws

为巩固统治，朱元璋称帝后大赦天下，选贤纳谏，确立了施政纲领与礼仪法规；修《大明律》，为明朝基本法典；印制发行大明通行宝钞，为流通货币。嘉靖、隆庆、万历三朝，内阁首辅高拱、张居正等人推行系列改革，整饬吏治，惠农利商。

《大明律集解》

［明正德十六年］

《大明律集解》是对明初颁布的《大明律》法令条例解读的汇编，由胡琼编纂，亦称《大明律集解附例》或《大明律附解》。全书共4册30卷。此本律、例合编，为《大明律》注释集大成者。《大明律》内容丰富，有的承自前代，有的为明代所创，曾历经4次大规模修订，具有革故鼎新的意义。

1521年

横20厘米　纵31厘米

| 纸本 |

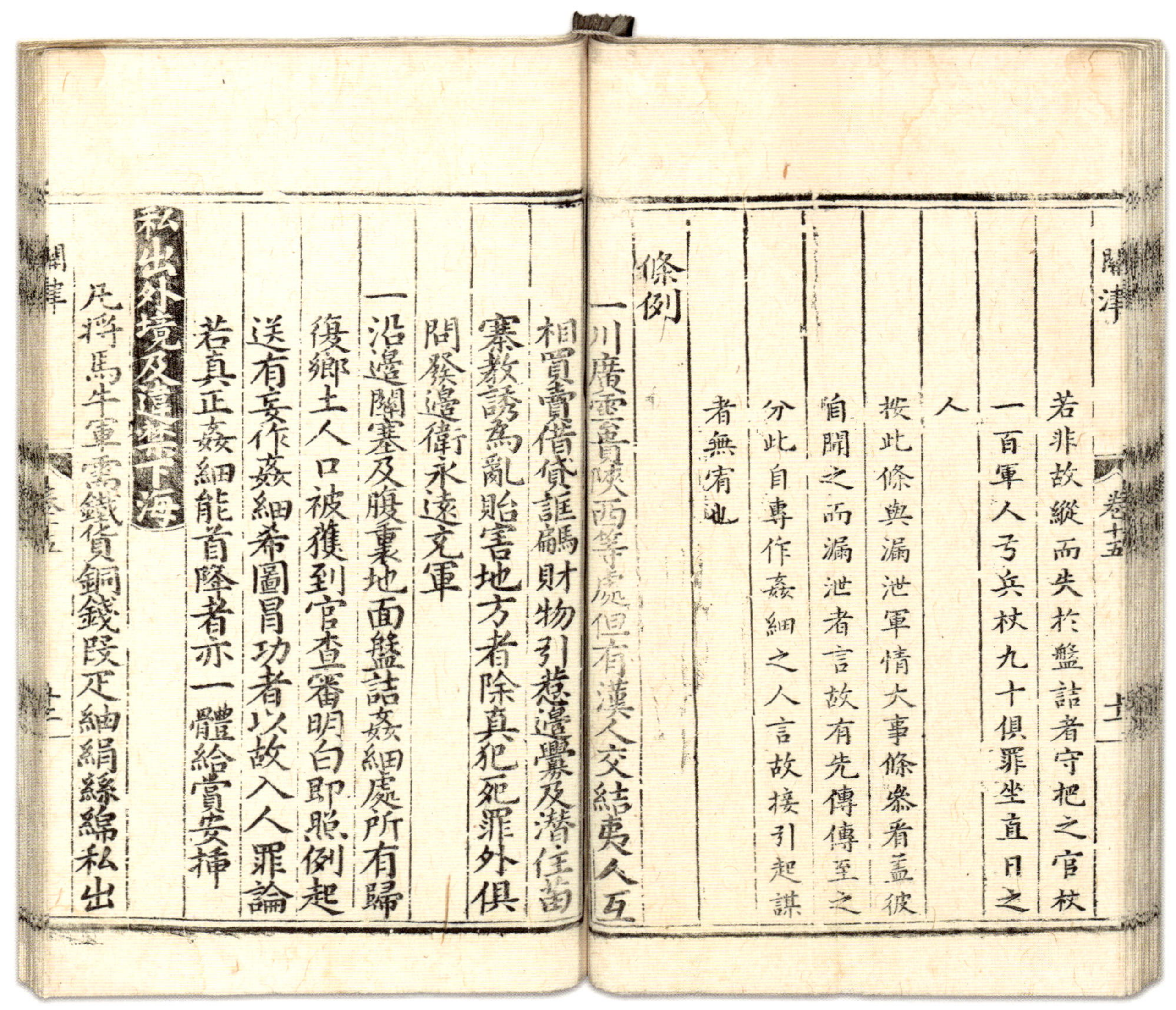
關津　卷十五

若非故縱而失於盤詰者守把之官杖
一百軍人弓兵杖九十俱罪坐直日之
人
按此條與漏泄軍情大事條參看蓋彼
指聞之而漏泄者言故有先傳傳至之
分此自專作姦細之人言故接引起謀
者無宥也
條例
一川廣雲貴陝西等處但有漢人交結夷人互
相買賣借貸誆騙財物引惹邊釁及潛住苗
寨教誘為亂貽害地方者除真犯死罪外俱
問發邊衛永遠充軍
一沿邊關塞及腹裏地面盤詰姦細處所有歸
復鄉土人口被獲到官查審明白即照例起
送有妄作姦細希圖冒功者以故入人罪論
若真正姦細能首降者亦一體給賞安插
私出外境及違禁下海
凡將馬牛軍需鐵貨銅錢段疋紬絹絲綿私出

大明通行宝钞

明洪武朝

1368—1398 年

横 22.5 厘米　纵 34.3 厘米

| 纸本 |

明朝建立后，为强化中央集权，缓解财政压力，效仿宋、元制度发行纸钞。洪武八年（1375 年），朱元璋下诏，命中书省造“大明通行宝钞”。

洪武十三年（1380 年）废中书省后，改由户部主持印造，面额自十文至一贯不等。永乐年间形成定制，宝钞沿用“洪武”年号。随着发行量的增加，宝钞贬值严重，明中叶以后，宝钞实际退出流通领域。

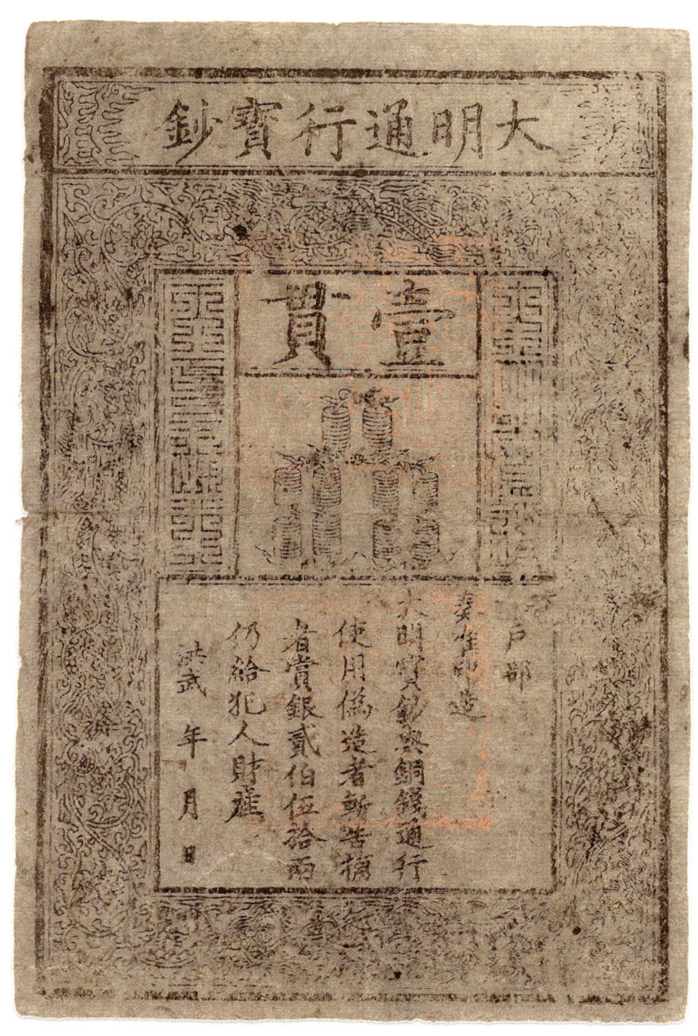

正面

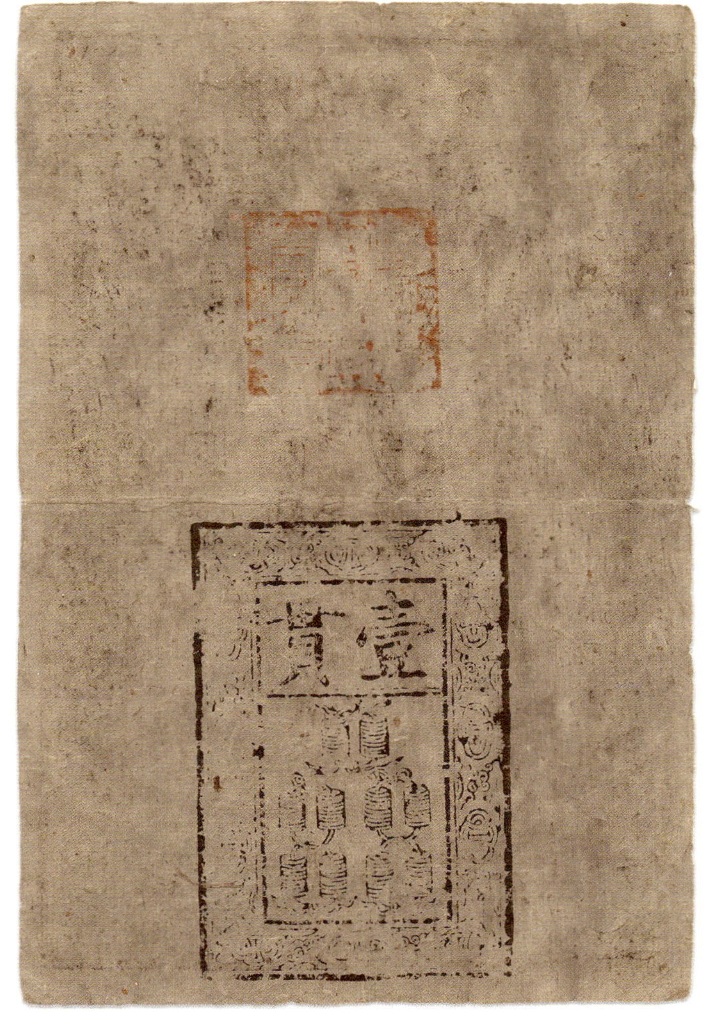

背面

土地买卖契约

明嘉靖二十一年二月十七日

1542年3月3日

横 52.5 厘米　纵 31.5 厘米

| 纸本 |

明代土地买卖频繁，甚至出现产权与使用权独立典售的情况。买卖双方签署“卖地文约”，由中间人作保，签字画押，交买方存查，即算成交，即“验契纳税，盖印为凭”。一般情况下，买方在付清地款后，凭“卖地文约”向官府缴纳一定比例的契税，即获得土地所有权。完税后，官府以钤印契约为土地所有权转移证明，同时掌握土地流转之后的所有权归属信息，为田赋征收提供保障。

洪熙帝《御制诗集》

[明洪熙元年]

1425年

横 24.5 厘米　纵 36 厘米

| 纸本 |

洪熙帝，即明仁宗朱高炽，永乐帝朱棣长子，即位不到一年即去世。其诗词传世较少，多创作于永乐年间。《御制诗集》中收录有《蓟门烟树》《玉泉垂虹》《卢沟晓月》等描绘燕京八景的五言诗，笔调清新雅致。

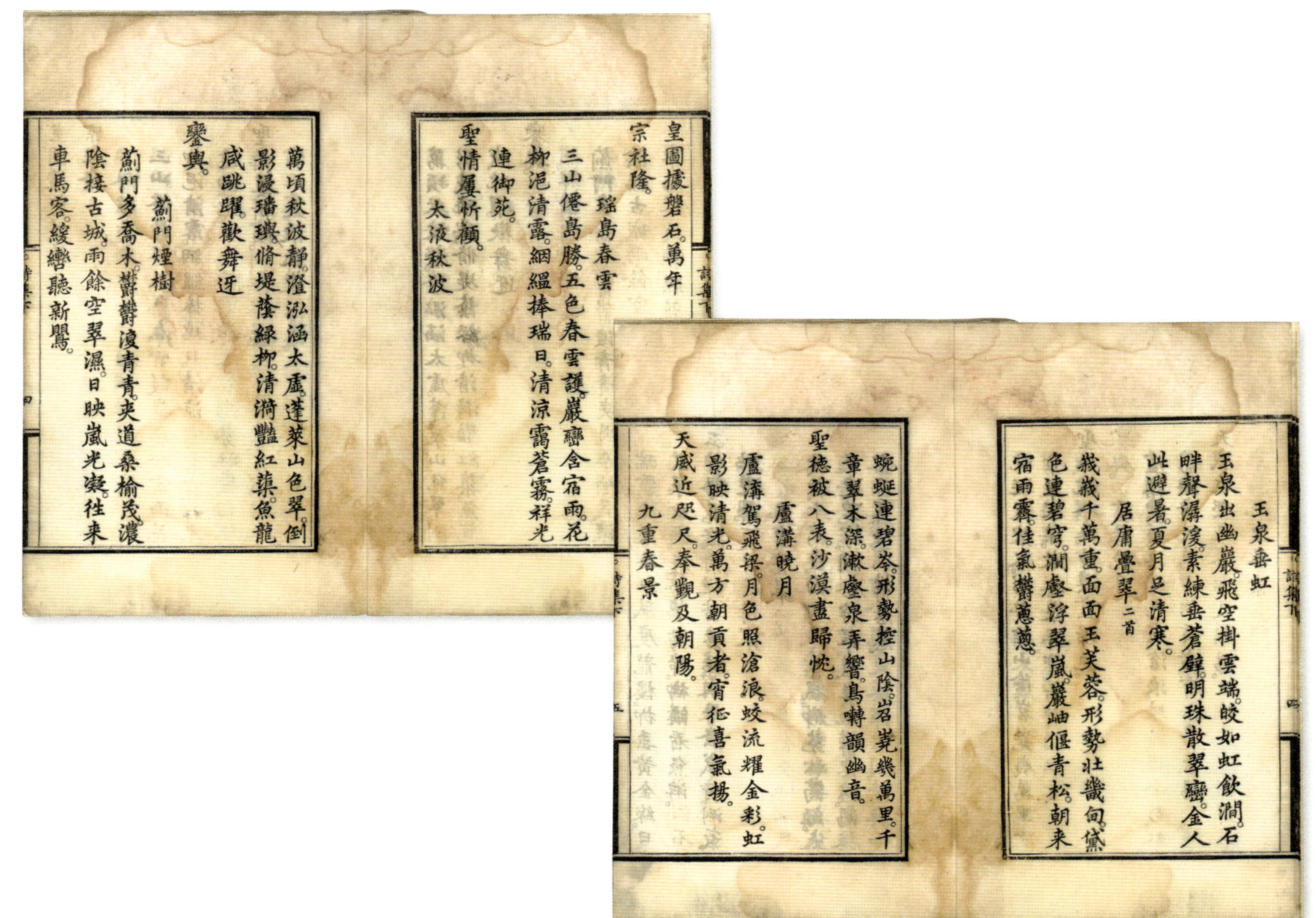

钤印

朝鲜国王之印

朝鲜国王李峘致辽东都指挥使司咨文

明隆庆元年三月十一日

1567年4月19日
横105厘米 纵74.5厘米
| 纸本 |

“咨”亦称作“咨文”，是级别相近的高级官衙及官员之间使用的平行文书，自宋沿用至民国。此件为朝鲜国王李峘为送还被建州女真掳掠的16名百姓致辽东都指挥使司的咨文，包括走失人员的姓名、年龄、走失情况等信息。我国与朝鲜交往历史源远流长，明朝与朝鲜李氏王朝的友好关系始自李朝肇建之初。建文帝时，正式遣使册封李芳远，将朝鲜纳入朝贡体系之中。

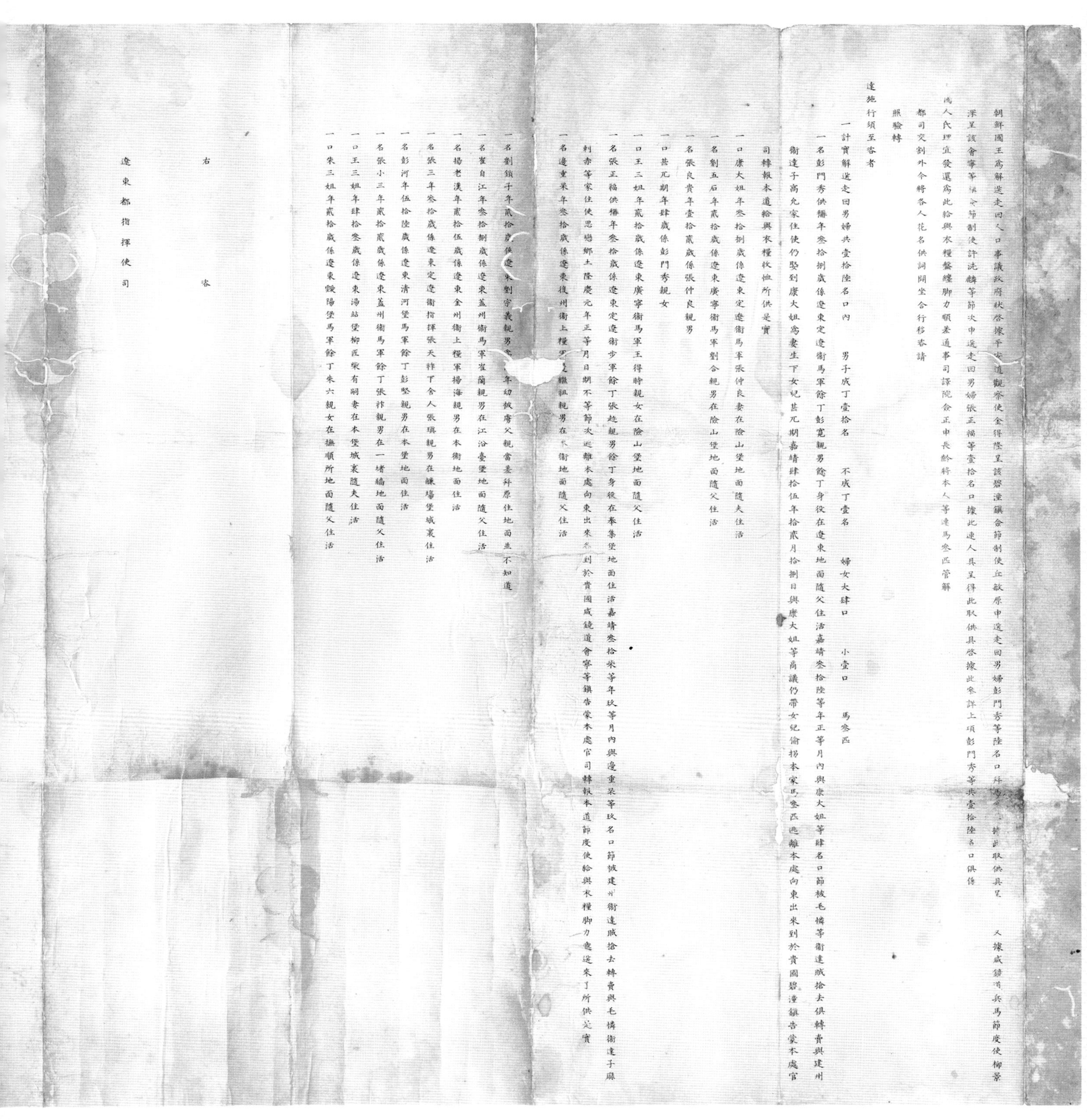

朝鮮國王為解送走回人口事議政府狀啓據平安道觀察使金得隆呈該碧潼鎮僉節制使丘敏原申送走回男婦彭門秀等陸名口并馬[illegible]據此取供具呈 又據咸鏡道兵馬節度使柳景

深呈該會寧等鎮僉節制使許沚麟等節次申送走回男婦張正福等壹拾名口據此連人具呈得此取供具啓據此參詳上項彭門秀等共壹拾陸名口俱係

滿人民理宜發還為此給與衣糧盤纏腳力順差通事司譯院僉正申長齡將本人等連馬叁匹管解

都司交割外今將各人花名供詞開坐合行移咨請

照驗轉

達施行須至咨者

一計實解送走回男婦共壹拾陸名口內

男子成丁壹拾名　不成丁壹名　婦女大肆口　小壹口　馬叁匹

一名彭門秀供稱年叁拾捌歲係遼東定遼衛馬軍餘丁彭寬親男餘丁身役在遼東地面隨父住活嘉靖叁拾陸等年正等月內與康大姐等肆名口節被毛憐等衛達賊搶去供轉賣與建州衛達子高允家住使仍娶到康大姐為妻生下女兒甚兀期嘉靖肆拾伍年拾貳月拾捌日與康大姐等商議仍帶女兒偷拐本家馬叁匹逃離本處向東出來到於貴國碧潼鎮告蒙本處官司轉報本道給與衣糧收恤所供是實

一口康大姐年叁拾捌歲係遼東定遼衛馬軍張仲良妻在險山堡地面隨夫住活

一名劉五右年貳拾歲係遼東廣寧衛馬軍劉合親男在險山堡地面隨父住活

一名張良貴年壹拾貳歲係張仲良親男

一口甚兀期年肆歲係彭門秀親女

一口王三姐年貳拾歲係遼東廣寧衛馬軍王得時親女在險山堡地面隨父住活

一名張正福供稱年叁拾歲係遼東定遼衛步軍餘丁張趂親男餘丁身役在奉集堡地面住活嘉靖叁拾柒等年玖等月內與邊重果等玖名口節被建州衛達賊搶去轉賣與毛憐衛達子麻刺赤等家住使思戀鄉土隆慶元年正等月日期不等節次逃離本處向東出來各到於貴國咸鏡道會寧等鎮告蒙本處官司轉報本道節度使給與衣糧腳力起送來了所供是實

一名邊重果年叁拾歲係遼東復州衛上糧軍[illegible]繼祖親男在本衛地面隨父住活

一名劉鎖子年貳拾[illegible]係遼東劉守義親男[illegible]年幼被虜父親當差并原住地面並不知道

一名崔自江年叁拾捌歲係遼東蓋州衛馬軍崔蘭親男在江沿臺堡地面隨父住活

一名楊老漢年貳拾伍歲係遼東金州衛上糧軍楊海親男在本衛地面住活

一名張三年叁拾歲係遼東定遼衛指揮張天祚下舍人張璵親男在鹻場堡城裏住活

一名彭河年伍拾陸歲係遼東清河堡馬軍餘丁彭堅親男在本堡地面住活

一名張小三年貳拾貳歲係遼東蓋州衛馬軍餘丁張祚親男在一堵牆地面隨父住活

一口王三姐年肆拾叁歲係遼東湯站堡柳匠柴有嗣妻在本堡城裏隨夫住活

一口朱三姐年貳拾歲係遼東靉陽堡馬軍餘丁朱六親女在撫順所地面隨父住活

右　咨

遼東都指揮使司

《朝鲜迎接天使都监都厅仪轨》

明万历三十六年

1608 年

横 37.5 厘米　纵 48.5 厘米

| 纸本 |

仪轨，指礼法规矩。朝鲜王朝（李朝）时代，逢国王册立、王室婚嫁、出巡等重大仪典，开设“仪轨都监”，一应礼仪记录在册，称《仪轨》。“天使”则为李朝对明朝使臣的尊称。万历三十六年（1608 年），朝鲜国王李昖去世，明廷遣使赐祭，并册封新君光海君李珲。此份仪轨即为朝鲜都监、都厅等机构筹备明使赐祭、册封典仪的记录。

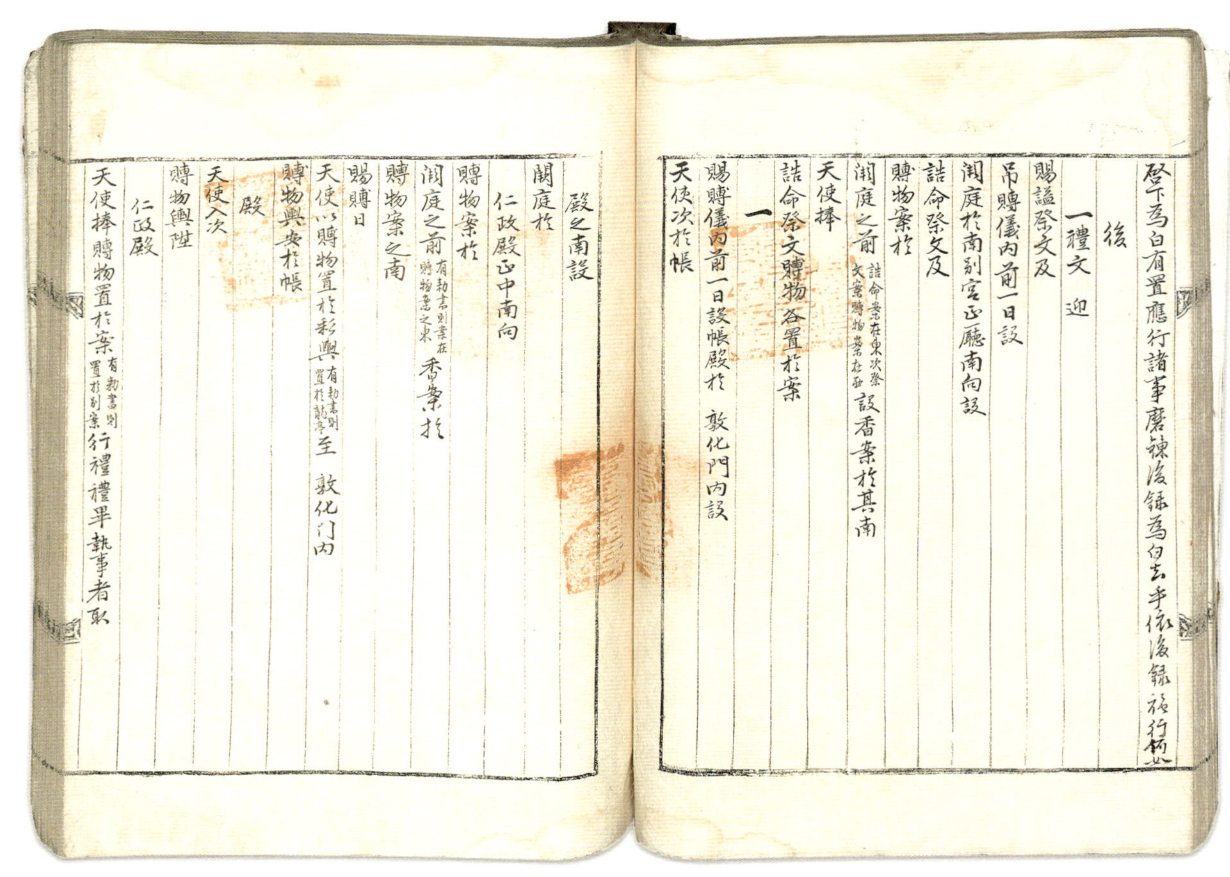

啓下爲白有置應行諸事磨鍊後錄爲白去乎依後錄施行何如

後

一禮文 迎

賜謚祭文及

弔賻儀內前一日設

闕庭於南別宮正廳南向設

誥命祭文及

賻物案於

闕庭之前（誥命案在東次祭文案賻物案在西）設香案於其南

天使擇

誥命祭文賻物各置於案

一

賜賻儀內前一日設帳殿於 敦化門內設

天使次於帳

殿之南設

闕庭於

仁政殿正中南向

賻物案於

闕庭之前（有勅書則案在賻物案之東）香案於

賻物案之南

賜賻日

天使以賻物置於彩輿（有勅書則置於龍亭）至 敦化門內

賻物輿安於帳

殿

天使入次

賻物輿陞

仁政殿

天使捧賻物置於案（有勅書則置於別案）行禮禮畢執事者取

局部

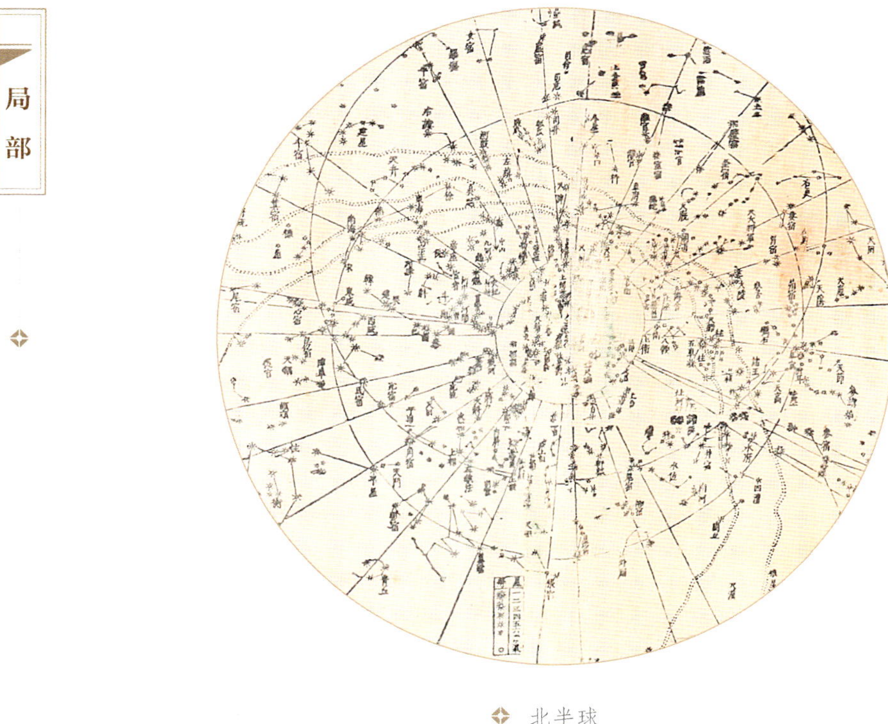

北半球

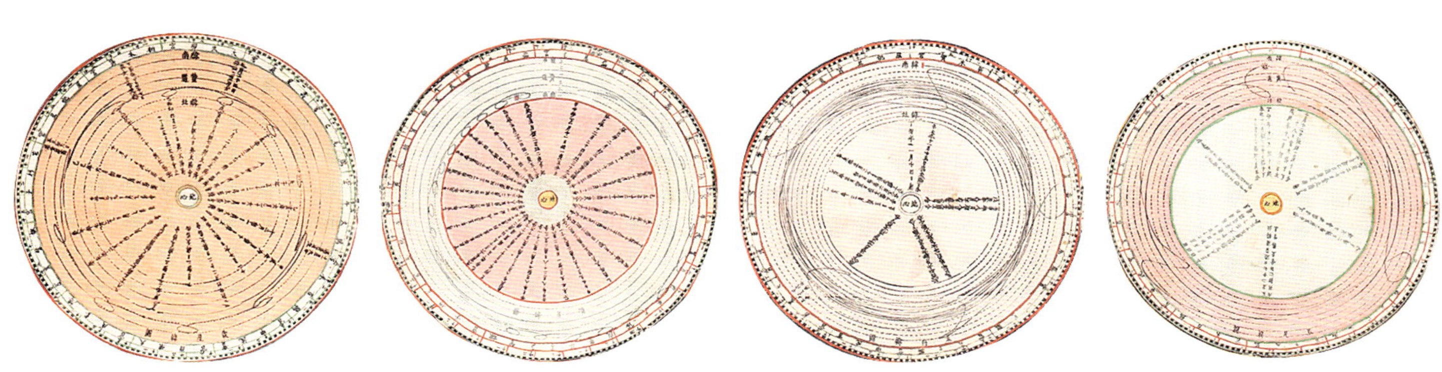

《赤道南北两总星图》

明崇祯七年

1634年

横 449.6 厘米　纵 171.7 厘米

| 纸本 |

赤道南北兩總星圖說
修政曆法遠西耶穌會士湯若望譔
赤道經緯儀
紀限儀
天漢

赤道

高拱《掌铨题稿》

明万历朝

1573—1620 年

横 17 厘米　纵 28.2 厘米

| 纸本 |

高拱，嘉靖二十年（1541 年）进士，曾任隆庆帝潜邸讲官，后为内阁首辅。《掌铨题稿》全书共 34 卷，汇集高拱于隆庆年间所上疏稿，内容多涉及铨选、改革等项。

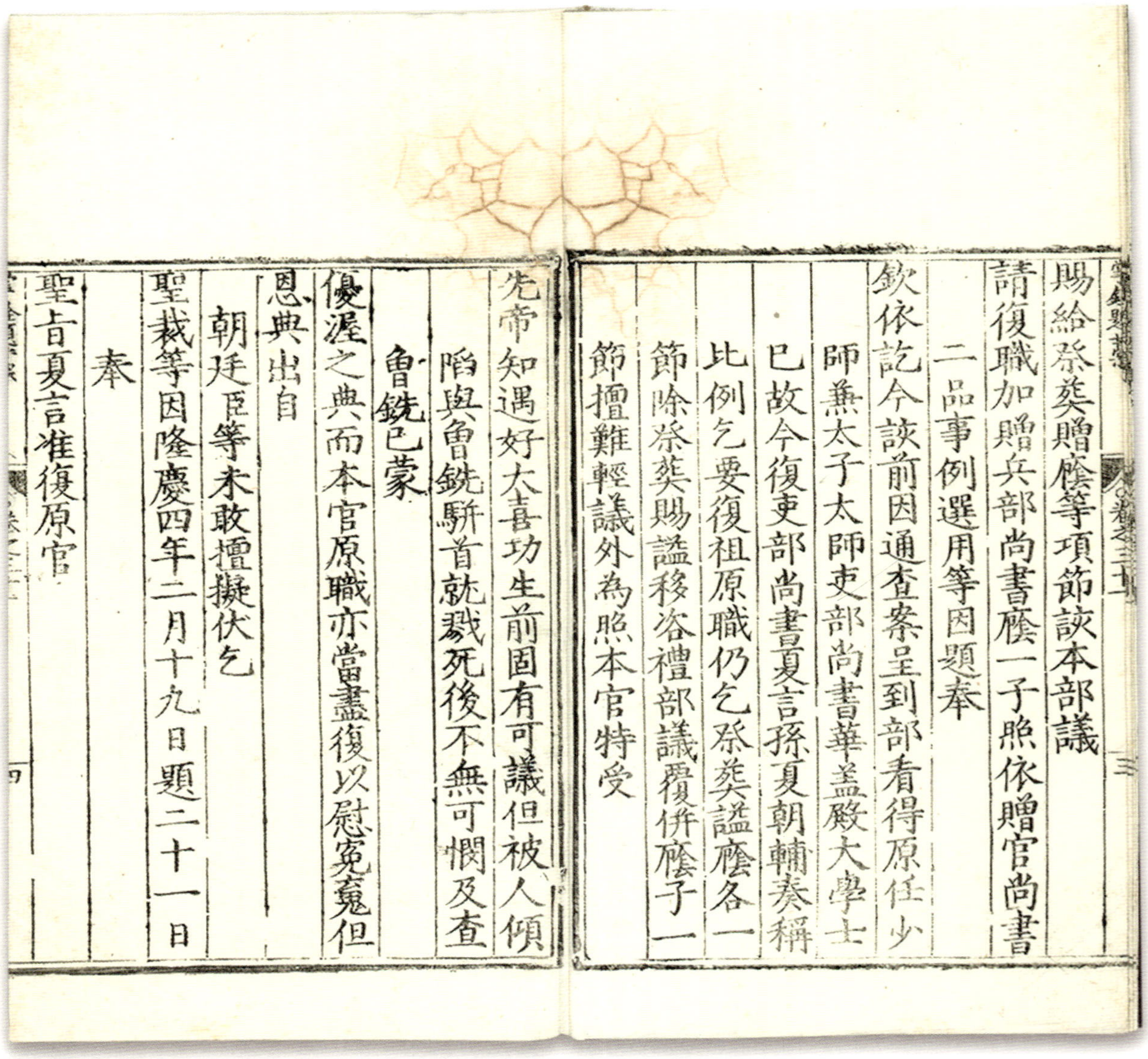

賜給祭葬贈廕等項節該本部議
請復職加贈兵部尚書廕一子照依贈官尚書
二品事例選用等因題奉
欽依該今該前因通查案呈到部看得原任少
師兼太子太師吏部尚書華盖殿大學士
已故今復吏部尚書夏言孫夏朝輔奏稱
比例乞要復祖原職仍乞祭葬謚廕各一
節除祭葬賜謚移咨禮部議覆併廕子一
節擅難輕議外為照本官特受
先帝知遇好大喜功生前固有可議但被人傾
陷與曾銑駢首就戮死後不無可憫及查
曾銑已蒙
優渥之典而本官原職亦當盡復以慰冤魂但
恩典出自
朝廷臣等未敢擅擬伏乞
聖裁等因隆慶四年二月十九日題二十一日
奉
聖旨夏言准復原官

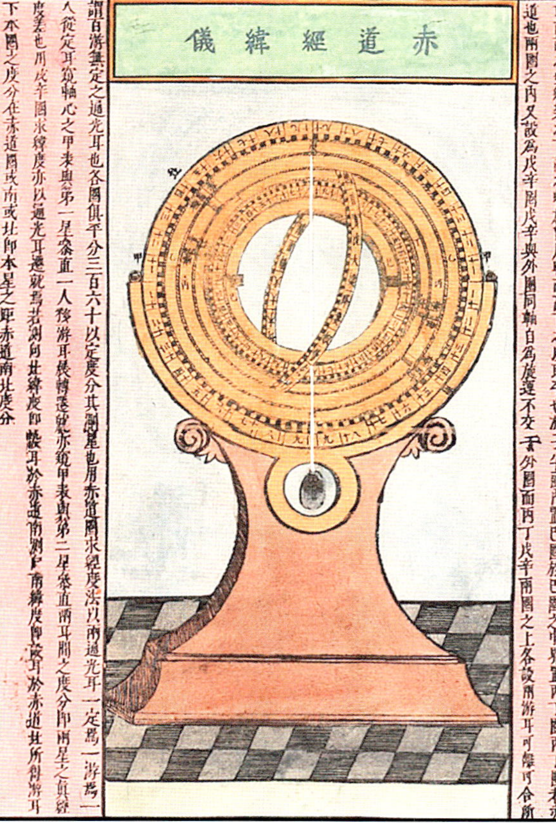

赤道经纬仪

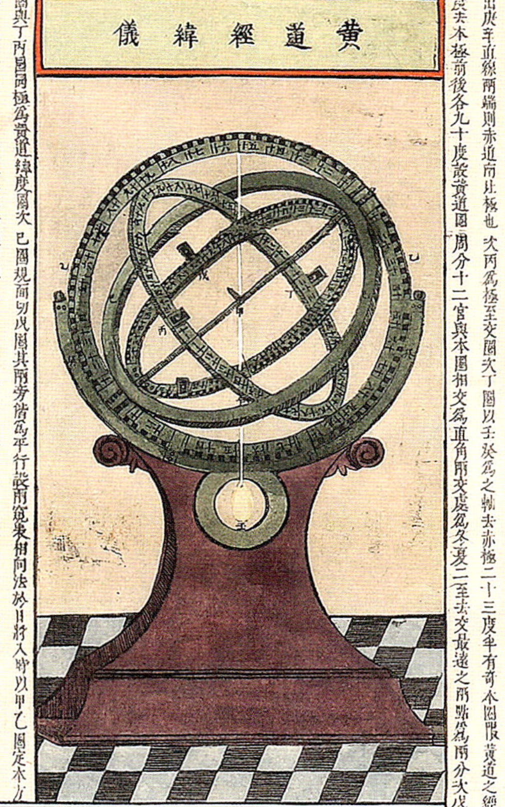

黄道经纬仪

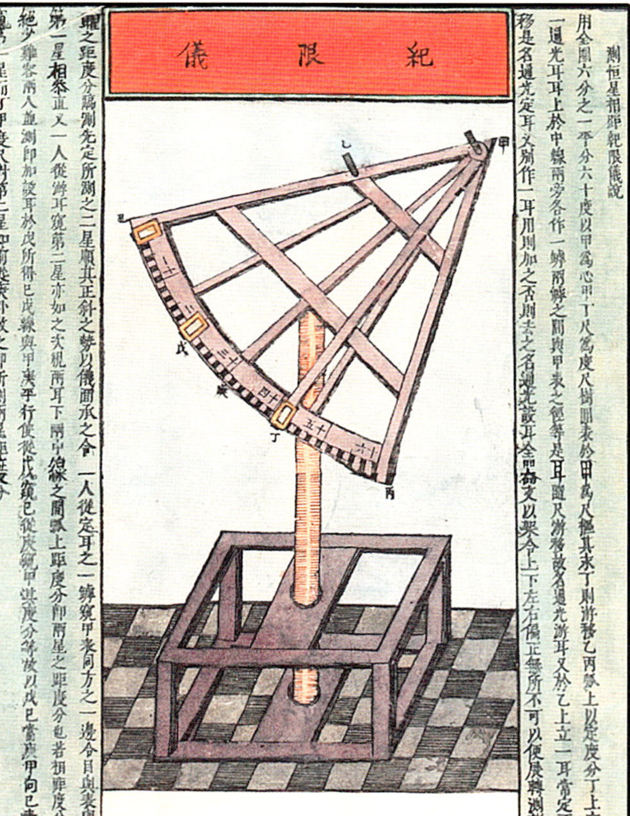

纪限仪

地平经纬仪

赤道南北兩總星圖敘
黃道經緯儀
地平經緯儀
天漢
賜進士第光祿大夫柱國太子太保禮部尚書兼文淵閣大學士奉
勅督修曆法徐光啓題

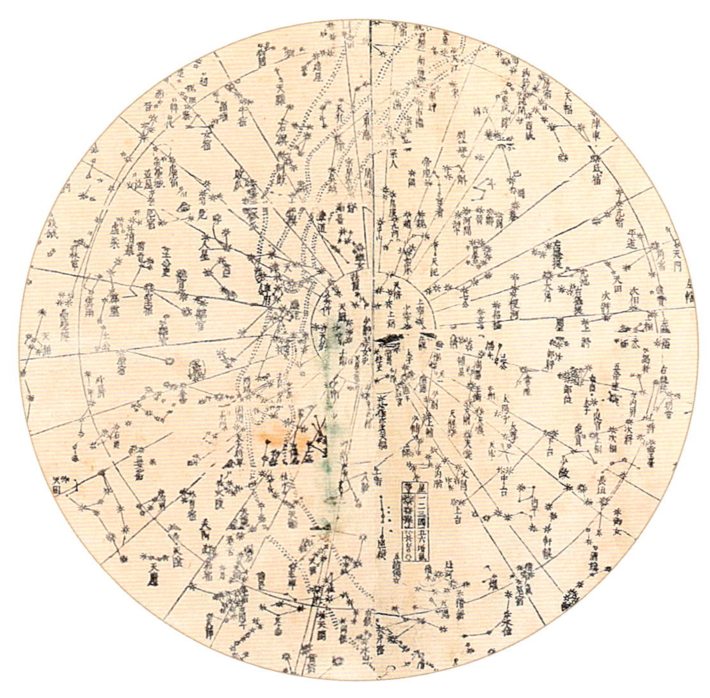

南半球

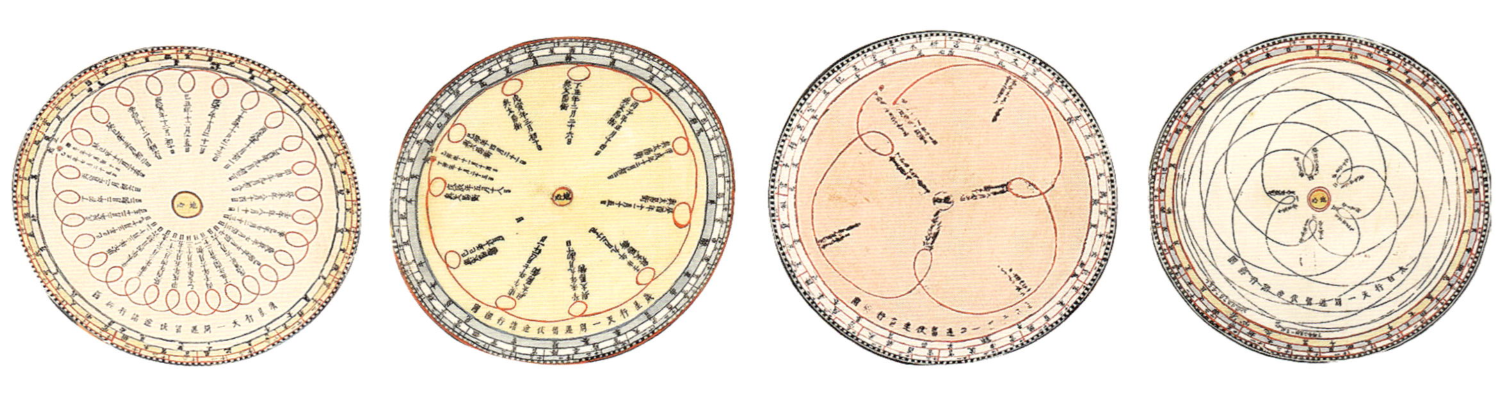

此组星图为木刻填色，系8条幅纵向拼合，由礼部尚书、文渊阁大学士徐光启主持测绘，传教士汤若望参与设计，意大利传教士罗雅谷校对。崇祯六年（1633年），徐光启去世，次年图成，进献崇祯帝。主图为《南赤道所见星图》《北赤道所见星图》，另绘有《赤道图》《黄道图》等各种小星图12幅，黄道经纬仪等各种天文仪器图4幅。首尾有徐光启《赤道南北两总星图叙》、汤若望《赤道南北两总星图说》。

2014年，《赤道南北两总星图》被列入《世界记忆亚太地区名录》。

《崇祯存实疏钞》

［清乾隆四年之前］

1644—1739 年

横 21.5 厘米　纵 33 厘米

｜纸本｜

清人抄录明崇祯六年（1633 年）正月间臣工题本，汇集共 8 册，另有散页 7 张，上题“崇祯存实疏钞”。崇祯朝本无实录，原抄本为清初修《明史》时，史官据所辑崇祯档案汇抄成册。全书按日期编排，以兵部奏疏为主，反映了当时军事边防及农民起义的部分情况。

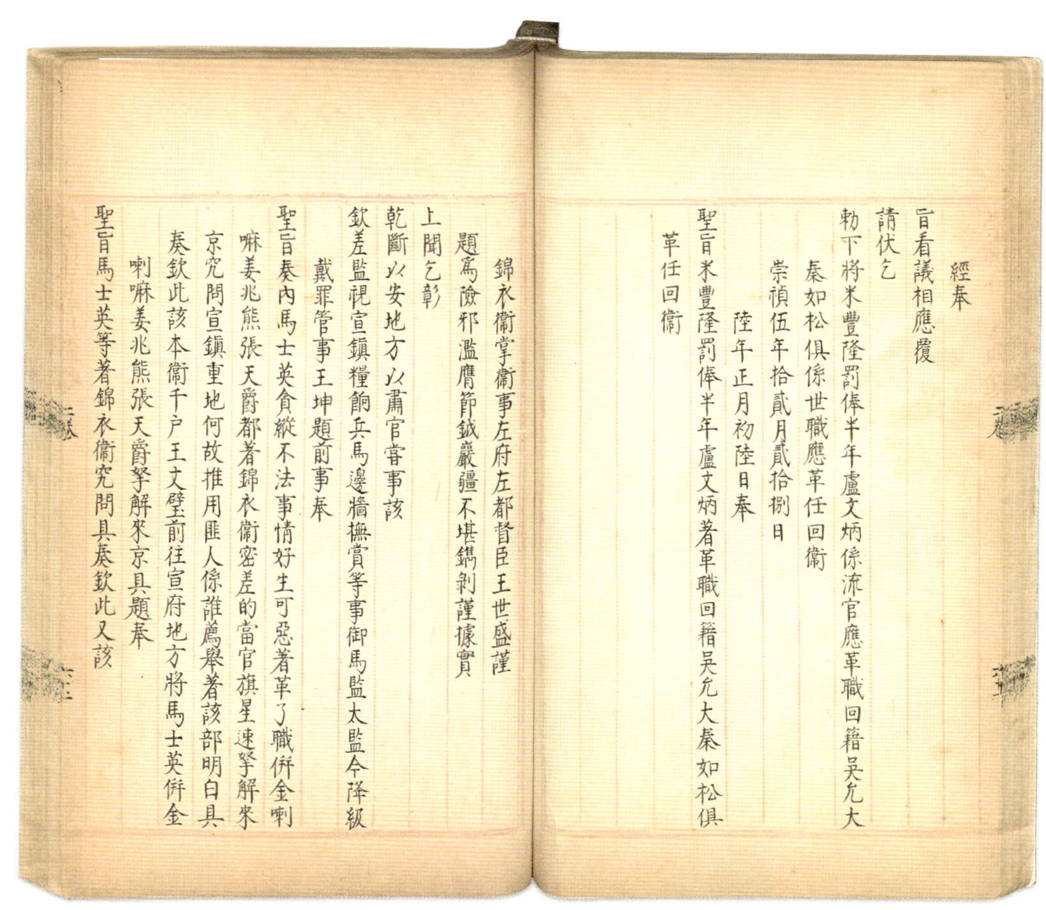

經奉
旨看議相應覆
請伏乞
勅下將米豊隆罰俸半年盧文炳係流官應革職回籍吴允大
秦如松俱係世職應革任回衛
崇禎伍年拾貳月貳拾捌日
陸年正月初陸日奉
聖旨米豊隆罰俸半年盧文炳着革職回籍吴允大秦如松俱
革任回衛

錦衣衛掌衛事左府左都督臣王世盛謹
題爲撿邪濫冒節鉞嚴疆不堪錫剩謹據實
上聞乞彰
乾斷以安地方以肅官常事該
欽差監視宣鎮糧餉兵馬邊牆撫賞等事御馬監太監今降級
戴罪管事王坤題前事奉
聖旨奏內馬士英貪縱不法事情好生可惡着革了職併金喇
嘛姜兆熊張天爵都着錦衣衛密差的當官旗星速拏解來
京究問宣鎮重地何故推用匪人係誰薦舉着該部明白具
奏欽此該本衛千户王文璧前往宣府地方將馬士英併金
喇嘛姜兆熊張天爵拏解來京具題奉
聖旨馬士英等着錦衣衛究問具奏欽此又該

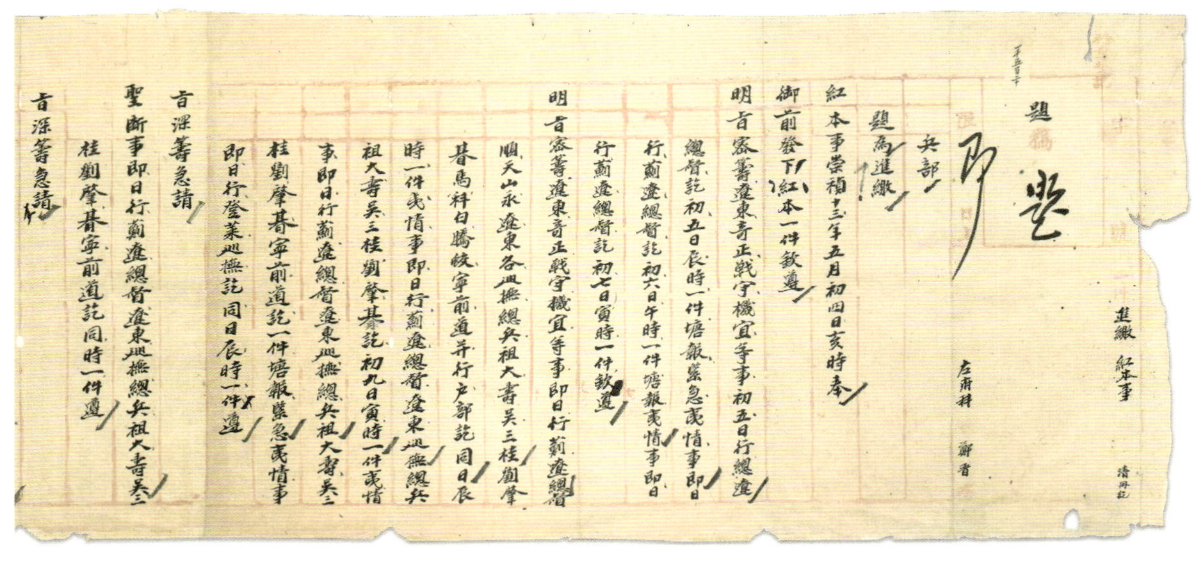

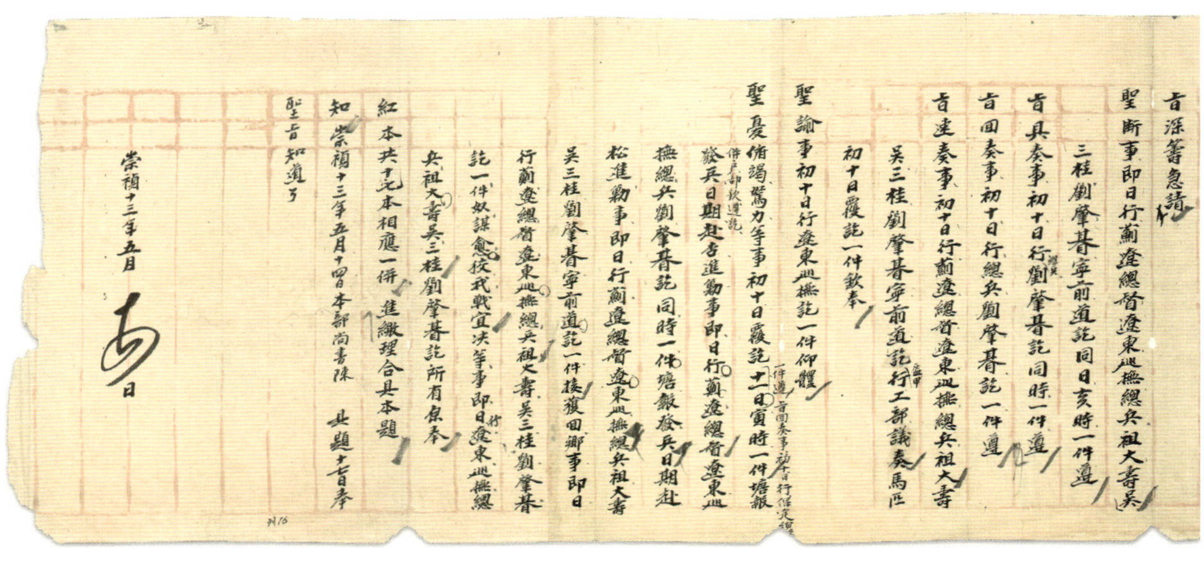

兵部题稿

关于进缴红本

明崇祯十三年五月十四日

1640 年 7 月 2 日

横 185.5 厘米　纵 39 厘米

| 纸本 |

题本是明代官员所用的一种文书。皇帝在内阁“票拟”基础上对题本作出的批复意见称批红。经批红后的题本，称为红本。内阁抄录收办题本和奉旨批红以及咨行各衙门文书的稿底，通称“题行稿”。其中，题报部分称“题稿”，批复部分称“行稿”。

此为兵部依例进呈缴回红本的题稿，红本内容均与辽东战事有关。

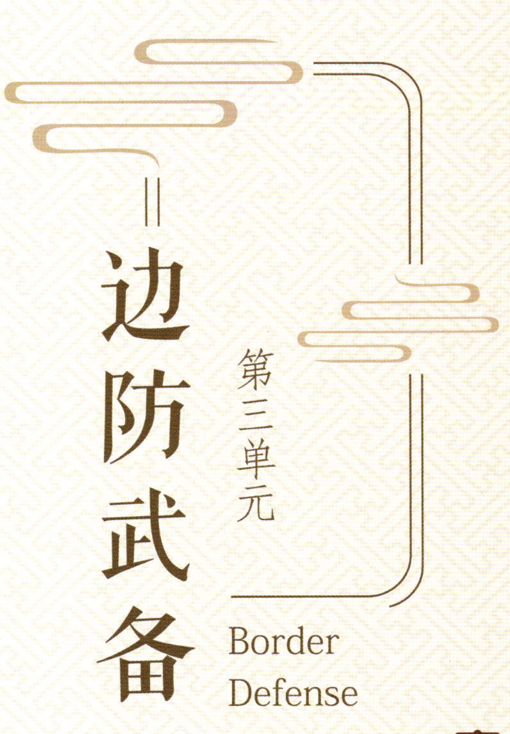

第三单元

边防武备

Border Defense

明初，自京师至各府县，广设都司卫所。卫所属众称为军户，农时耕种，战时出征，军籍世代沿袭。为强化北部边防，明廷整修、新筑长城，自东而西设立军镇，称『九边重镇』。中期以后，东南倭患严重。为御海盗流寇，各地整饬海防，形成系统完备的防御体系。

《广舆图》

明嘉靖三十七年

1558 年

横 73.9 厘米　纵 37.5 厘米

| 纸本 |

《广舆图》是我国现存最早的综合性地图集。依传统“计里画方”方法绘制，除详绘辽东、蓟州、宣府、大同、山西、延绥、宁夏、固原、甘肃等“九边”军镇位置及驻防信息外，尚有西南边地、黄河漕运海运诸图及朝鲜、安南（今越南）等周边属国地域图。全册共收地图 48 幅，文字、表格共 68 页。此系嘉靖三十七年（1558 年）南京十三道监察御史重刊本，为国内仅存。

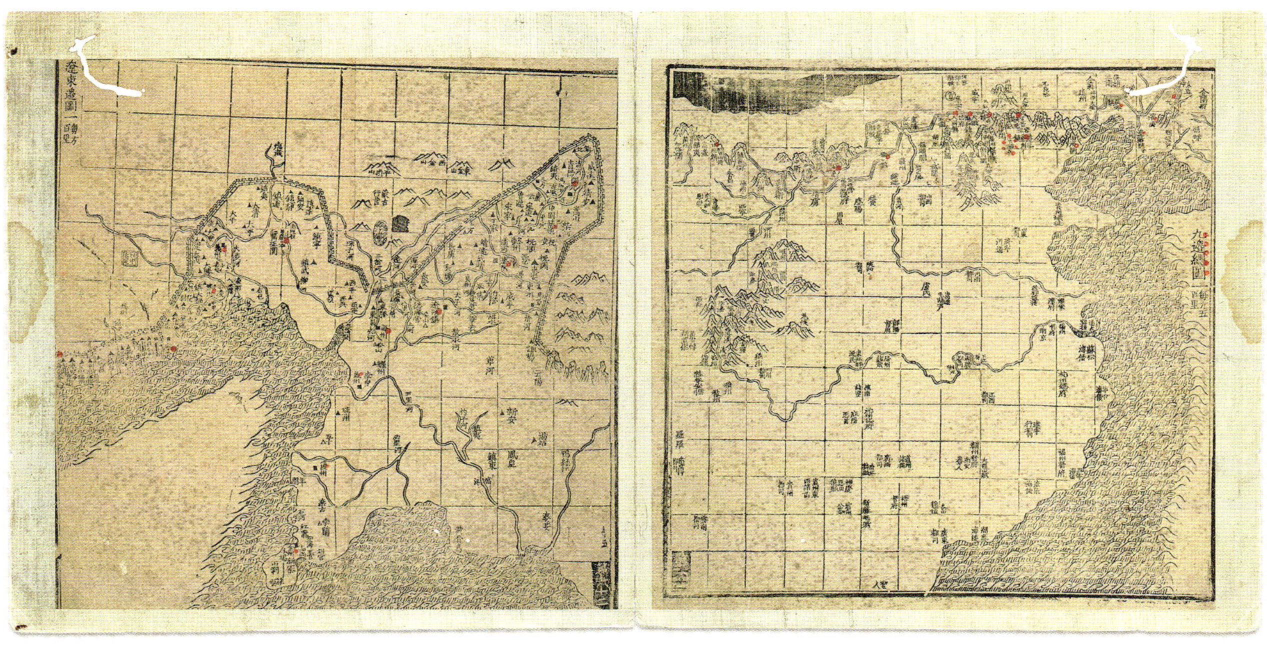

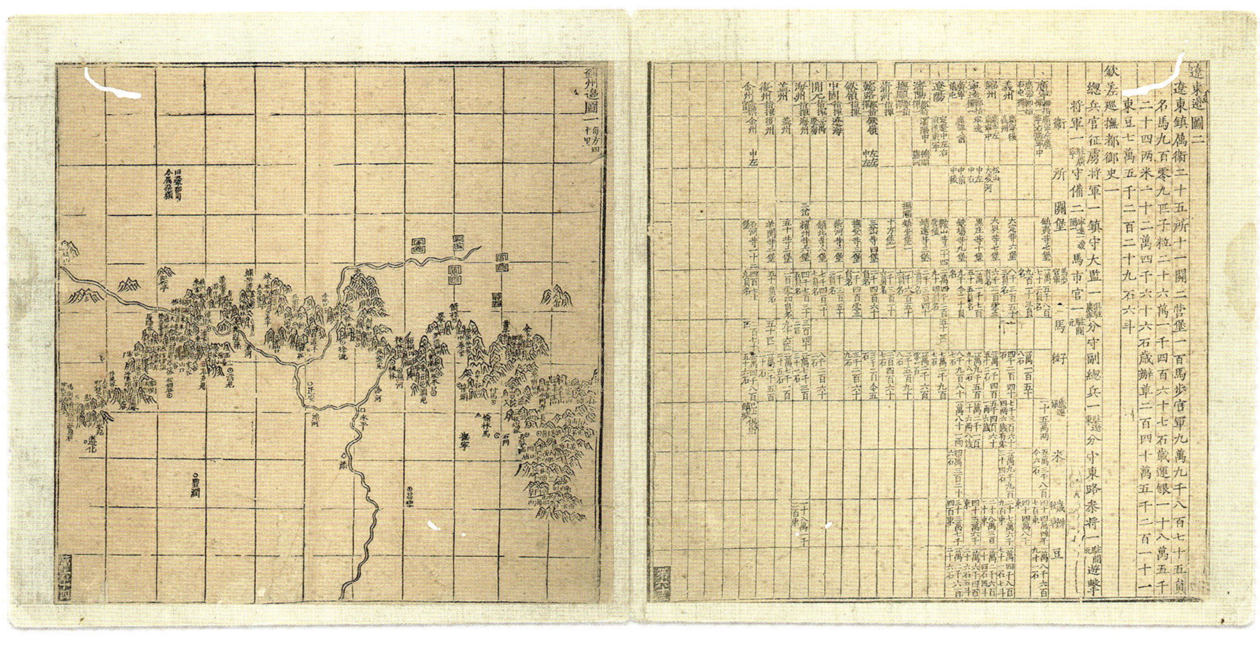

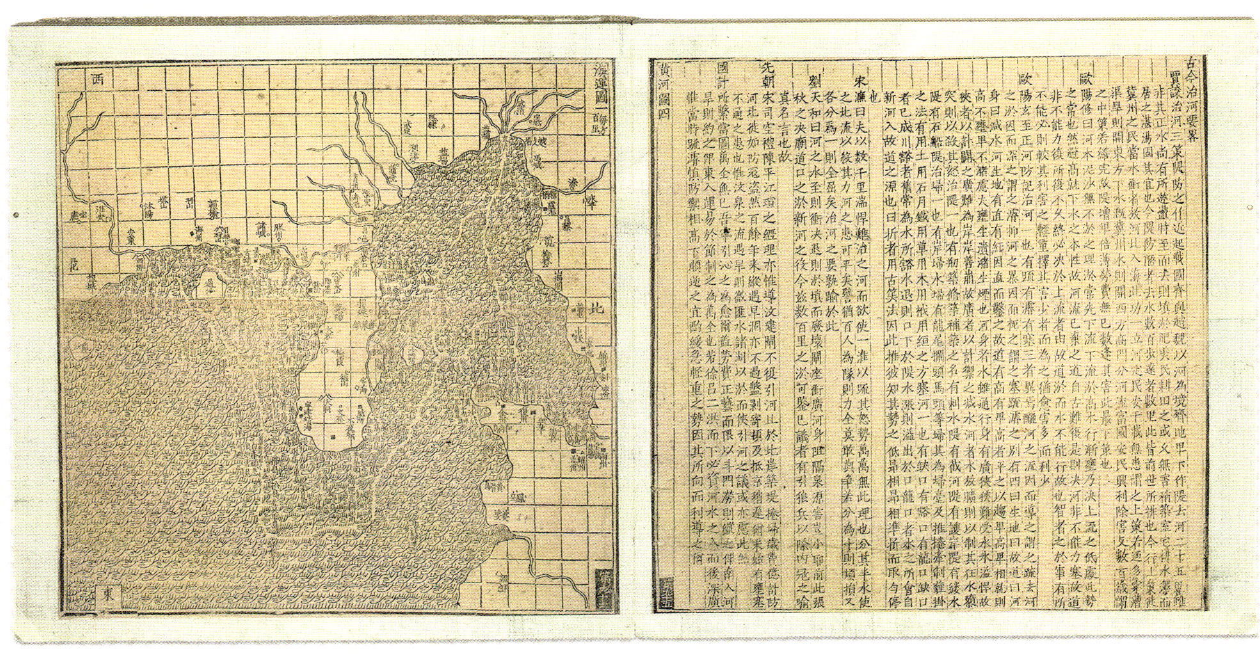

福建巡抚朱一冯题稿

关于防御倭寇

明天启七年八月十四日

1627 年 9 月 22 日

横 420 厘米 纵 41 厘米

| 纸本 |

明中叶以降，倭患日深，海防重要性愈发突出。此为福建巡抚朱一冯提议加强沿海防御、强化水军建设的题本。

局部

燕頷家授韜鈐當閫技妙九攻破浪功收三捷漳州西門營管守備事加銜
都司僉書鄧世科意氣騰驤智略輻輳援袍馳不介馬搴旗戰皆得梟臺
山遊營把總事加銜都司僉書祝允元沉雄氣韻諳練樞机洗兵魚海雲迎鼓楫
蛟宮電掃標左營守備陳其蘊匣底青萍陣前赤幟撫士惟同鳧藻冠軍

126 百五十號

七年八月

福建

覆訖

明71

查

兵部呈於

兵科抄出　欽差提督軍務兼巡撫福建地方都察院右僉都御史臣朱一馮謹

題為倭警屢聞隄備宜預申飭防禦事宜以裕安攘事卷查准兵部咨該本

部題奉　欽依以後沿海各督撫等官每遇兩汛完日逐一體訪將大小將領

分別臧否如其果賢從公議留如其不肖據法議斥如其人地不相宜不妨議

調等因備咨前來遵行外今照天啓六年兩汛事竣行據巡視海道及各該

道開報前來除原任臣標下遊擊鄭嘉謨蘊藉敦詩說禮胷懷擊楫枕戈銓

閩覇嚴箕醪澤洽已經陞任北路叅將事遊擊趙庭戡亂威名夙著運奇

籌策新抒整暇鵝鸛廓清蛇豕都司掌印洪先春慷慨先鞭投袂沉雄前箸

運籌屬在目中功收掌上臣標下遊擊鄭秀能學成書劍胷富甲兵陰符

惟幄謀長細柳旌旗色改到任在汛後但遵例不敢槩敘外查得中路遊擊張

超草檄隨陸兼長登壇英衛並駕脂膏謝潤膽智翹倫都司僉書王伯勲閫

外輕裘緩帶行間挾纊投醪夙諳六韜可當一面都司僉書范邦垣雍容雅

武职选簿

明万历二十二年

1594 年

横 42 厘米　纵 46 厘米

| 纸本 |

明初创立卫所制度，卫所下属人员称为军户，军籍世袭。武职选簿是记录明代京内外各卫所职官袭替补选情况的登记簿。上起洪武朝，下至崇祯朝，主要记录武职官员的籍贯、从军缘由、袭替时间及历代升迁调动、功次赏罚等情况。

军前卫选簿

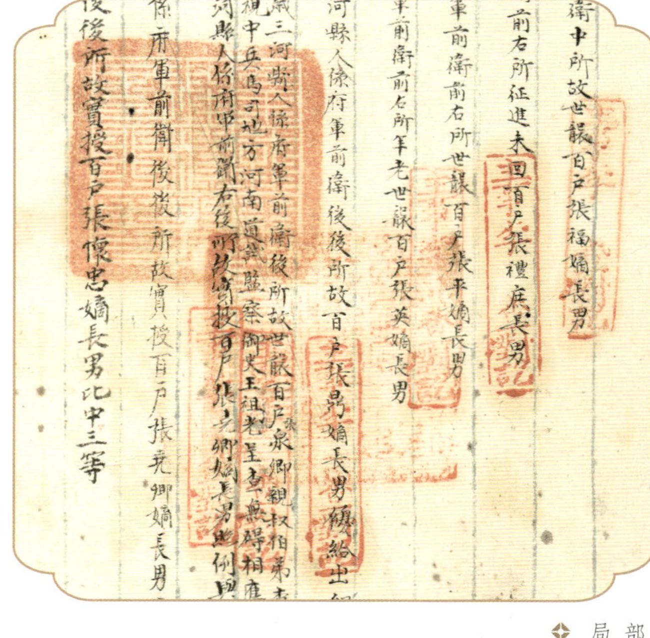

局部

锦衣卫选簿

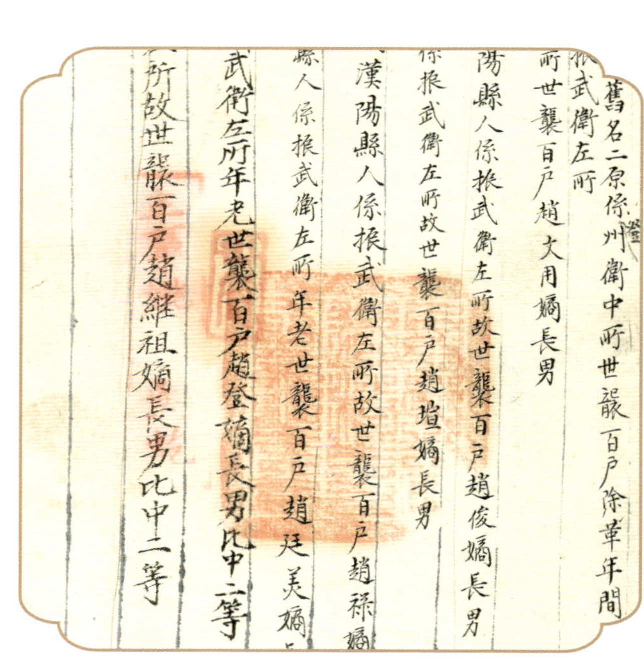

局部

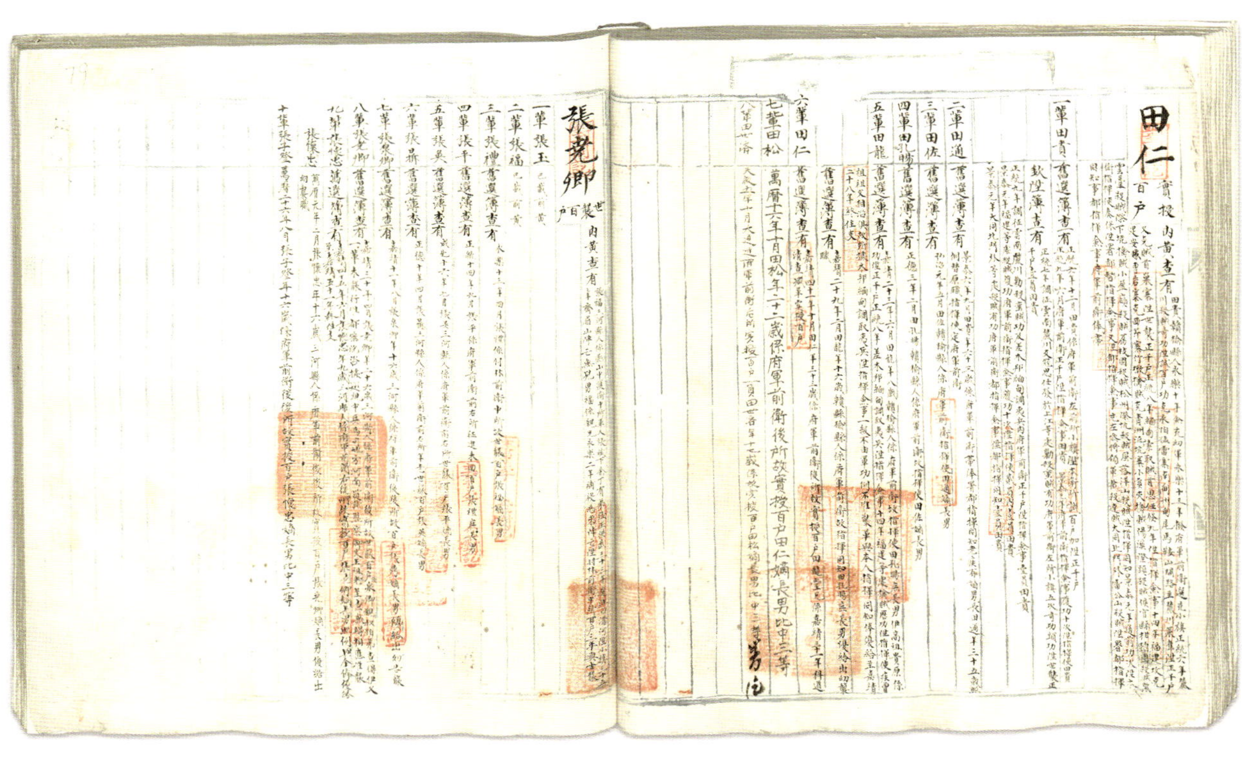

田仁 百户 實授 内黄査有

一輩田貴 舊選簿査有

欽陞簿査有

二輩田通 舊選簿査有

三輩田佐 舊選簿査有

四輩田鵬 舊選簿査有

五輩田龍 舊選簿査有

六輩田仁 舊選簿査有

七輩田松 萬曆十五年十月田松年二十二歲

張尭卿 世襲 百户 内黄査有

一輩張玉

二輩張瑞

三輩張禮 舊選簿査有

四輩張平 舊選簿査有

五輩張英 舊選簿査有

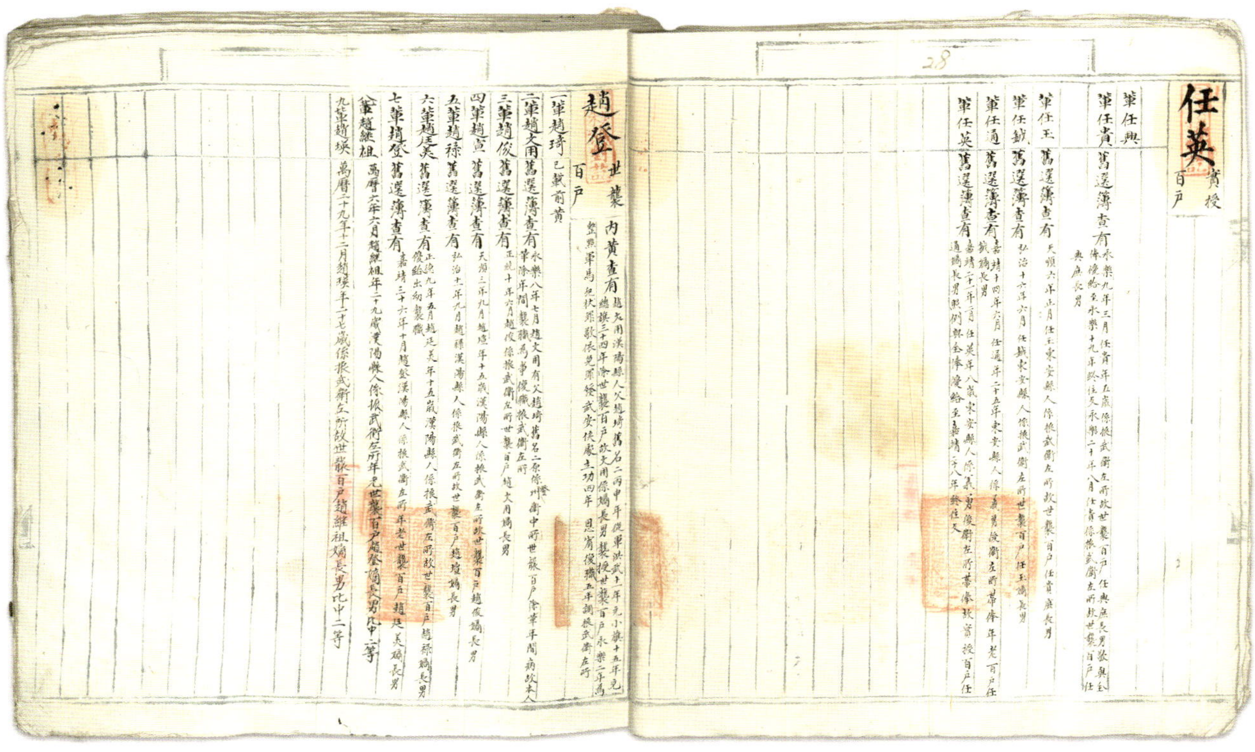

任英 實授 百户

一輩任興

二輩任貴 舊選簿査有

三輩任玉 舊選簿査有

四輩任鉞 舊選簿査有

五輩任通 舊選簿査有

六輩任英 舊選簿査有

趙登 世襲 百户 内黄査有

一輩趙琦 已載前黄

二輩趙文用 舊選簿査有

三輩趙俊 舊選簿査有

四輩趙萱 舊選簿査有

五輩趙祿 舊選簿査有

六輩趙昊 舊選簿査有

七輩趙登 舊選簿査有

正東向
正東向

正東向
正東向

《乾坤一统海防全图》

明万历三十三年

1605 年

横 603 厘米　纵 201 厘米

| 绢本 |

明中后期，东南沿海地区倭患严重。为防倭备倭，万历三十三年（1605 年），南京吏部考功司郎中徐必达、主事董可威据郑若曾《万里海防图》摹绘成《乾坤一统海防全图》。此图绢本设色，由 10 幅分图拼合而成，陆地部分采用“计里画方”绘法。各图方位不一，分别标注，总体为海居上，陆居下。全图绘制精细，海岛航道、卫所城寨注记翔实、谨严有序。并附有《广东要害论》《浙洋守御论》等，图文互补。

除我国沿海地区外，还绘出朝鲜、日本等周边国家。清晰绘就台湾岛概况，并明确标注钓鱼岛等岛屿为明代海防区域。此图对研究明代沿海历史地理、海防军事制度有重要价值。

寧波府
鄞縣
衛
紹興府
山陰縣
會稽縣
布政司
杭州府
台州府
臨海縣
象山縣
奉化縣
寧海縣
定海縣
慈谿縣
餘姚縣
上虞縣
嵊縣
天台縣
仙居縣
新昌縣
諸暨縣
蕭山縣
富陽縣
臨安縣
新城縣
桐廬縣
浦江縣
東陽縣
義烏縣
永康縣
於潛縣
海寧縣
臨山衛
觀海衛
海門衛
昌國衛
黃巖縣
三江所
瀝海所
曹娥江
西湖
許山
灘山
東霍
西霍

《乾坤一统海防全图》总图

東南向
東南向
正南向

吏部咨文

办理官员到任凭证

明崇祯四年四月二十六日

1631 年 5 月 26 日

横 89.5 厘米　纵 115.5 厘米

| 纸本 |

此件系吏部为委任官员“给凭行令”事宜发给兵部的咨文。崇祯四年，原任广东布政使右参政、分守岭东道袁业泗升迁，吏部推举礼部主事翁鸿业、杨景明继任，崇祯帝圈定翁鸿业充任。因该职兼衔伸威兵备道，为统兵武职，故吏部行文兵部为其办理任命文书。

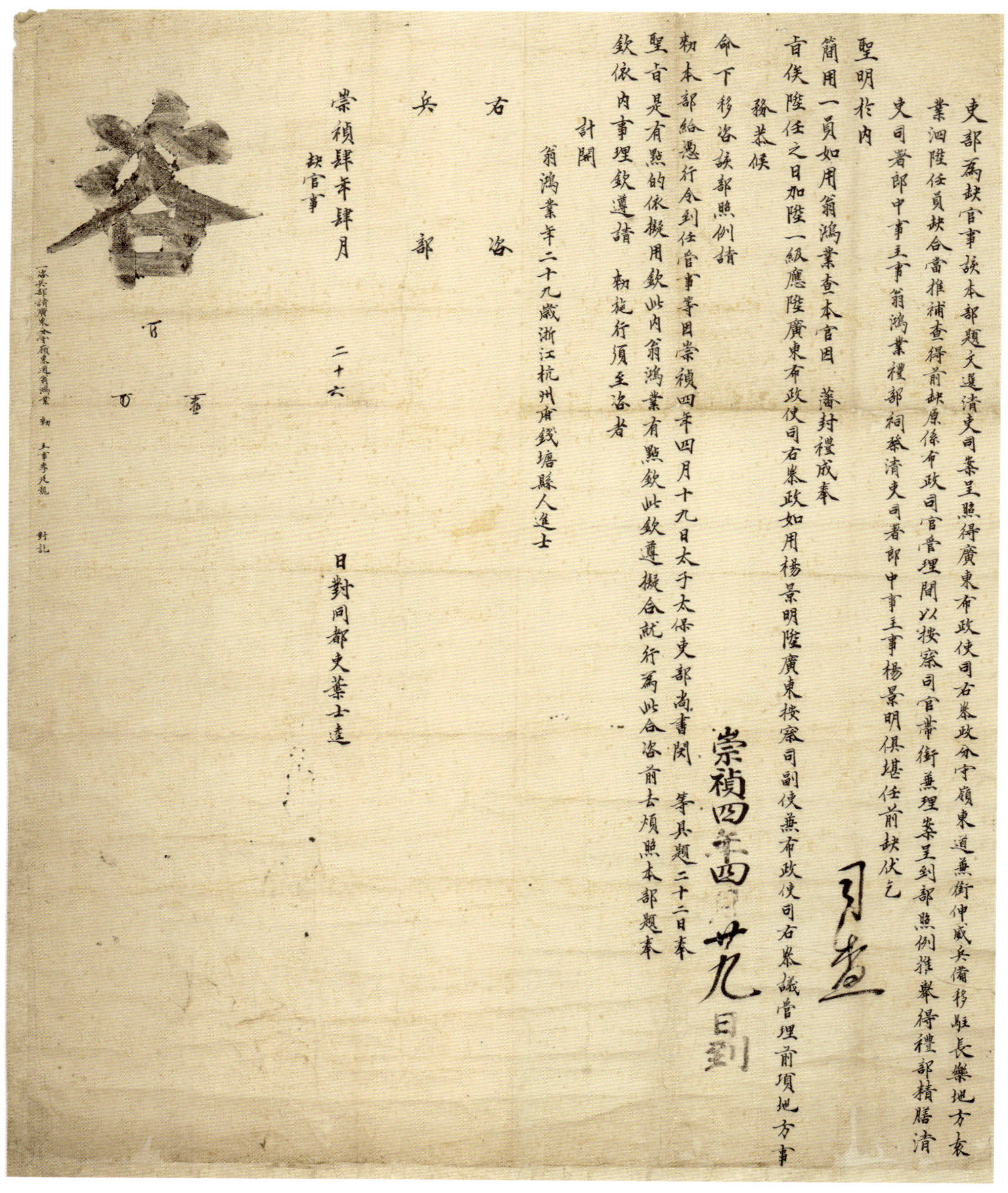

吏部為缺官事該本部題文選清吏司案呈照得廣東布政使司右參政分守嶺東道兼銜伸威兵備移駐長樂地方袁業泗陞任員缺合當推補查得前缺原係布政司官管理閒以按察司官帶銜兼理案呈到部照例推舉得禮部精膳清吏司署郎中事主事翁鸿業禮部祠祭清吏司署郎中事主事楊景明俱堪任前缺伏乞

聖明於内

簡用一員如用翁鴻業查本官因　藩封禮成奉

旨俟陞任之日加陞一級應陞廣東布政使司右參政如用楊景明陞廣東按察司副使兼布政使司右參議管理前項地方事

務恭候

命下移咨該部照例請

勅本部給憑行令到任管事等因崇禎四年四月十九日太子太保吏部尚書閔　等具題二十二日奉

聖旨是有點的依擬用欽此内翁鴻業有點欽此欽遵擬合就行爲此合咨前去煩照本部題奉

欽依内事理欽遵請　勅施行須至咨者

計開

翁鴻業年二十九歲浙江杭州府錢塘縣人進士

右　咨

兵　部

崇禎肆年肆月　二十六　日對同都吏葉士達

缺官事

咨

崇禎四年四月廿九日到

司查

第四单元

国势倾颓

Collapse of the Dynasty

明代中后期，皇帝宠信宦官，贪图享乐，不理朝政。官员腐败，战乱频繁，土地兼并严重，百姓流离失所。天启、崇祯年间，兼受气候影响，灾荒连年，瘟疫横行，加之暴敛无度，『三饷』加派，贫苦无着的农民揭竿而起，声势渐大。以李自成为首的义军建立大顺政权，张献忠在四川建立大西政权。关外女真（满洲）诸部屡次入关劫掠。崇祯十七年（一六四四年），李自成军队攻占京师，崇祯帝自缢，明朝灭亡。

正德帝罪己诏誊黄

明正德九年正月二十八日

1514 年 2 月 22 日

横 135 厘米　纵 43.5 厘米

| 纸本 |

罪己诏是帝王用以检讨自身过失而公开发布的文书。“誊黄”即诏书刊刻颁行件，以黄纸刷印，颁行全国。

正德九年（1514 年）正月，因燃放烟火引发乾清宫火灾，正德帝朱厚照下罪己诏，以示反省，同时大赦天下。

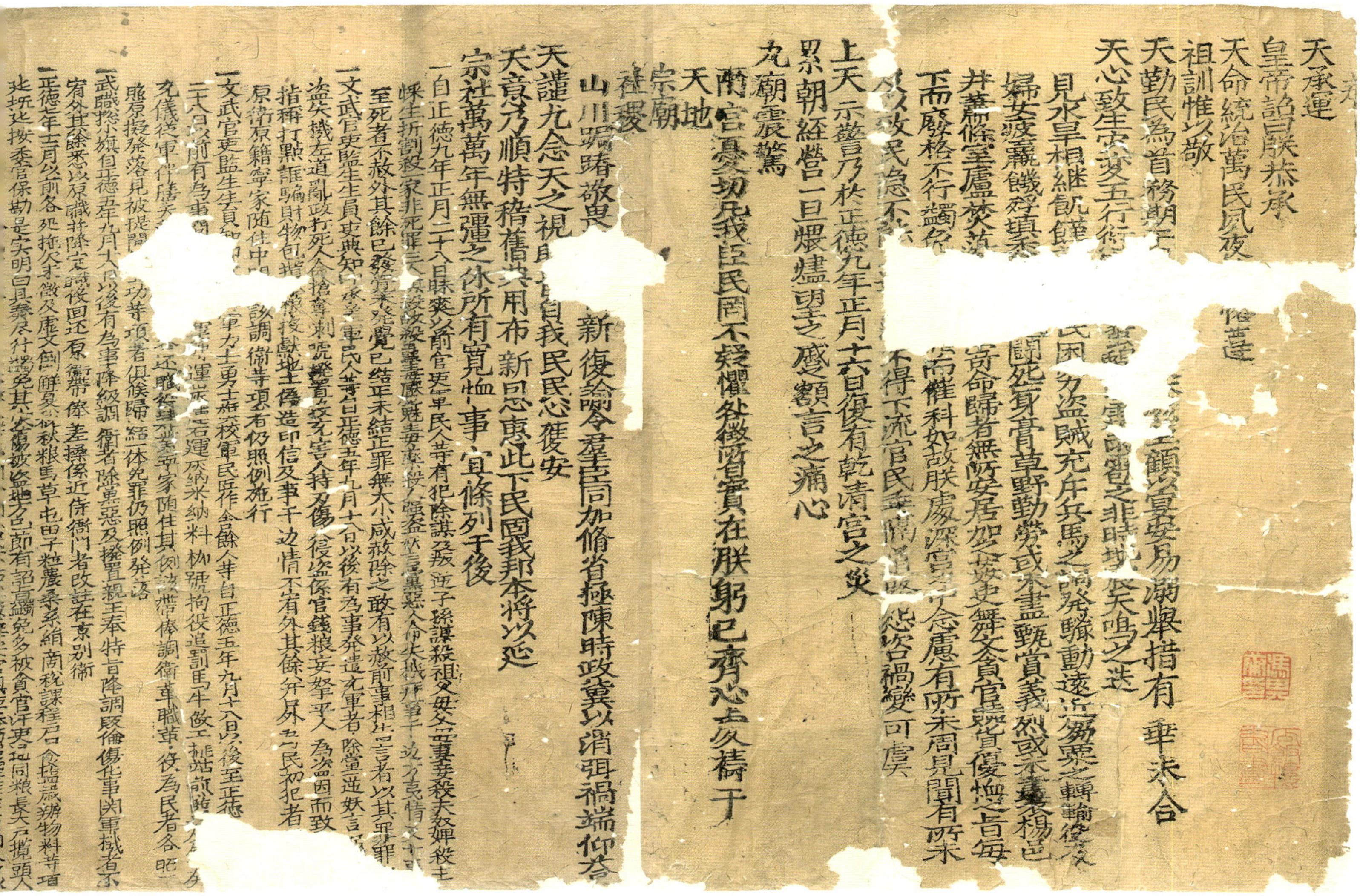
奉
天承運
皇帝詔曰朕恭承
天命統治萬民夙夜[illegible]惓惓
祖訓惟以敬
天勤民為首務期[illegible]顧以宴安易溺舉措有乖未合
天心致生災変五行衍[illegible]賞[illegible]罰之非時[illegible]天鳴之迭
見水旱相継飢饉[illegible]民困乃盜賊充斥兵馬之調発騷動遠近窮眾之轉輸役夫
婦女疲羸饑殍塡委[illegible]闘死身膏草野勤勞或未盡甄賞義烈或未蒙旌揚邑
井蕭條室廬焚蕩[illegible]奇命歸者無所安居加之姦吏舞文貪官黷貨優恤之旨每
下而廢格不行蠲免[illegible]而催科如故朕慮深宮之中念慮有所未周見聞有所未
及以致民怨不[illegible]不得下流官民乖隔道路怨咨禍變可虞
上天示警乃於正德九年正月十六日復有乾清宮之災
累朝經營一旦煨燼望之慼顙言之痛心
九廟震驚
兩宮憂切凡我臣民罔不疑懼然厥咎實在朕躬已齊心告文禱于
天地
宗廟
社稷
山川跼蹐敬畏[illegible]新復諭令羣臣同加脩省極陳時政冀以消弭禍端仰荅
天譴允念天之視[illegible]自我民民心獲安
天意乃順特稽舊典用布新恩惠此下民固我邦本將以延
宗社萬萬年無疆之休所有寬恤事宜條列于後
一自正德九年正月二十八日昧爽以前官吏軍民人等有犯除謀反叛逆子孫謀殺祖父母父母妻妾殺夫奴婢殺主
採生折割殺一家非死罪三人謀殺故殺蠱毒魘魅毒藥殺人強盜妖言[illegible]人命失機[illegible]
至死者不赦外其餘已發覺未發覺已結正未結正罪無大小咸赦除之敢有以赦前事相告言者以其罪罪[illegible]
一文武官吏監生生員吏典知印承差軍民人等自正德五年九月十六日以後有為事発遣充軍者除黨逆妖言[illegible]
盜失機左道亂政打死人命搶奪刺[illegible]害人持刃傷人役盜係官錢粮妄拏平人為盜因而致
指稱打點誆騙財物包攬[illegible]投獻地土僞造印信及事干边情不宥外其餘并外[illegible]民初犯者
原衛原籍寧家隨住中[illegible]該調衛等項者仍照例施行
一文武官吏監生生員知[illegible]軍力士勇士校尉軍民匠作舍餘人等自正德五年九月十八日以後至正德
二十八日以前有為事問[illegible]運炭運石運灰納米納料枷號拘役追罰馬牛做工擺站煎鹽[illegible]
充儀從軍伴[illegible]還職[illegible]寧家隨住其例該帶俸調衛革職革役為民者各照[illegible]
照原擬発落見被提問[illegible]功等項者俱俟歸結一体免罪仍照例発落
一武職總小旗自正德五年九月十八日以後有為事降級調衛者除黨惡及擾害親王奉特旨降調及倫傷化事関軍機者不
宥外其餘悉以原職并降定職役回還原衛帶俸差操係近侍衙門者改註在京別衛
一正德七年十二月以前各処拖欠未徵及虛文倒附夏税秋粮馬草屯田子粒農桑絲絹商税課程户口食塩歲辦物料等項
延折延挨委官保勘是实明白具奏尽行蠲免其沿邊被盜地方已節有詔旨蠲免多被貪官汙吏與同粮長大戶攬頭人

慈圣皇太后捐银赈灾档案

明万历朝

1573—1620 年

横 96 厘米 纵 24 厘米

| 纸本 |

万历帝朱翊钧即位后，尊生母李氏（隆庆帝皇贵妃）为“慈圣皇太后”。李太后崇佛，多次施舍财物赈灾及修筑工事。万历年间，京城琉璃河石桥桥洞坍塌、路堤被毁，李太后听闻灾情后率先捐银 1 万余两，六宫嫔妃纷纷响应，万历帝亦捐银 3 万两，令内宫太监何江督工。

萬曆二年因大水傷民三年二月己丑聖母慈聖皇
太后發宮中銀共一萬二百三十五兩付工部修理
朝宗橋
萬曆二十二年三月初八日内閣傳出
聖諭今日兩宮聖母聞知河南民飢荒亂欽降帑銀
共三萬三千兩著發該部觧去濟賑諭卿等知之
又聖諭諭内閣傳户部欽發兩宮聖母及中宮等
捐賑共銀五萬五百兩該部差官三員各賫勑觧
運三萬五百兩河南備賑二萬兩徐淮山東等處備
賑

兵部札付

为克复滦平等城有功嘉赏守备夏成德

明崇祯三年七月二十五日

1630 年 9 月 1 日

横 85 厘米　纵 115 厘米

| 纸本 |

札付，为明清时期下行文书。此件为兵部发给守备夏成德的凭札，表彰其屡立战功，加级加衔。札文板框、公文均为刻印，札付者处用墨字填写，文内有花押，并钤盖官印。

夏成德为明末松山城（今辽宁锦州）副守将。崇祯三年（1630 年）屡立战功而受嘉奖加衔。崇祯十四年（1641 年）降清为内应，俘获洪承畴等人，迫使被困锦州的祖大寿开城降清。

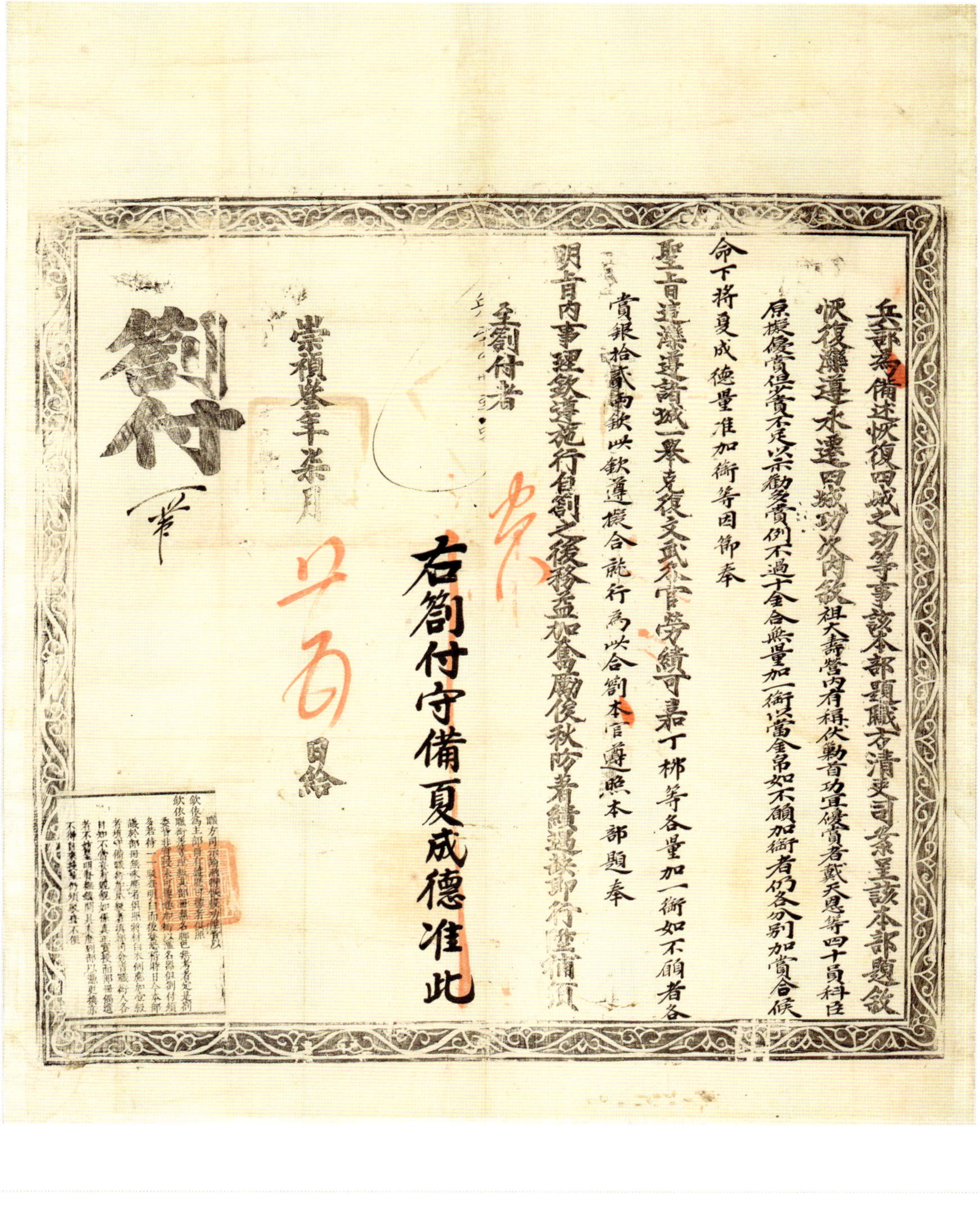

兵部為備述恢復四城之功等事該本部題職方清吏司案呈該本部題欽
恢復灤遵永遷四城功次內叙祖大壽營內有稱伏勤首功宜優賞者戴天恩等四十員科臣
原擬優賞但賞不足以示勸多賞例不過十金合無量加一銜以當金帛如不願加銜者仍各分別加賞合候
命下將夏成德量准加銜等因節奉
聖旨這灤遵諸城一舉克復文武各官勞績可嘉丁梆等各量加一銜如不願者各
賞銀拾貳兩欽此欽遵擬合就行為此合劄本官遵照本部題奉
明旨內事理欽遵施行自劄之後務益加奮勵俟秋防著績遇缺即行陞補須
右劄付守備夏成德准此
崇禎叁年柒月　日給
劄付

铃印

兵部职方清吏司之印

兵部题行稿

张凤翼呈报粤东等处海防情形

明崇祯七年四月二十二日

1634年5月18日

横490厘米　纵36厘米

| 纸本 |

明末，西人盘踞澳门，海盗出没闽粤，与内地不法官民勾结，为害一方。此为太子少保、兵部尚书张凤翼奉旨详查粤东澳夷、洋盗及内地违禁接济等事的题行稿，内中要求属地军政官员整饬海防，厉行缉捕，以期固边靖海，保境安民。

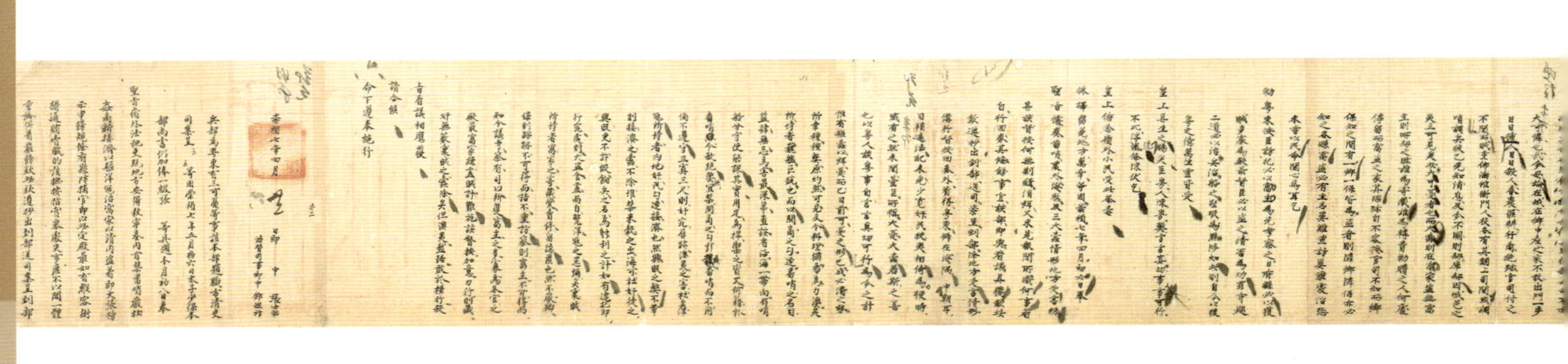

廟堂萬里難知遐訢剝膚以祈
勅敕事職方清吏司案呈崇禎七年四月初七日奉本部送兵
科抄出陝西道監察御史胡平運題稱竊惟今日之
患夷狄與流寇而已然而九邊之夷虜一有犯搶則必
圖禦備之策情形日得上　聞未有臣鄉澳夷日日殺
擄而置若罔顧者也五省之流寇每有焚劫則必圖擒
剿之方
明旨時見切責未有臣鄉海寇日日殺擄而寂如充耳者也
臣鄉之人不言無有為
皇上言之者亦何從知萬里之外受毒如斯甚烈其一在澳
夷彼占住濠鏡而攔入之路不特在香山凡省南東
新皆可揚帆直抵者也其舡高大如屋上有樓棚疊
架者銃人莫敢近所到之處硝黄刀鐵子女玉帛違
禁之物公然搬載沿海鄉村被其擄奪殺掠者莫敢誰
何官兵間或追之每被殺傷而上司亦莫之敢問有権
耳盜餘而已往者番哨不過數隻今打造至於近百出入
無忌往來不絕藐視漢法挾制官司然有據防以叛之

皆必華人為之崇官兵盤獲其船則以匿金匿寶誣
揑叉喳財力所至鬼神為通官司亦被其播弄甚而
中國邊情邸報日與秋傳況粵之虛實不在其窺覘
中也乞
勅督臣嚴責道將設法禁制不許容縱番哨出入內地仍
行牌責令澳夷將番哨盡行拆毀凡通夷勾夷奸
獲審實即行重典庶大羊稍戢乎其一在外洋寇外
洋者粵自潮州而下及於陽電一帶大海是也沿海俱
是鹽場臣鄉行鹽通粵西一省江西吉南贛三府及
桂府王鹽鹽商領引用烏尾大船出洋般運到省盤
驗而後發行年來闖寇據截要路每視鹽船大小勒
買路銀三百五百不等有不從者即時焚戮其票作
稱寬平年號其偽銜稱威鎮國其官夫商往運鹽
則被賊擄而貲本盡不往運鹽則致課虧而賠累深
傾身家喪性命非一人一日也尤可慮者賊來無時乘風
飄突越虎門一限可以直薄廣州城下去年二月之役
非粵將陳照李相焚斬大敵以保會城未可貞擒賊多

兵部行稿

蓟辽总督洪承畴报告督兵出关日期等情形

明崇祯十三年五月十六日

1640年7月4日

横354厘米 纵41.2厘米

| 纸本 |

崇祯十二年（1639年），清军进攻锦州、宁远。时任蓟辽总督洪承畴（1593—1665年）奉旨出关督兵。

此件行稿即为明廷有关洪承畴报告军队调度、驻防及索取粮草兵饷情况的批复和安排。崇祯十五年，明军在松锦大战中惨败，洪承畴被俘降清。

明旨咨籌遼東奇正戰守機宜仰祈
聖鑒事該臣咨奏奉
聖旨戰守機宜原不中制這所奏即着該督審勢
規度咨操勝算不得玩愒亦不得墮彼該部知
道欽此欽遵隨該本部覆議題奉
聖旨卿所籌督撫移駐及通兵不宜早調等事宜
亦是還着督臣審酌行其粮料所需不貲天津
米豆着户部守催星運前鋒寧遠餉司務要多
方接濟折色已有旨了仍陸續措發毋令各兵缺餉
致有譟變欽此欽遵備咨到臣臣身任封疆重
寄前已殫竭愚衷詳審具奏樞臣斟酌機宜具
加深籌謂遼撫未宜移駐塔山臣未宜暫駐中
後通鎮官兵未可早調貼防樞臣長慮卻顧誠
為深謀遠見臣今出關暫駐前屯若時機應

兵部题稿

李自成义军于湖北活动情形

明崇祯十五年三月二十九日

1642年4月27日
横206厘米　纵40.5厘米
| 纸本 |

崇祯元年（1628年），陕西发生大饥荒，义军纷起。高迎祥自号闯王，后为李自成所继。崇祯十五年（1642年），李自成义军破洛阳，杀福王朱常洵后，转战豫、楚等地。此题稿内容为兵部报告李自成部在湖北活动及官军截堵相关情况。

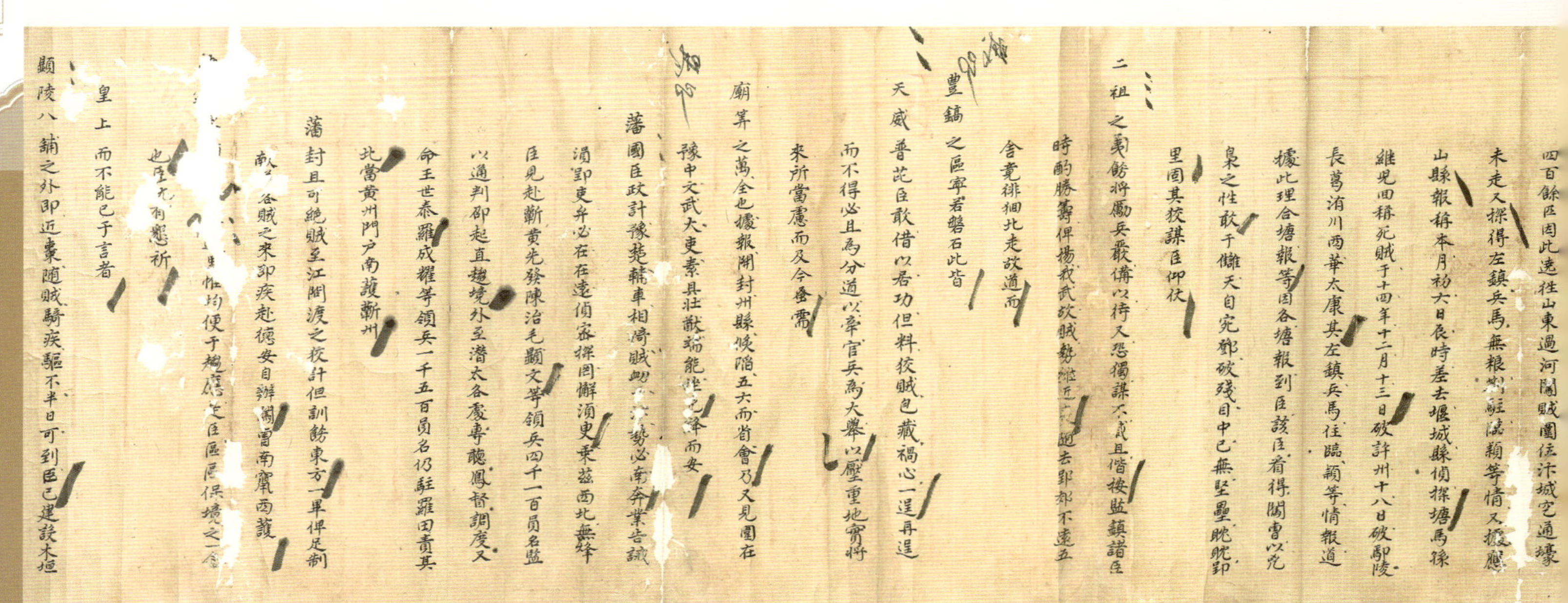

局部

情報道據此該本道看得闖曹走南陽逼近襄郢
衆隨正衛防禦甚亟黃蘄大兵東指猶華遠遁移綏
就急目前長計是在憲裁等因據此又據分巡下荆南
道右參議昌起宗塘報十二月二十二日辰時據左鎮前
鋒營副將徐國棟報稱卑職本月十六日巳時帶撥丁探
到襄縣撥丁爭住賊民髙日成自成口稱賊闖了長葛
縣又因上許州十三日開了許州闖賊十四日差塘馬往襄
縣要栽縫二名襄縣十五日打發賊因許州去了又說闖賊
委辛崇要孟守魁劉希堯張奇四人與死賊報事若四
路兵馬到時就報闖賊知道今職聴縣難存轉回三四
十里喂馬另有再報本日又探左鎮本月十六日冒雪行抵
裕州僅僅晉州張生員與來日勝出城一見其餘士民皆
潛伏女墻澆水凍城爲賊堅守卻粒粮根草呼之不應
與價亦拒世变如此可勝流涕今又探得長葛許州相

塘報賊情事

題

兵部

題為塘報賊情事職方清吏司案呈崇禎十五年三月二十九日
奉本部送兵科抄出湖廣巡撫宋一鶴題稱據分巡荆西道副
使趙振業塘報據隨州武舉張國戎口稱闖賊于崇禎十四年
十月二十一日攻葉縣二十三
情報道據此該本道看得闖曹走南陽逼近襄郢
衆隨正衛防禦甚亟黃蘄大兵東指猶華遠遁移綏
就急目前長計是在憲裁等因據此又據分巡下荆南
道右參議昌起宗塘報十二月二十二日辰時據左鎮前
鋒營副將徐國棟報稱卑職本月十六日巳時帶撥丁探
到襄縣撥丁爭住賊民髙日成自成口稱賊闖了長葛
縣又因上許州十三日開了許州闖賊十四日差塘馬往襄
縣要栽縫二名襄縣十五日打發賊因許州去了又說闖賊
委辛崇要孟守魁劉希堯張奇四人與死賊報事若四
路兵馬到時就報闖賊知道今職聴縣難存轉回三四
十里喂馬另有再報本日又探左鎮本月十六日冒雪行抵
裕州僅僅晉州張生員與來日勝出城一見其餘士民皆
潛伏女墻澆水凍城爲賊堅守卻粒粮根草呼之不應
與價亦拒世变如此可勝流涕今又探得長葛許州相
繼潰陷等情到道轉報到臣據此又據分巡荆西道副
使趙振業塘報十二月二十三日辰時據分防應山領兵都
司高明葵報稱二十二日酉時據差去汝寧府塘兵張
選等回稱探得本月內闖曹二賊已攻洧川尉氏長葛三
縣老營見劉朱仙鎮離汴梁南四十里等情報道據此
理合塘報據此又該道塘報正月初七日據防應山守備

正黄旗牧廠
兵部牧廠
鄂尔多斯
山海衛
西安府
華山
潼關衛
洛河
南陽府

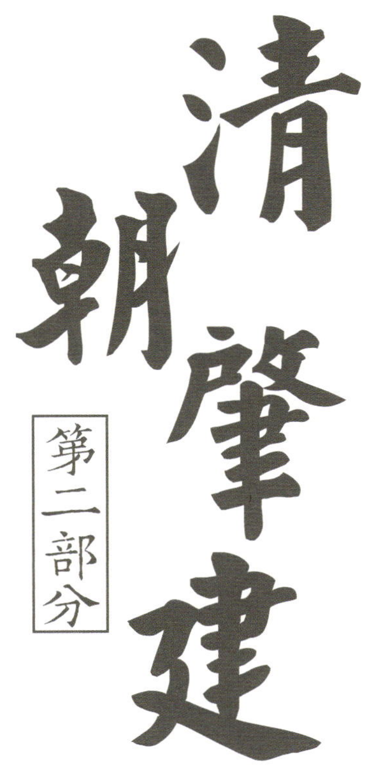

FOUNDING OF THE QING DYNASTY

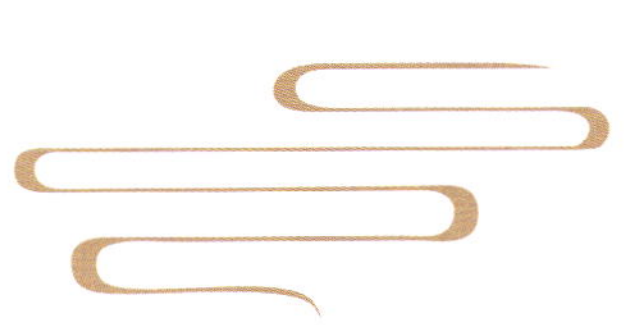

明万历年间，努尔哈赤以“七大恨”为名，起兵反明，逐渐统一女真各部。万历四十四年（天命元年，1616年）努尔哈赤建国称汗，定国号“金”，史称后金。皇太极改族名为“满洲”，后于崇祯九年（天聪十年，1636年）称帝，改元崇德，定国号“大清”。崇祯十七年（1644年）三月，农民军攻克北京城。同年清军入关，定都北京。随后攻灭南明，平定三藩，统一台湾，抗击沙俄，初步奠定统一多民族国家的基础。

In the Wanli years of the Ming Dynasty (1572 - 1620), to avenge the “Seven Grievances” (which included, among other wrongs, the killing of Nurhachi's father and grandfather), Nurhachi rose up against the Ming Dynasty, and gradually unified the Jurchen tribes. In the 44th year of Wanli (the first year of Tianming, 1616), he proclaimed himself Khan and founded the country of Jin, known in history as Later Jin. Hong Taiji changed his clan name to “Manchu”. Then, in the 9th year of Chongzhen (the tenth year of Tiancong, 1636), he succeeded to the throne, proclaimed himself emperor, changed the reign title to Chongde, and adopted the dynastic title Great Qing. In the 3rd month of the 17th year of Chongzhen (1644), the peasant army conquered Beijing. In the same year, the Qing army entered the Great Wall passes and made Beijing the capital. Then, it moved to destroy the Southern Ming, quell the Revolt of the Three Feudatories, reunify Taiwan, and counter the invasion of Tsarist Russia, laying the foundation for the unification of a multi-ethnic country.

太祖建元即帝位

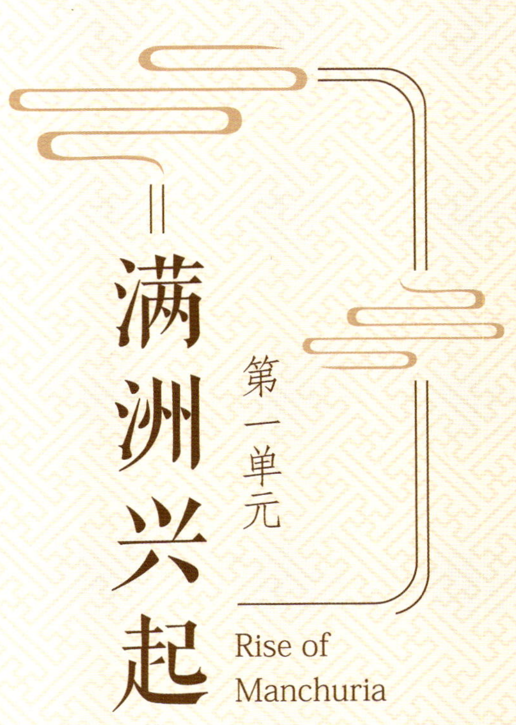

第一单元 满洲兴起

Rise of Manchuria

明万历十一年（一五八三年），明原建州左卫指挥使努尔哈赤以为父、祖报仇为名，凭借『遗甲十三副』起兵。历经三十余年征战，统一女真各部，确立兵民合一的八旗制度，创制文字，营建都城，创设政权。此后皇太极改国号为大清，与明朝并立。

皇太极安民告示

后金天聪四年正月

1630 年 2 月

横 97 厘米　纵 75 厘米

| 纸本 |

后金兵攻打永平（今河北卢龙），以金国汗皇太极的名义发布安民榜文。文中完整记述了天命三年（1618 年）努尔哈赤起兵“伐明”的七个理由，即“告天七大恨”内容。“七大恨”中，以努尔哈赤祖父觉昌安、父亲塔克世被明军误杀为最。

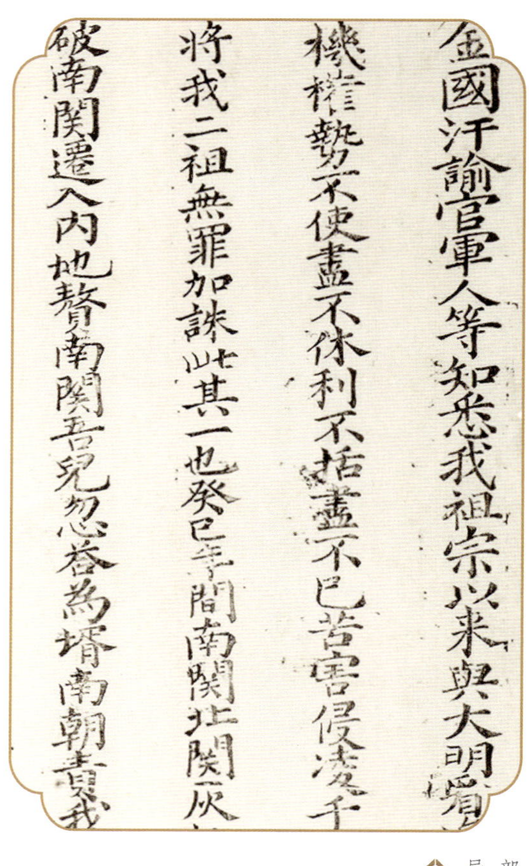
金國汗諭官軍人等知悉我祖宗以来與大明看
機權勢不使盡不休利不括盡不已苦害侵凌千
將我二祖無罪加誅此其一也癸巳年間南關北關灰
破南關遷入内地贅南關吾兒忽荅為壻南朝責我

局部

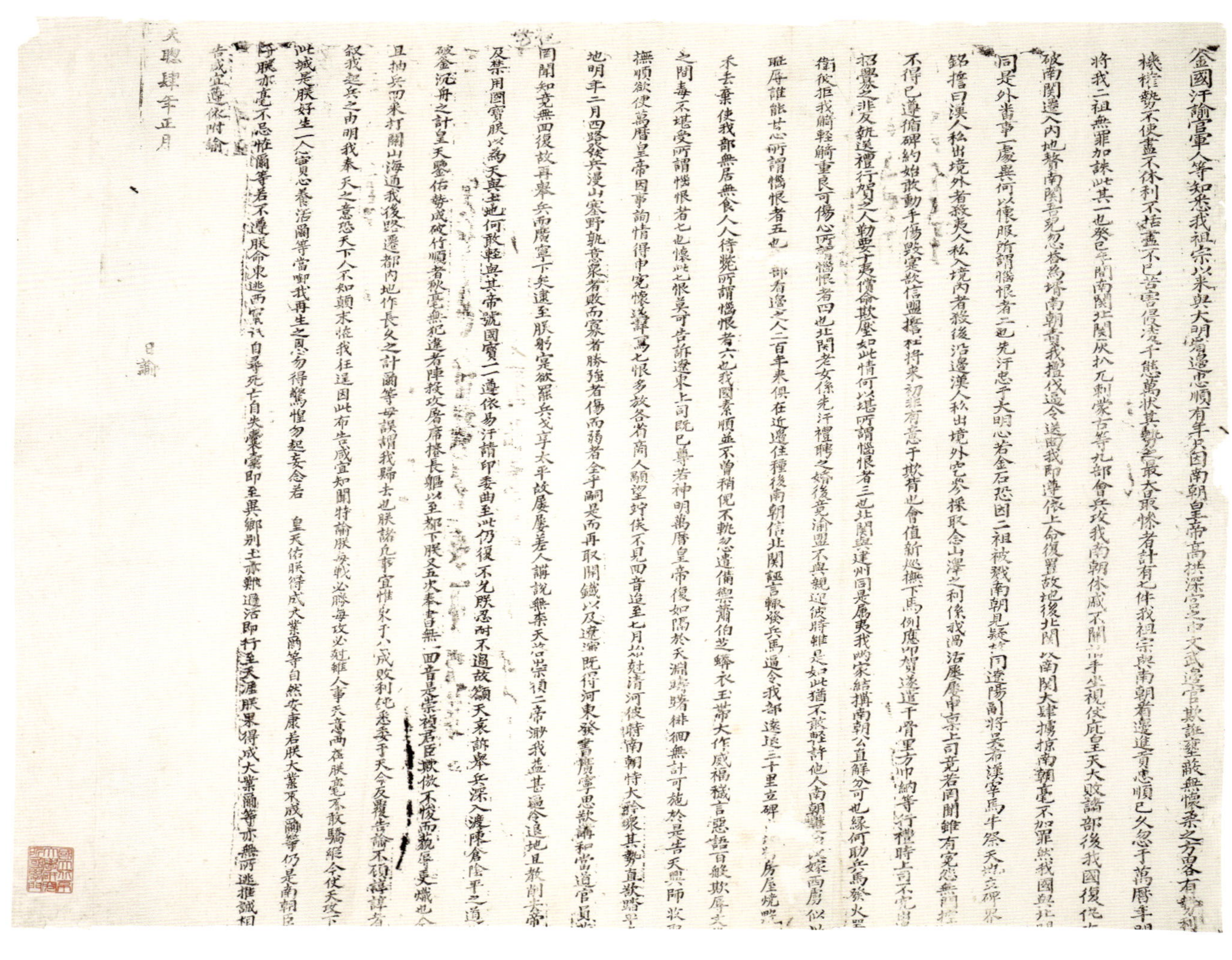

清初满文木牌

清崇德元年

1636 年

横 2—4.8 厘米　纵 18—32.5 厘米

| 木质 |

满文木牌是书写在木片上的满文档案。本图涉及的这些木牌，内容主要反映崇德元年英王阿济格率军进攻京畿地区，与明军作战的情形，包括俘获人口数量、财物数目、将领下达的命令等。满文木牌存世稀少，目前仅发现30件，均藏于中国第一历史档案馆。2010年，被列入《中国档案文献遗产名录》。

局部

自上而下依次为凤凰楼、崇政殿、大清门

《盛京城阙图》

清康熙朝

1662—1722年

横135厘米 纵213厘米

| 绢本 |

天命十年（1625年），努尔哈赤迁都沈阳，营造汗王宫。天聪八年（1634年），皇太极改沈阳为“盛京”。盛京城周方形，城门与街巷呈井字形布局。以宫殿群为主体，大政殿位于汗王宫东侧，两侧南向依次排布10座亭子，称“十王亭”，为左右翼王与八旗旗主议政之所。图中汗王宫及王府等重要建筑以满文标注，城门、寺庙、衙署等则用满汉文标识，是现存最早描绘盛京城阙、宫殿的舆图。

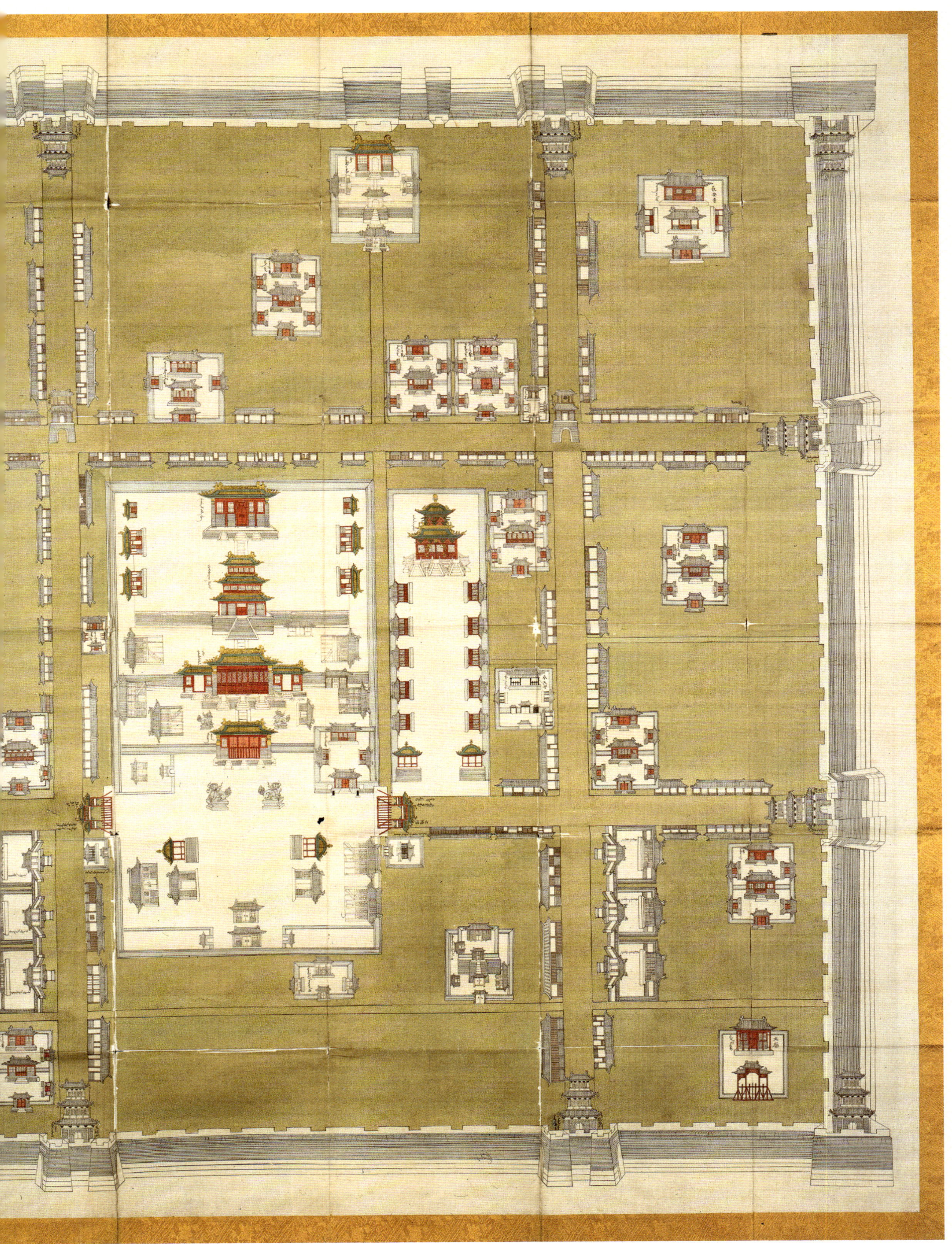

制诰之宝

庄妃册文

清崇德元年七月初十日

1636年8月10日

横432厘米　纵38.2厘米

| 绢本 |

庄妃（1613—1688年），名本布泰，博尔济吉特氏，顺治帝福临生母，蒙古科尔沁贝勒寨桑之女。天命十年（1625年），成为皇太极侧福晋。崇德元年（1636年），皇太极于盛京称帝，册立一后四妃，本布泰被册封为永福宫庄妃。她扶立顺治帝、康熙帝两代幼主，为巩固清廷入关初期政局，发挥了重要作用，史称孝庄文皇后。此件册文是清廷首次册封后妃的珍贵档案，以满、蒙古、汉三种文字朱笔书写。2010年，以“清代庄妃册文”之名被列入《中国档案文献遗产名录》。

满、蒙古、汉文合璧

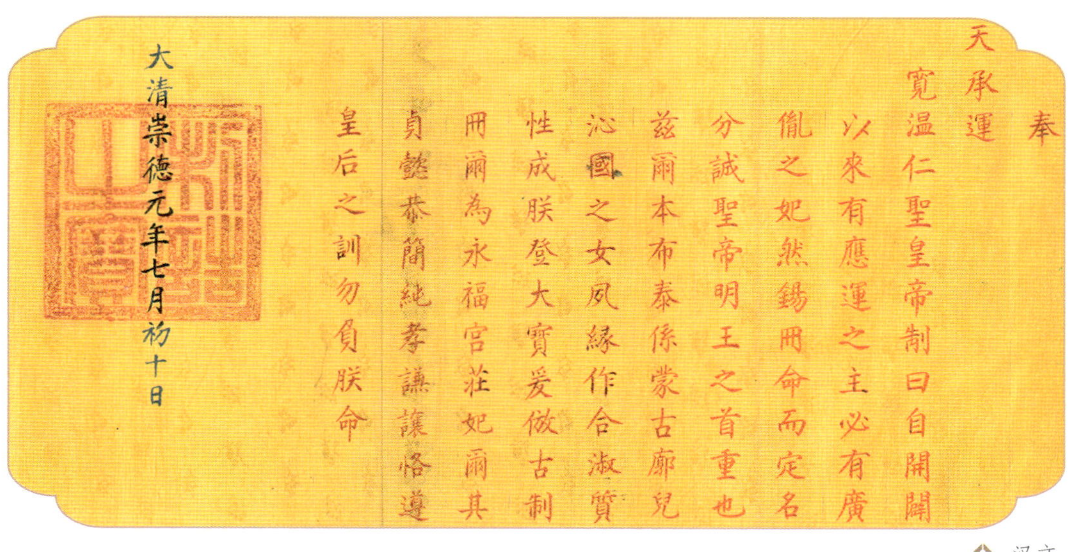

奉
天承運
寬溫仁聖皇帝制曰自開闢
以來有應運之主必有廣
儷之妃然錫冊命而定名
分誠聖帝明王之首重也
茲爾本布泰係蒙古廓兒
沁國之女夙緣作合淑質
性成朕登大寶爰倣古制
冊爾為永福宮莊妃爾其
貞懿恭簡純孝謙讓恪遵
皇后之訓勿負朕命
大清崇德元年七月初十日

汉文

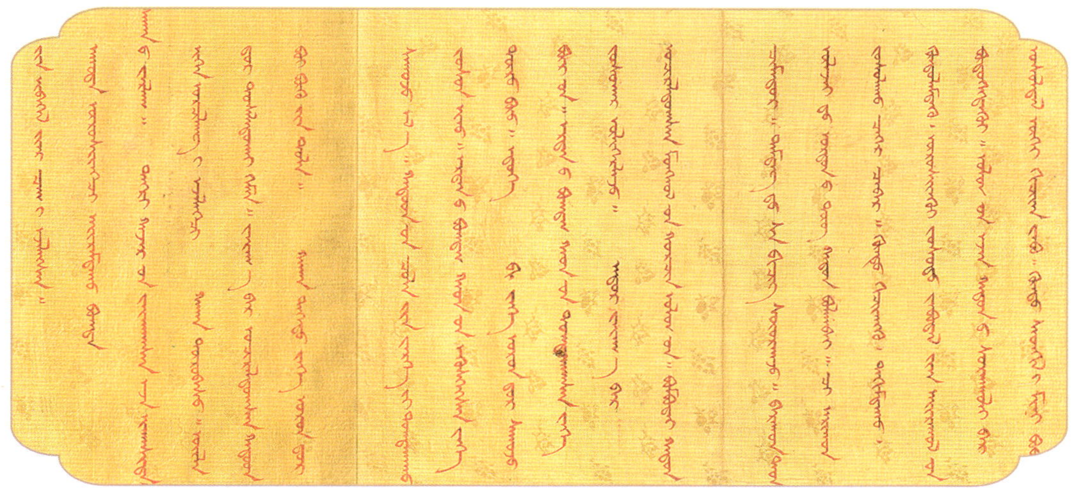

蒙古文

满文

◆ 满、汉文合璧

钤印

蒙古苏班带及其后代诰命

清崇德五年至康熙四十九年

1640—1710年

横469厘米 纵31.5厘米

| 绢本 |

清朝在崛起过程中，一直重视与蒙古的关系，采取了联姻、编旗、重教、封赏、结盟等一系列措施。苏班带系蒙古多罗科氏，世居义州（今辽宁锦州义县）。崇德五年（1640年），苏班带率众归清，被编入蒙古镶黄旗，获赐诰命，得授阿达哈哈番（轻车都尉）世职，后人多次袭爵。清制，封赠五品以上官员及眷属，授予爵位称号时使用诰命文书。此诰命以苍、青、黄、赤、黑五色锦织成，满、汉文合璧，每代袭职均接续书写，并钤盖“制诰之宝”。

◆ 满、汉文合璧

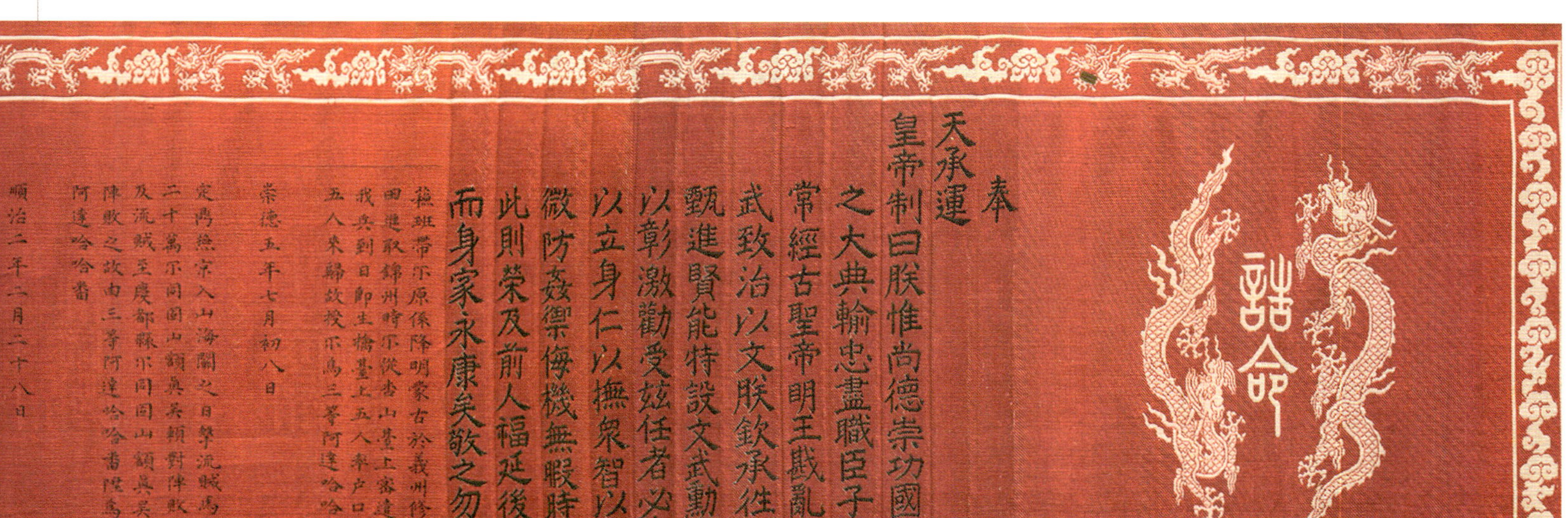

奉
天承運
皇帝制曰朕惟尚德崇功國家
之大典輸忠盡職臣子之
常經古聖帝明王戡亂以
武致治以文朕欽承往制
甄進賢能特設文武勳階
以彰激勸受茲任者必忠
以立身仁以撫衆智以察
微防姦禦侮機無暇時能
此則榮及前人福延後嗣
而身家永康矣敬之勿怠

蘇班帶尔原係降明蒙古於義州修城屯
田進取錦州時尔從杏山臺上密遣人来
我兵到日即生擒臺上五人率户口三十
五人來歸故授尔爲三等阿達哈哈番

崇德五年七月初八日

定鼎燕京入山海關之日擊流賊馬步兵
二十萬尔同固山額真吴賴對陣敗之追
及流賊至慶都縣尔同固山額真吴賴對
陣敗之故由三等阿達哈哈番陞爲二等
阿達哈哈番

順治二年二月二十八日

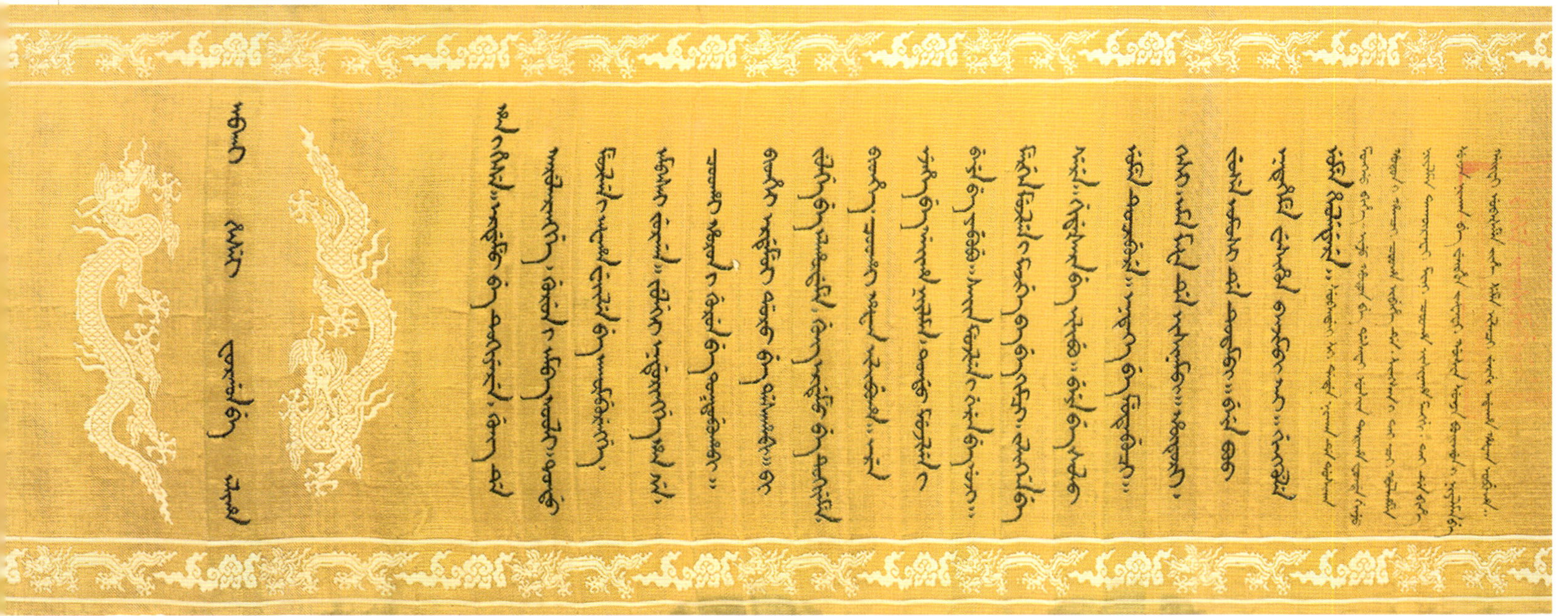

《满文老档》

清乾隆四十三年

1778 年

横 23.8 厘米　纵 39.5 厘米

| 纸本 |

满文老档是清入关前以老满文和新老过渡时期满文所缮写的记录政务的档册。大部分采用编年体，少部分采用纪事本末体，记载清太祖、太宗两朝史事。乾隆帝命人重抄，形成以老满文抄写的“照写本”和以新满文抄写的“音写本”，称《无圈点字档》和《有圈点字档》。

有圈点字档

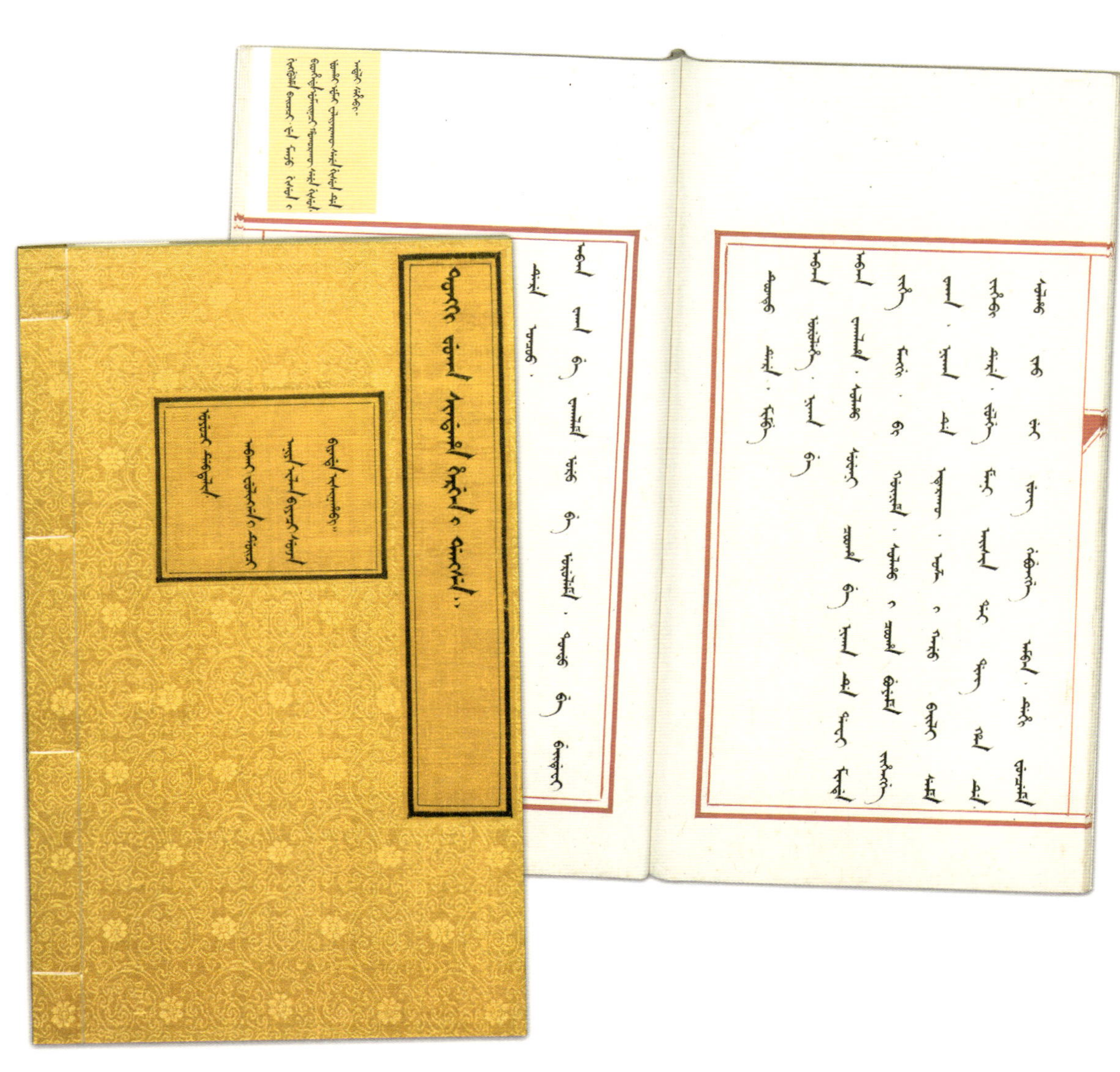

无圈点字档

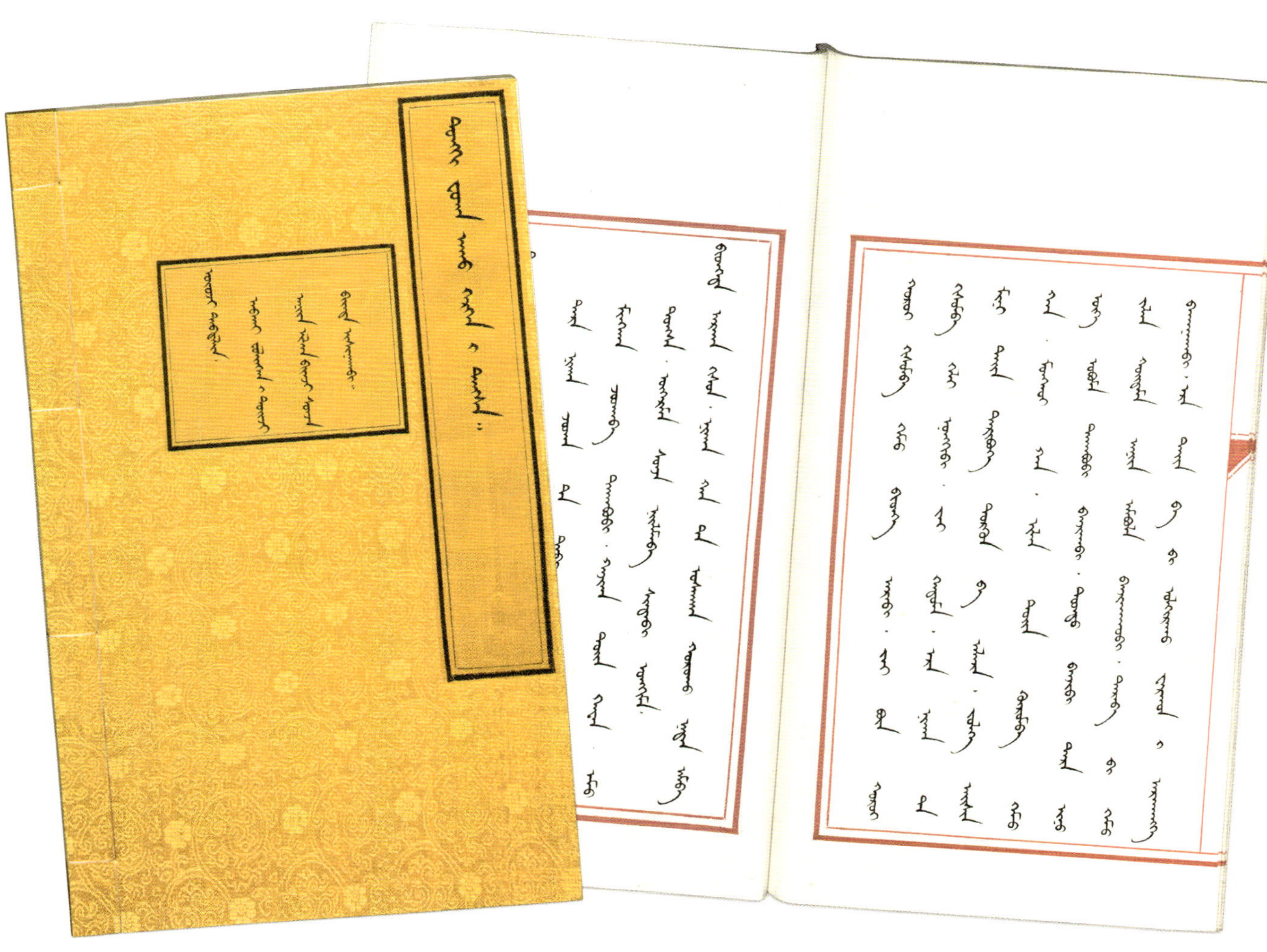

《盛京宝谱》

清乾隆十三年

1748 年

横 31 厘米 纵 38 厘米

| 纸本 |

宝谱，即宝玺印谱。乾隆十一年（1746年），乾隆帝对宫中所存前代皇帝宝玺进行了厘定修正，据《周易》“天数二十有五”之说，将代表无上皇权的宝玺数量定为 25 方。另将 10 方宝玺交藏盛京皇宫凤凰楼，并纂修《盛京宝谱》，贮于内阁。

满、汉文合璧

◆ 大清受命之宝

◆ 皇帝之宝

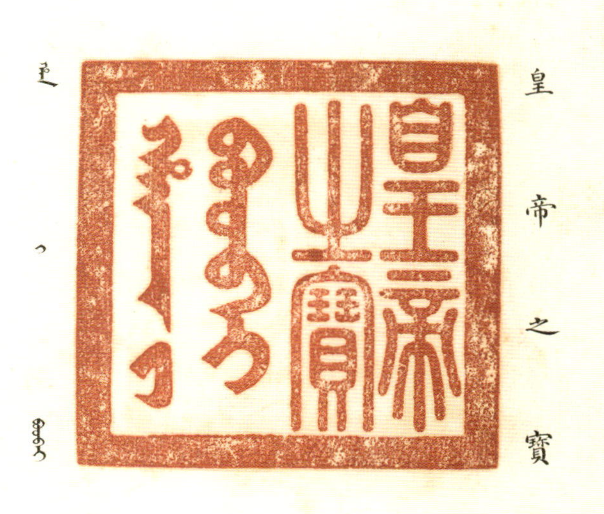

◆ 皇帝之宝

◆ 皇帝之宝

◆ 奉天之宝

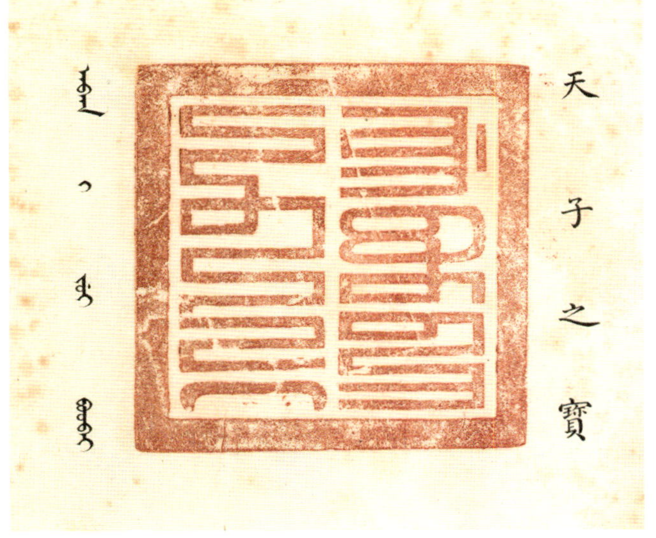

◆ 天子之宝

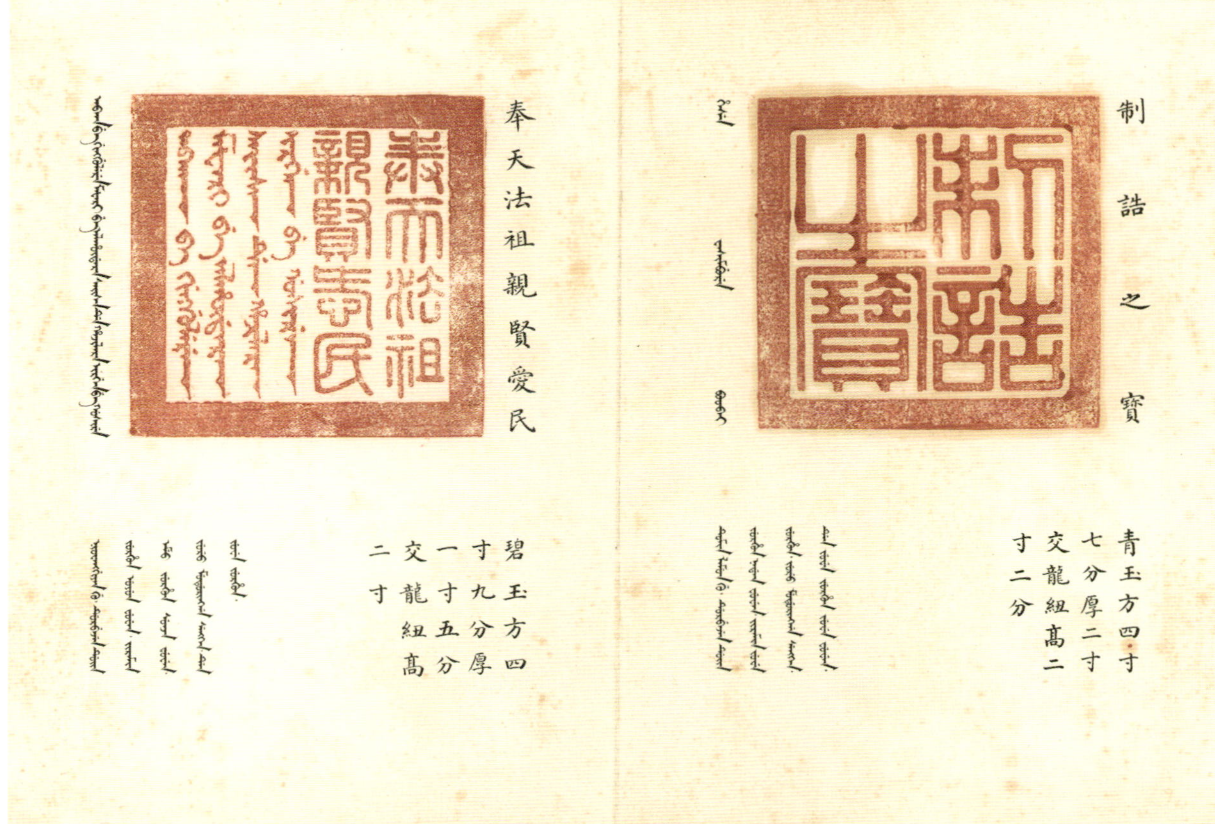

奉天法祖亲贤爱民

制诰之宝

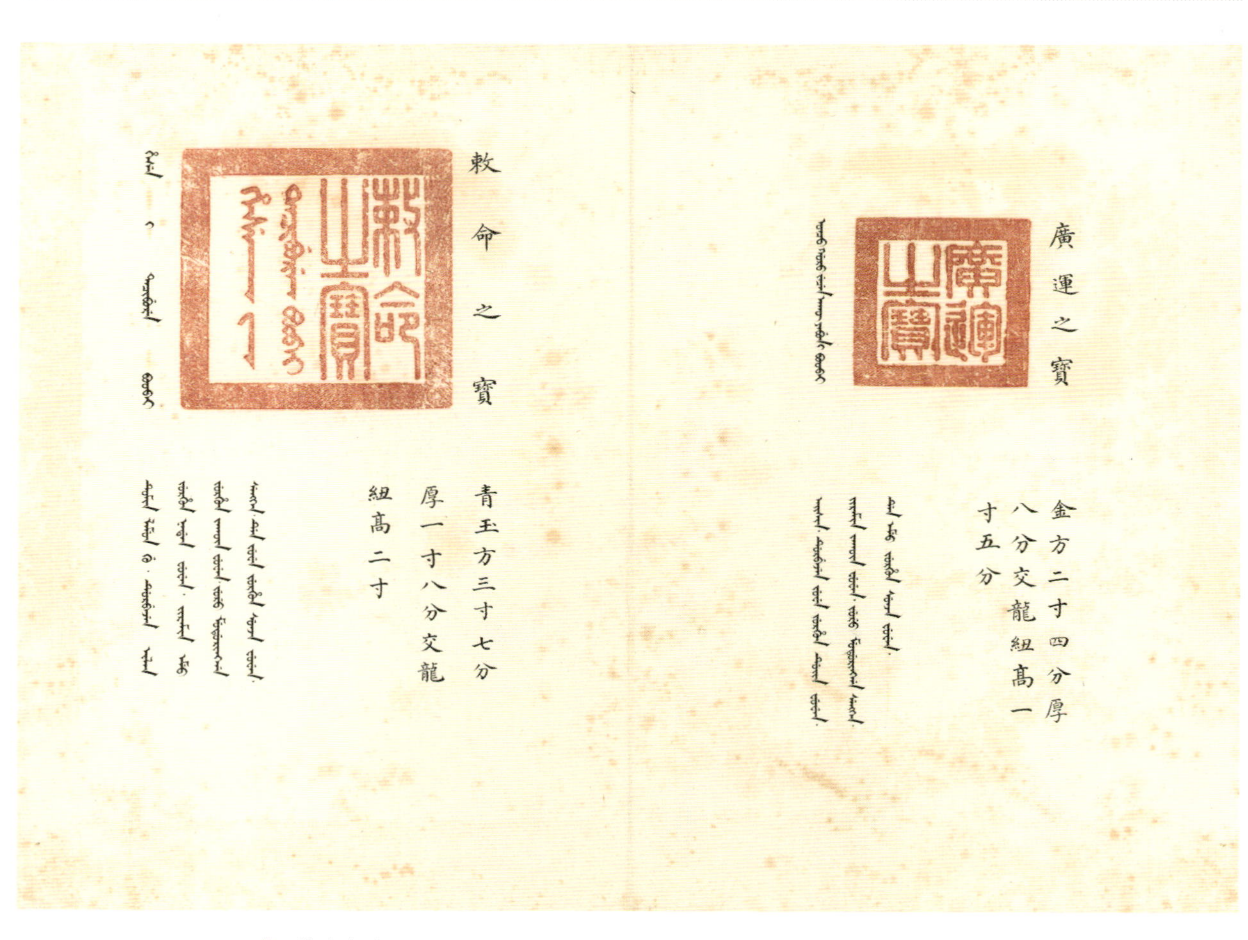

敕命之宝

广运之宝

努尔哈赤起兵后，逐步征服关外明朝旧地及女真各部。天命十一年（一六二六年），八旗军队征战宁远城失利，努尔哈赤病逝。皇太极即位后，降服蒙古察哈尔部，尽占关外，并多次入塞劫掠，最远曾深入山东济南地区。崇德八年（一六四三年），皇太极之子福临即位，次年改元顺治。趁吴三桂与李自成激战之际，清军入关，定鼎北京。

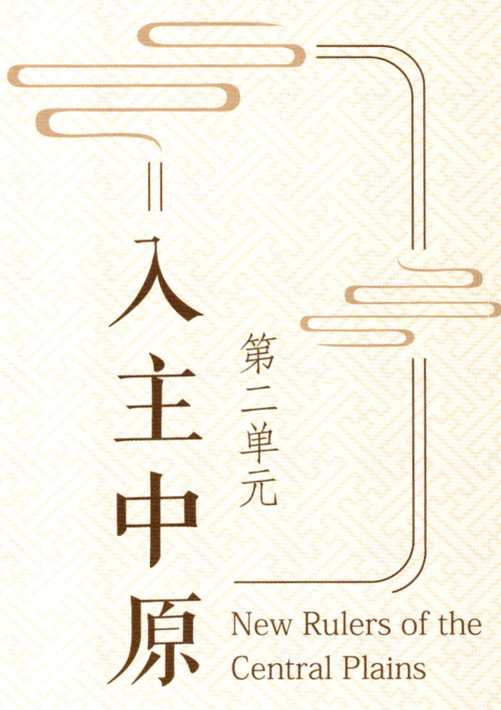

摄政王多尔衮敕谕

归顺官民照旧束发

清顺治元年六月

1644 年 7 月

横 111.5 厘米　纵 47.7 厘米

| 纸本 |

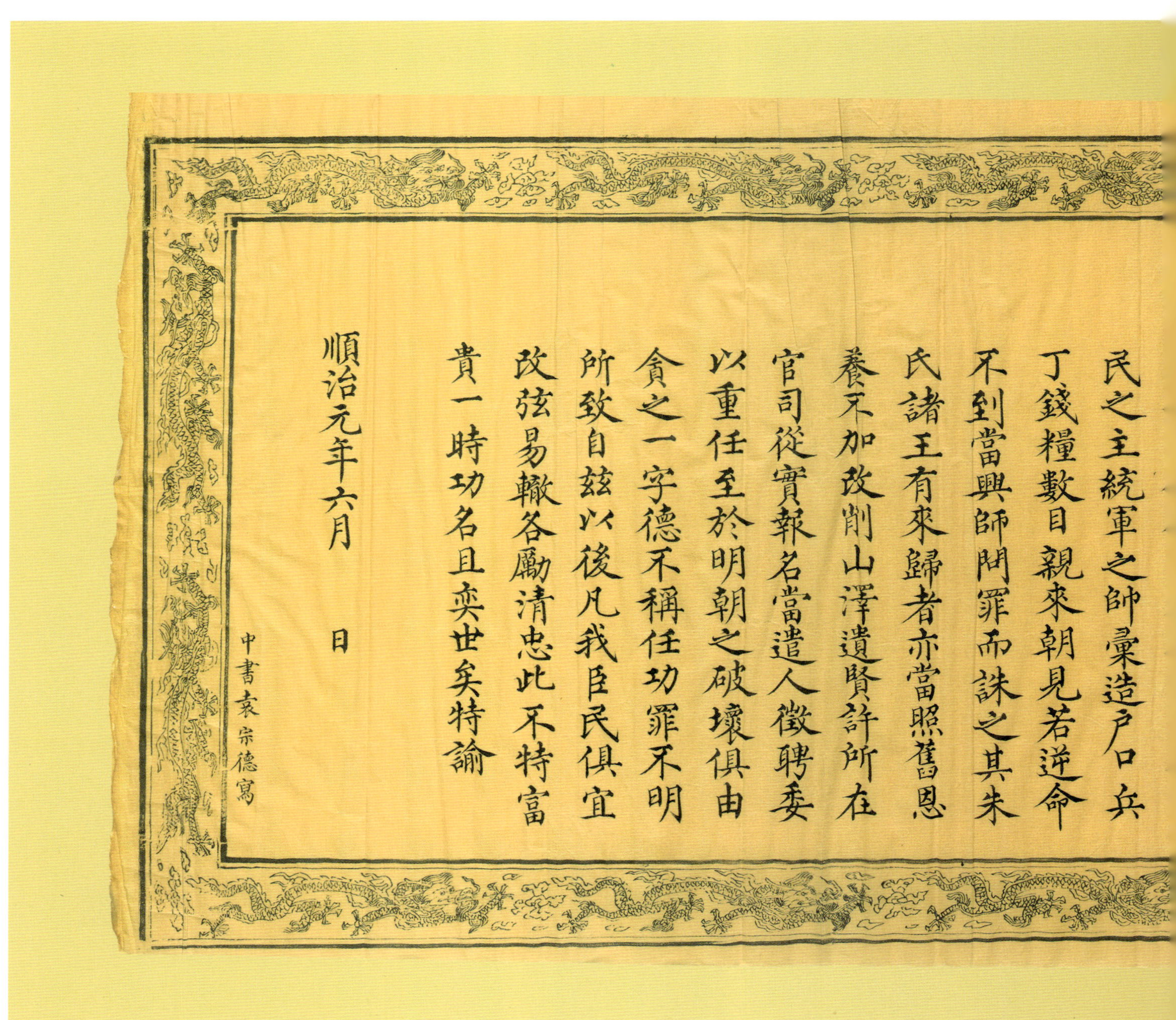

民之主統軍之師彙造戶口兵
丁錢糧數目親來朝見若逆命
不到當興師問罪而誅之其未
民諸王有來歸者亦當照舊恩
養不加改削山澤遺賢許所在
官司從實報名當遣人徵聘委
以重任至於明朝之破壞俱由
貪之一字德不稱任功罪不明
所致自兹以後凡我臣民俱宜
改弦易轍各勵清忠此不特富
貴一時功名且奕世矣特諭

順治元年六月　日

中書袁宗德寫

清军入关后，继续兴兵，攻伐四方。为缓和矛盾，争取民心，摄政王多尔衮降谕，宣称凡归顺官民人等，“照旧束发，悉从其便”。次年，清廷重新厉行“剃发令”。

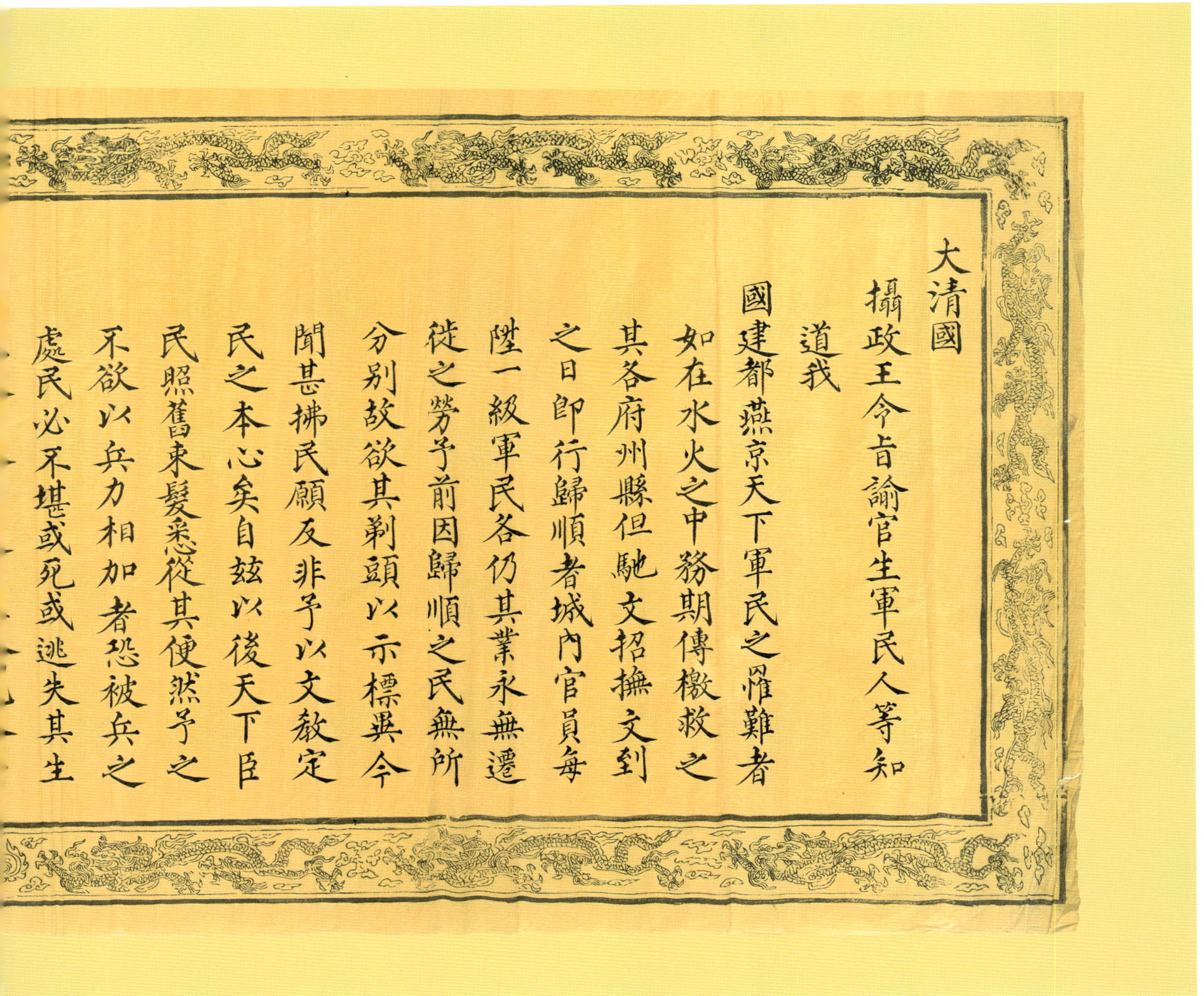
大清國
攝政王令旨諭官生軍民人等知
道我
國建都燕京天下軍民之罹難者
如在水火之中務期傳檄救之
其各府州縣但馳文招撫文到
之日即行歸順者城內官員每
陞一級軍民各仍其業永無遷
徙之勞予前因歸順之民無所
分別故欲其剃頭以示標異今
聞甚拂民願反非予以文教定
民之本心矣自茲以後天下臣
民照舊束髮悉從其便然予之
不欲以兵力相加者恐被兵之
處民必不堪或死或逃失其生

满、汉文合璧

钤印

顺治帝诏书

追尊多尔衮为义皇帝

清顺治八年正月二十六日

1651 年 2 月 15 日

横 203 厘米　纵 84 厘米

| 纸本 |

多尔衮（1612—1650 年），清太祖努尔哈赤第十四子，率领清军入关，功勋卓著。顺治帝年幼即位，多尔衮代理军国大事，加封“皇叔父摄政王”，进而尊为“皇父摄政王”，执掌中枢。顺治七年（1650 年）冬，多尔衮围猎于喀喇河屯（今河北滦平），坠马丧生。顺治帝以帝王之礼厚葬。次年正月，追封多尔衮为“懋德修道广业定功安民立政诚敬义皇帝”，庙号成宗。不久，顺治帝又下诏追罪，撤其庙享，削除爵位，籍没财产。

奉
天承運
皇帝詔曰有至德斯享鴻名成大功宜膺昭報
皇父攝政王當朕躬嗣服之始謙讓彌光迨王師
滅賊之時勳猷茂著闢輿圖為一統攝大政
者七年偉烈居以小心厚澤流於奕世未隆
尊號深歉朕懷謹於順治七年十二月二十五日
祇告
天地
宗廟
社稷追尊為
懋德修道廣業定功安民立政誠敬義皇帝
廟號
成宗併追尊
義皇帝元妃為
敬孝忠恭靜簡慈惠助德佐道義皇后同祔
廟享既舉盛儀應覃恩赦合行事宜條列於後
一在京諸王以下至七品官員以上各加恩賜
一外藩諸王以下公以上各加恩賜
一官吏兵民人等有犯除謀反叛逆子孫謀殺祖父母父母內亂妻妾殺夫告夫奴婢殺家長殺一家非死
罪三人採生折割人謀殺故殺真正人命蠱毒魘魅毒藥殺人強盜妖言十惡等真正死罪不赦併隱匿
滿洲逃人照例治罪外其餘自順治八年正月二十六日昧爽以前已發覺未發覺已結正未結正咸赦
除之有督撫提問究擬犯人若係貪官不論罪應至死與不應至死者止追贓不許謀罪永不敘用有以
赦前事相告訐者不許審問即以罪坐原告
一凡文武官員見在議罪降罰及住俸戴罪併勒督撫提問究擬者盡與免議
一有負固不服潛據山海者如能率衆來歸悉赦已往仍量功陞賞
一有因叛逆干連原係無辜者該督撫審明即為具題釋放
一附近賊巢居民原未從賊有司綜領一槩混捕擅殺者該督撫察實參處
一各處盜賊或為饑寒所累或為貪官所迫實為可憫如能改過就撫者赦其罪
一奸民詭詐動以誣殺通賊告害良民此後如有執一以妄告者該督撫即行嚴拏究審情虛反坐以安良善
一凡應追贓私審果家產盡絕力不能完者槩與豁免毋得株連親族
於戲聲名洋溢昭
令德以如存禋祀攸崇質羣情而允協布告天下
咸使聞知
順治八年正月二十六日

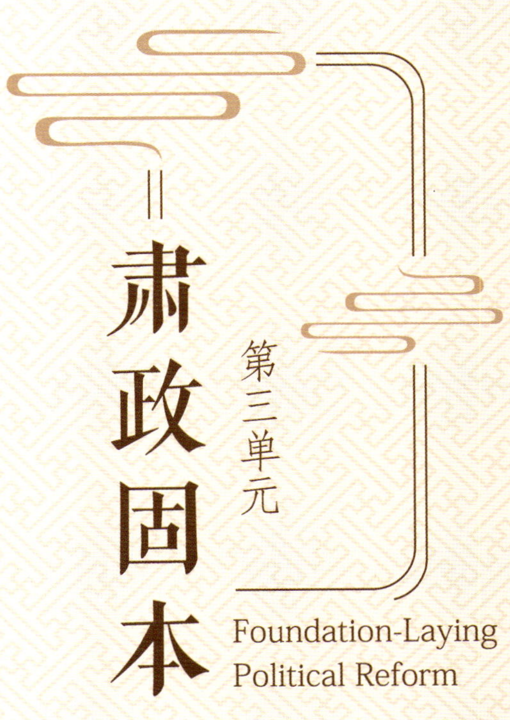

入关后，清朝颁行新历，重整军政机构，注重官员考选。在中央设六部、都察院、理藩院等机构，在地方基本按照明朝旧制确定了行政区划。文化上崇尚儒学，开科取士，刊刻典籍。通过一系列举措，逐步巩固了政权。

顺治帝敕谕

训诫臣工重惩贪酷

清顺治七年三月

1650 年 4 月

横 132 厘米　纵 38 厘米

| 纸本 |

京察、大计为明清两代考核京内、外文职官员政绩的制度，每三年举行一次。考语根据“守、才、政、年”四格的考核结果而定，分为三等：一等为称职，二等为勤职，三等为供职。三等之外，即入“八法”，为不合格，轻则降调，重则革职拿问。此件敕谕是顺治帝在“大计”之年，训诫官员戒贪戒酷的文书。

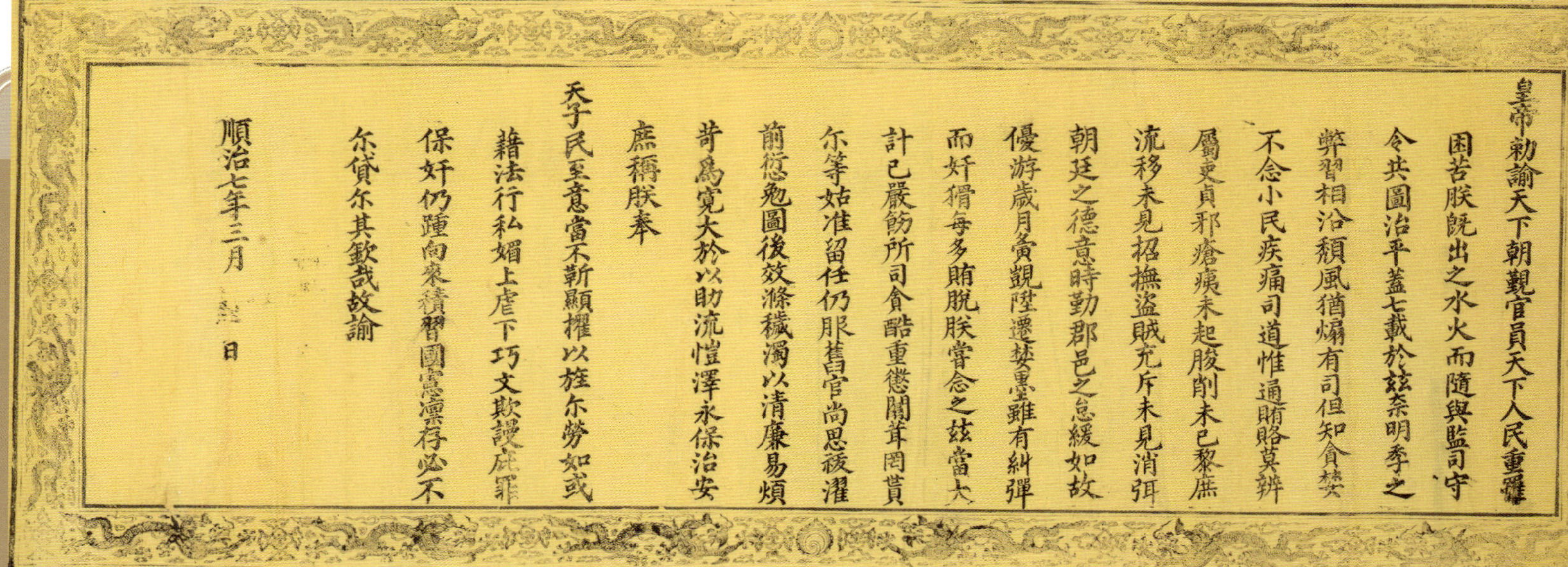
皇帝勅諭天下朝覲官員天下人民重羅
困苦朕既出之水火而隨與監司守
令共圖治平蓋七載於玆奈明季之
弊習相沿頹風猶熾有司但知貪婪
不念小民疾痛司道惟通賄賂莫辨
屬吏貞邪瘡痍未起朘削未已黎庶
流移未見招撫盜賊充斥未見消弭
朝廷之德意時勤郡邑之怠緩如故
優游歲月貪覬陞遷婪墨雖有糾彈
而奸猾每多賄脫朕嘗念之玆當大
計已嚴飭所司貪酷重懲闒茸罔貰
尒等姑准留任仍服舊官尚思祓濯
前愆勉圖後效滌穢濁以清廉易煩
苛爲寬大於以助流愷澤永保治安
庶稱朕奉
天子民至意當不靳顯擢以旌尒勞如或
藉法行私媚上虐下巧文欺謾庇罪
保奸仍踵向來積習國憲凜存必不
尒貸尒其欽哉故諭
順治七年三月　日

顺治帝敕谕

严令中官不得干政

清顺治十二年六月二十八日

1655 年 7 月 31 日

横 167 厘米　纵 29 厘米

| 纸本 |

中官，为太监别称。顺治十一年（1654 年），设十三衙门管理内廷。顺治十二年，顺治帝以明朝王振、刘瑾、魏忠贤等宦官“专擅权威、干预朝政”等败坏国事为鉴戒，发布敕谕，裁定内官衙门建制，实施严禁内官干政窃权、交结满汉官员等“六条禁令”。

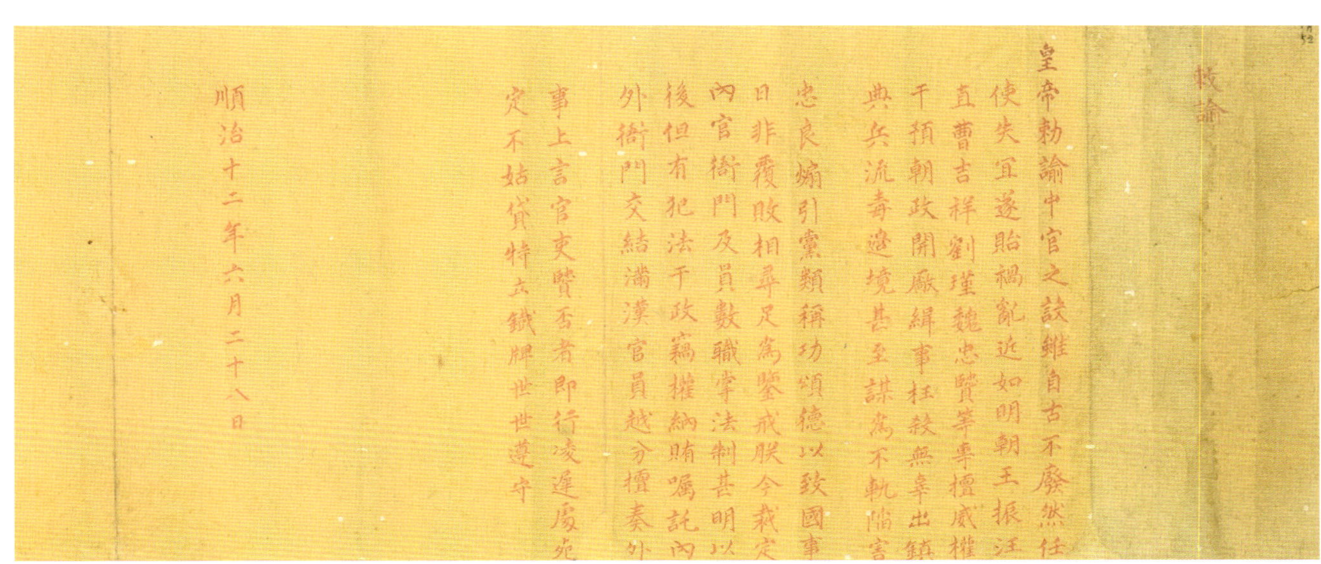

敕諭

皇帝勅諭中官之設雖自古不廢然任
使失宜遂貽禍亂近如明朝王振汪
直曹吉祥劉瑾魏忠賢等專擅威權
干預朝政開廠緝事枉殺無辜出鎮
典兵流毒邊境甚至謀為不軌陷害
忠良煽引黨類稱功頌德以致國事
日非覆敗相尋足為鑒戒朕今裁定
內官衙門及員數職掌法制甚明以
後但有犯法干政竊權納賄囑託內
外衙門交結滿漢官員越分擅奏外
事上言官吏賢否者即行凌遲處死
定不姑貸特立鐵牌世世遵守

順治十二年六月二十八日

满、汉文合璧

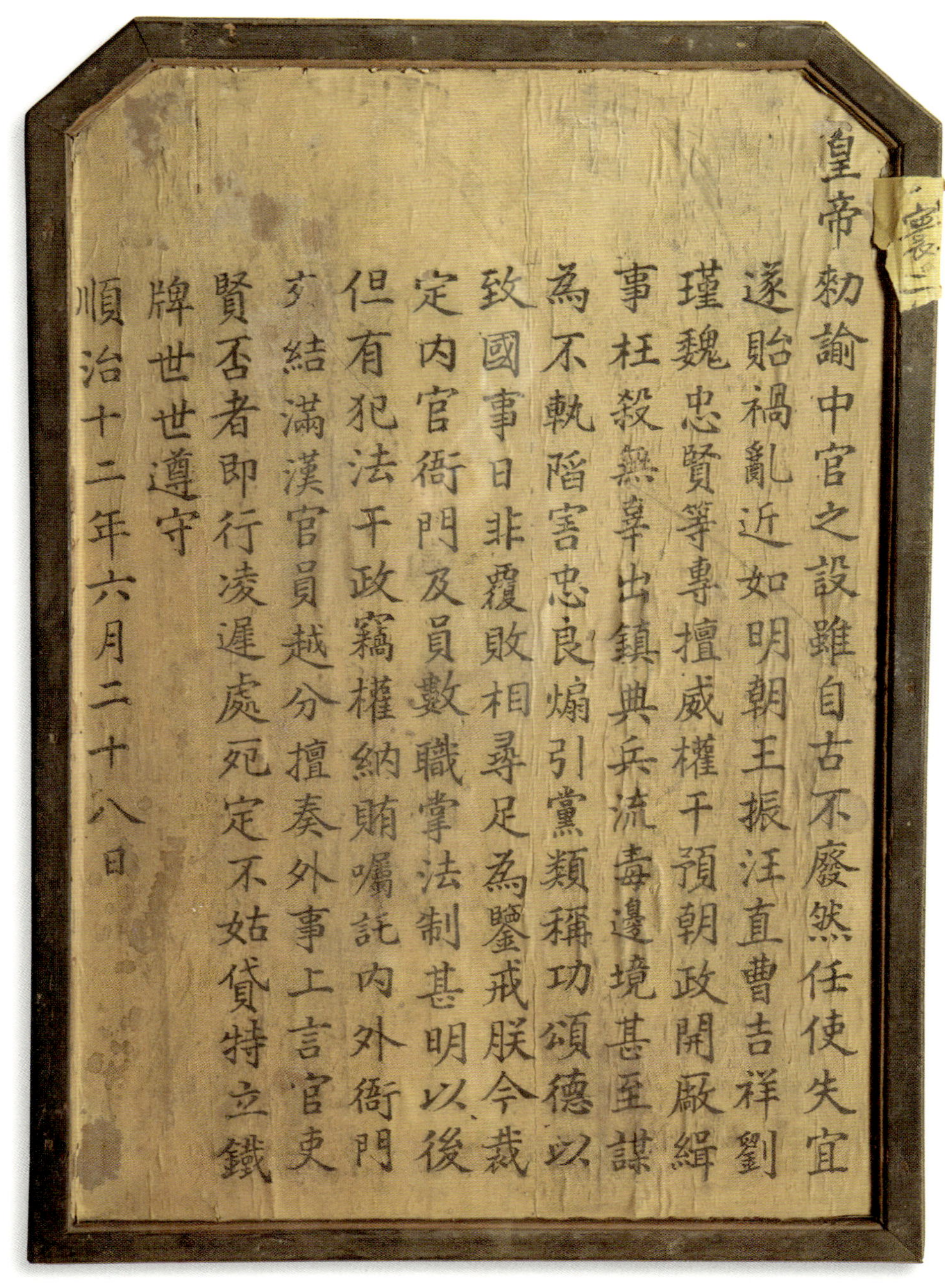

皇帝勅諭中官之設雖自古不廢然任使失宜遂貽禍亂近如明朝王振汪直曹吉祥劉瑾魏忠賢等專擅威權干預朝政開廠緝事枉殺無辜出鎮典兵流毒邊境甚至謀為不軌陷害忠良煽引黨類稱功頌德以致國事日非覆敗相尋足為鑒戒朕今裁定內官衙門及員數職掌法制甚明以後但有犯法干政竊權納賄囑託內外衙門交結滿漢官員越分擅奏外事上言官吏賢否者即行凌遲處死定不姑貸特立鐵牌世世遵守

順治十二年六月二十八日

顺治帝敕谕木牌

严令中官不得干政

清顺治十二年六月二十八日

1655 年 7 月 31 日

横 43.5 厘米　纵 70 厘米

| 木质 |

除铸造“不得干政犯法”铁牌外，清廷另制敕谕木牌，安放宫中各处，以为警示。

武状元殿试卷

清顺治十二年

1655 年

横 297 厘米　纵 49 厘米

| 纸本 |

顺治初年，开武科举考试，以选拔优秀军事人才，内容通常包括马步、射箭和策论等。顺治十二年十月（1655 年 11 月），顺治帝于景山主持武举骑射，先试马步箭，次试策文。在这次殿试中，于国柱被钦点为一甲第一名，即武状元，获赏兵甲及银两。

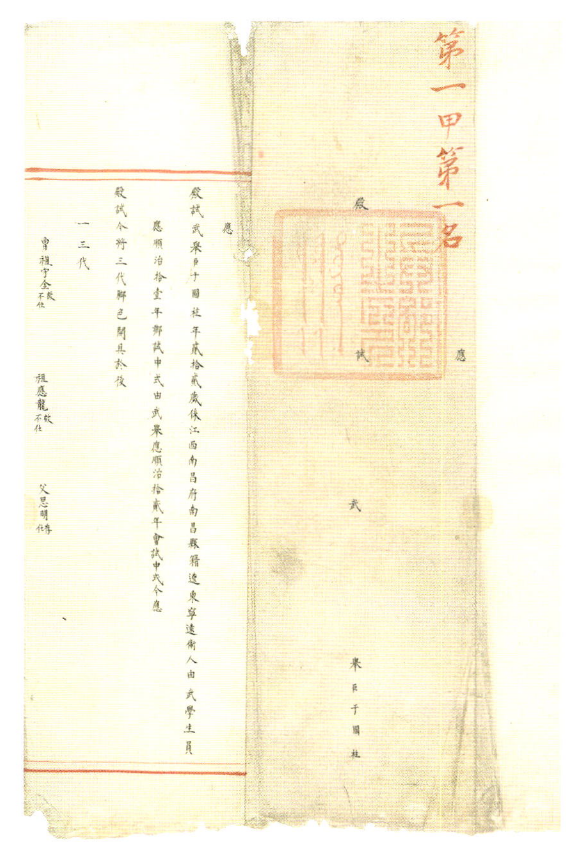

文科小金榜

清乾隆元年四月初五日

1736 年 5 月 15 日

横 1270 厘米　纵 27.8 厘米

| 纸本 |

小金榜是专门用于进呈皇帝御览的殿试结果的排名榜单。经折装，黄纸墨书，满、汉文合璧。依考试内容分为文、武两种。开面书“金榜”二字，起首为制文一道，后按甲次顺序书写中式人员的名次、姓名、籍贯等。

局部

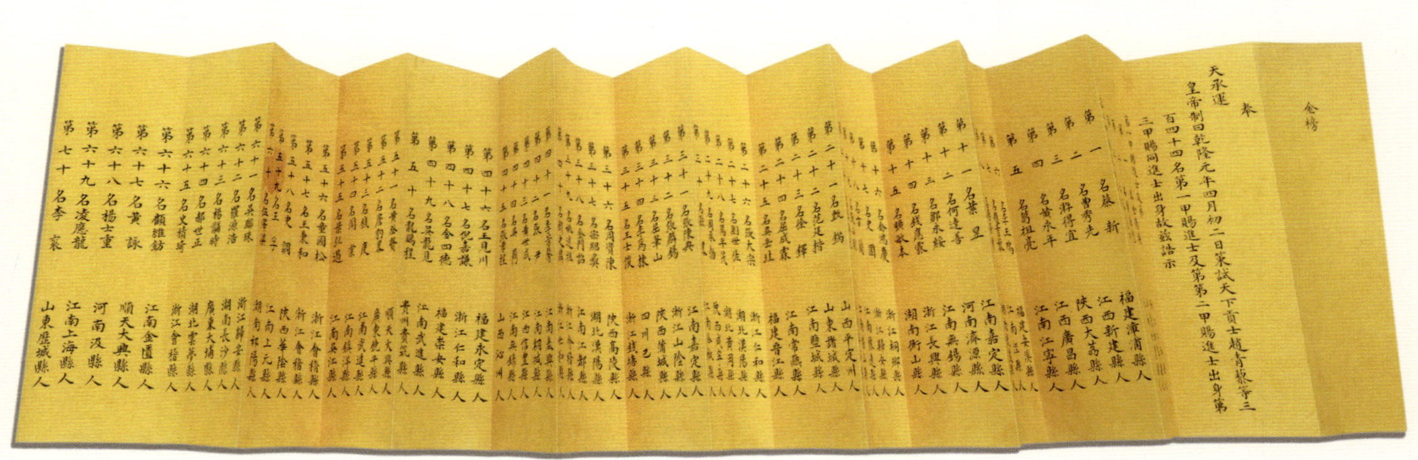

武科小金榜

清乾隆元年十二月初一日

1737 年 1 月 1 日

横 425 厘米　纵 27.8 厘米

| 纸本 |

局部

满、汉文合璧

铃印

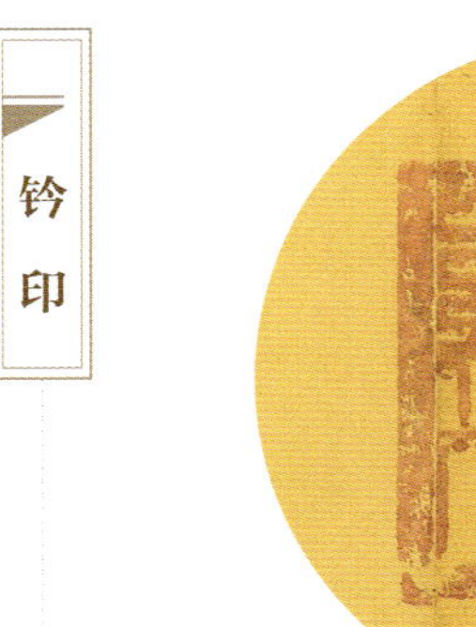

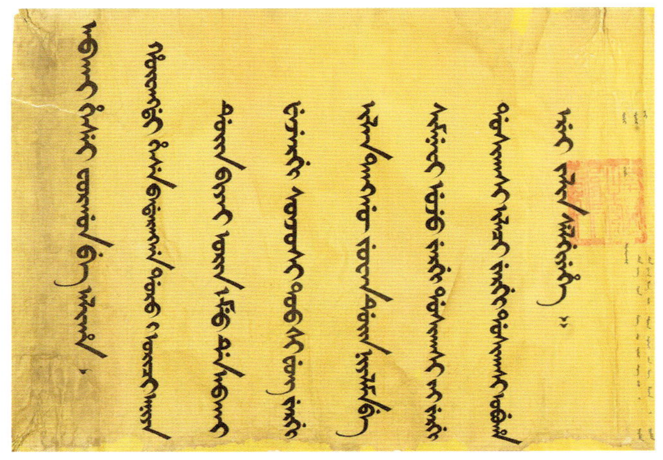

满文

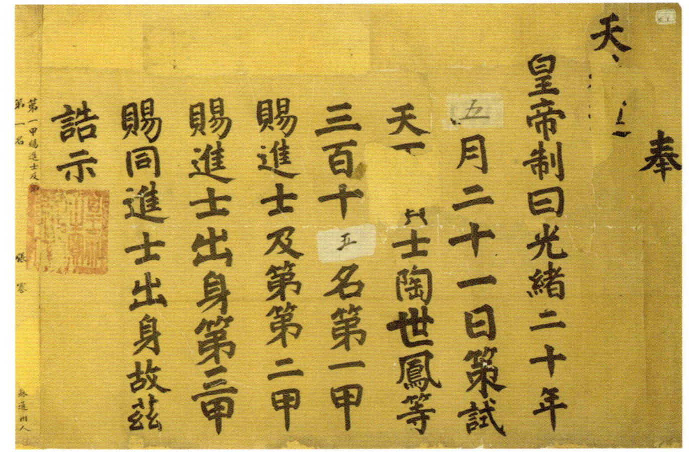

汉文

文科大金榜

［清光绪二十年四月二十五日］

1894年5月29日

横1913.5厘米　纵82.6厘米

｜纸本｜

大金榜是用于张挂供众人观览的殿试结果排名榜单。黄纸墨书，满、汉文合璧，在时间处和纸张接缝处钤盖“皇帝之宝”玺印，并于满汉文交汇处特书满汉文“榜”字，其他内容和小金榜完全相同。也分文、武两种，文榜张挂于长安左门外，武榜张挂于长安右门外，三日后缴内阁收贮。

2005年，以“清代科举金榜”之名被列入联合国教科文组织《世界记忆名录》。

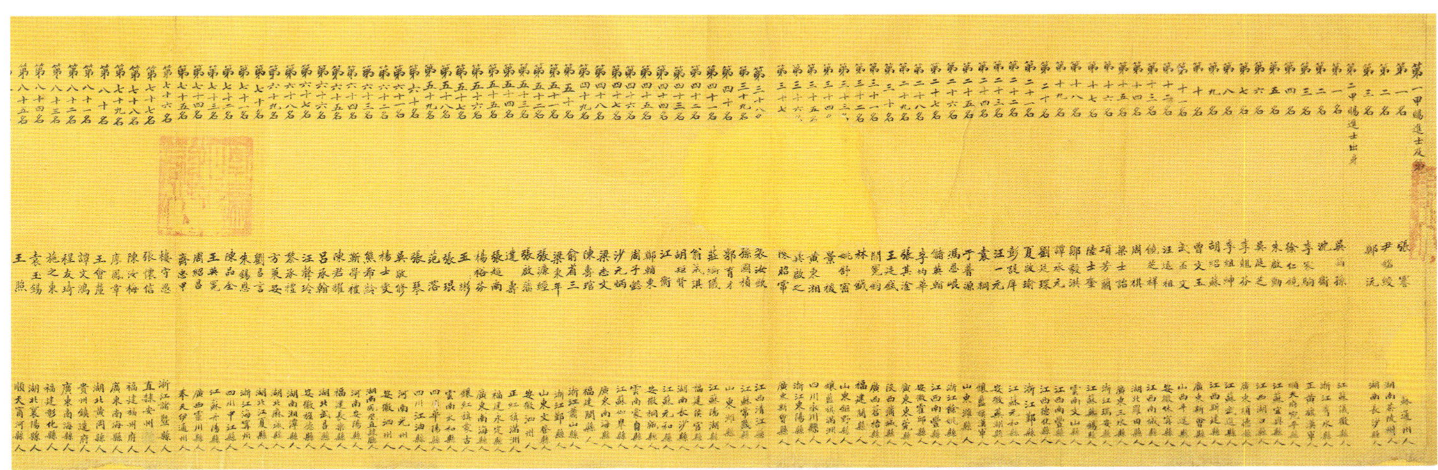

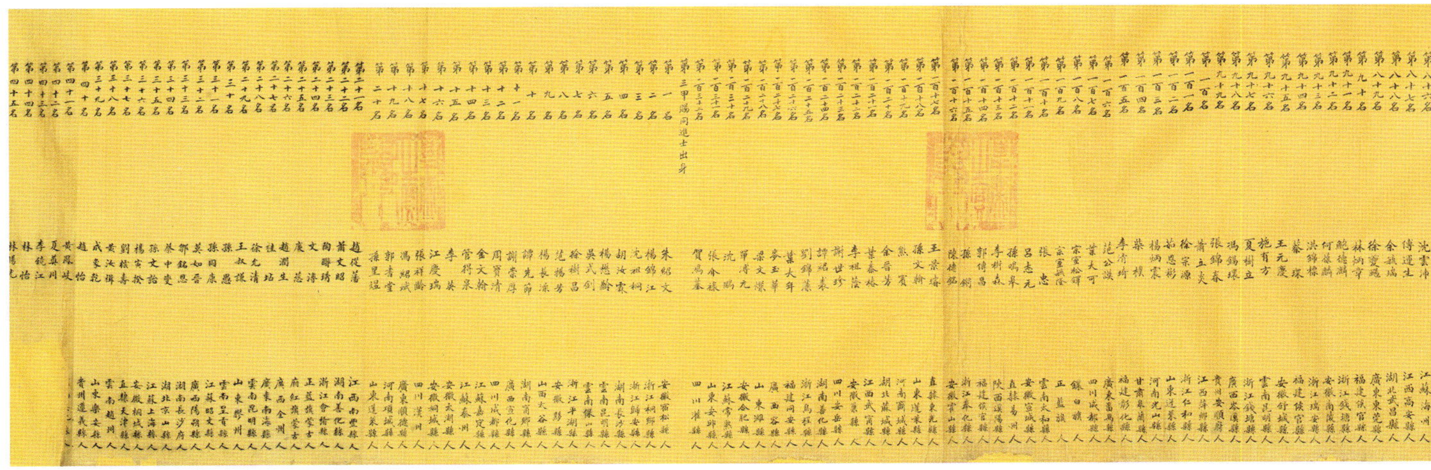

汉文部分

局部

满文部分

康熙帝玄烨八岁即位，权臣秉政，三藩渐起，边地多事，外敌环伺。他亲政后励精图治，平定三藩，统一台湾，驱逐沙俄，加强防务。有清一代统一多民族国家的辽阔版图，由此奠定。

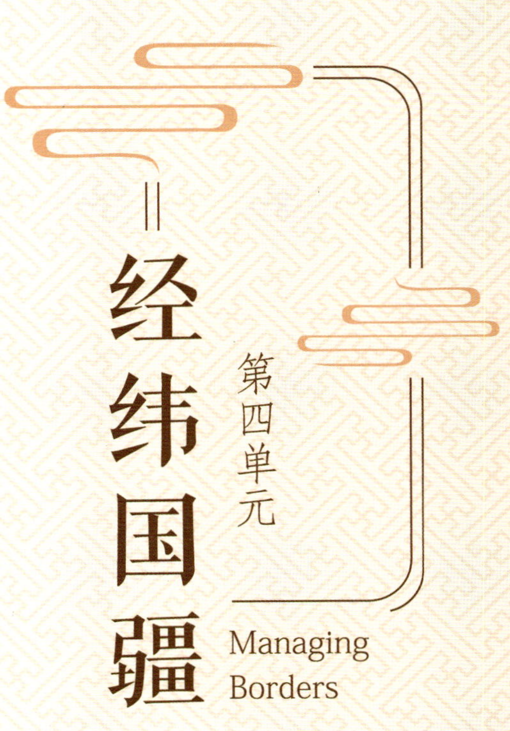

第四单元 经纬国疆

Managing Borders

满、汉文合璧

皇帝之宝

康熙帝诏书

招降郑成功部众

清顺治十八年闰七月十三日

1661 年 9 月 6 日

横 245 厘米　纵 76 厘米

| 纸本 |

顺治十八年（1661 年），郑成功率部驱逐荷兰殖民势力，收复台湾。为招抚郑氏、平定东南海疆，清廷曾多次下诏，此诏书便是其中之一。内中详列对郑成功本人及所属部众等次不一的“赏格”。诏书满汉文合璧，钤盖“皇帝之宝”。

满、汉文合璧

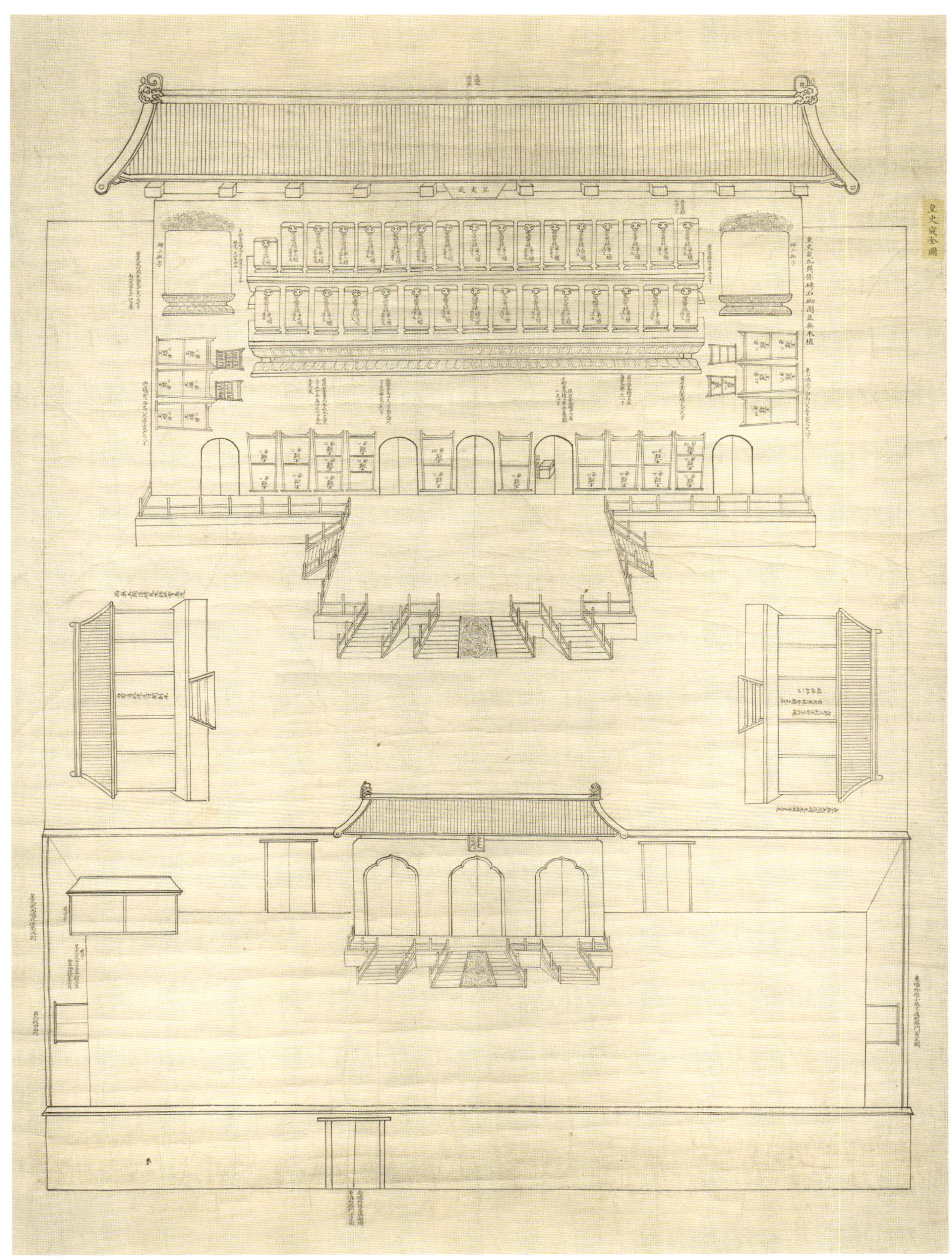

《皇史宬全图》

[清乾隆九年至十五年]

1744—1750年

金匮

金匮，明清时期用于存放皇帝实录、圣训的档案柜，现存152座。

金匮内以楠木为体，外裹鎏金铜皮，錾刻云龙图案，单体重160多公斤。精良的设计与制造使其可防虫蛀、霉变与高温，利于档案长期保存。

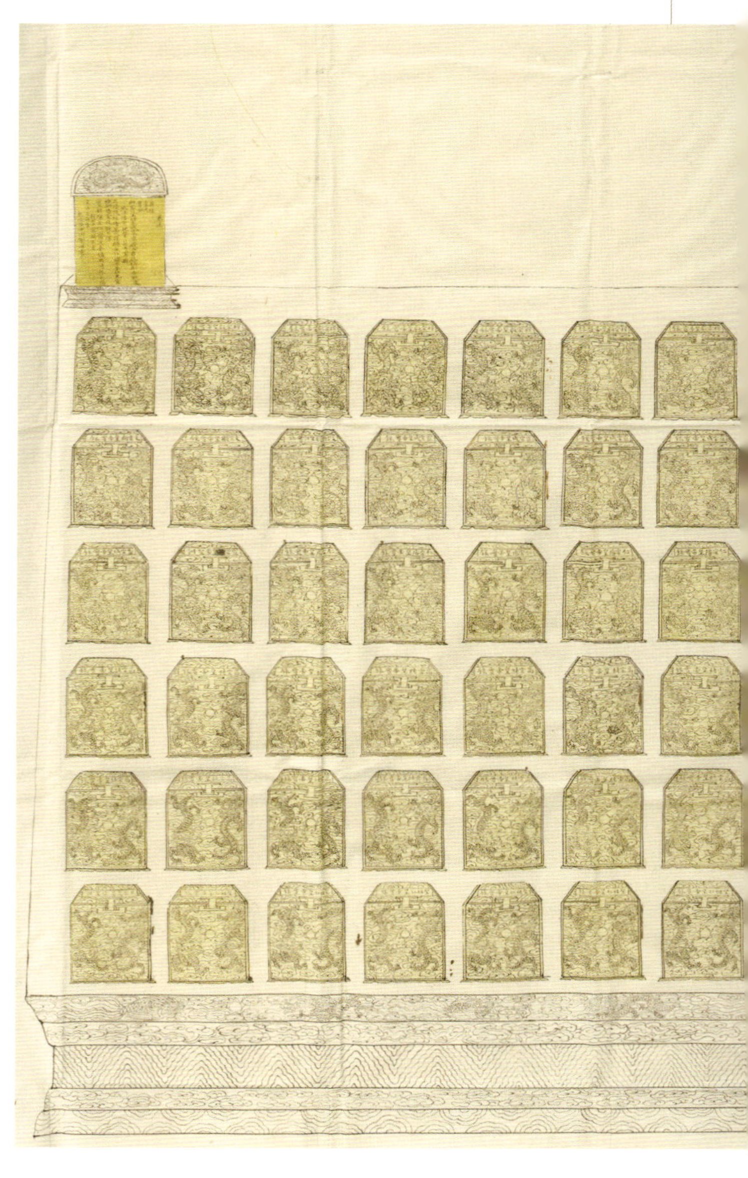

《皇史宬金匮图》

［清光绪六年］

1880年

｜纸本｜

明代金匮

清代金匮

清代实录

《实录》为官修编年体史籍，记载皇帝言行与朝章国故，以满、汉、蒙古三种文字书写。

满文小黄绫本太祖实录

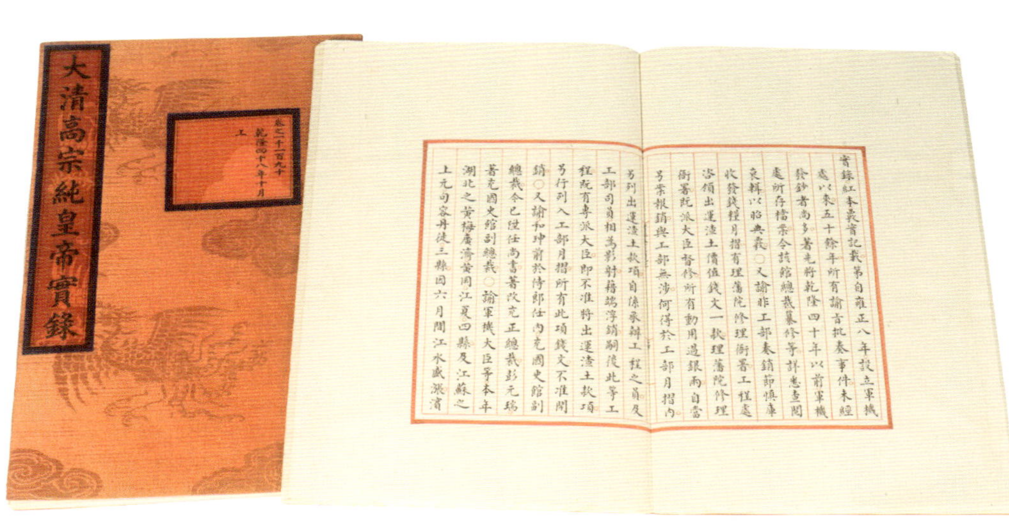

汉文大红绫本高宗实录

清代圣训

《圣训》属记言类史籍，以满、汉两种文字书写。《圣训》纂修与《实录》同步。据装帧及开本特点，分“小黄绫本”“小红绫本”和“大红绫本”三种。

满文小黄绫本太祖圣训

《大清中外天下全图》

［清康熙五十五年至六十一年］

1716—1722年

横129厘米　纵161厘米

｜纸本｜

此图以康熙朝全国大地测量为基础，兼用“计里画方”与直线经纬网方式，详细标注中国及周边地区、海域地名。其中，中国南海地区明确标绘出万里长沙（中沙、西沙群岛）、万里石塘（南沙群岛）。

輿圖之製歷代皆有之北極高卑東西廣狹僅約其 弗得其詳惟南懷仁製為每方百里準之
天度繪為中外總圖較前精密矣但天下之大足跡未經所著考稽有差謬至
本朝中外一統久道化成康熙丙申歲
遣使臣遍歷各省用儀器致北極高度繪中外輿圖每方百里自北距南二百里則北極高一度自南距北
二百里則北極低一度距百里則半度餘各有差以順天為中宮縱橫百里上應天度南北相懸東西
各別輿圖者一致北極高度一致天星分野一致道途遠近一致各地界限一致山川脉絡一致江河源流分之
則每省各為 圖別以顏色無相雜也合之則中外共為一張經緯有其度數實相聯也洵稱
美善之規宜以為金玉之寶也夫

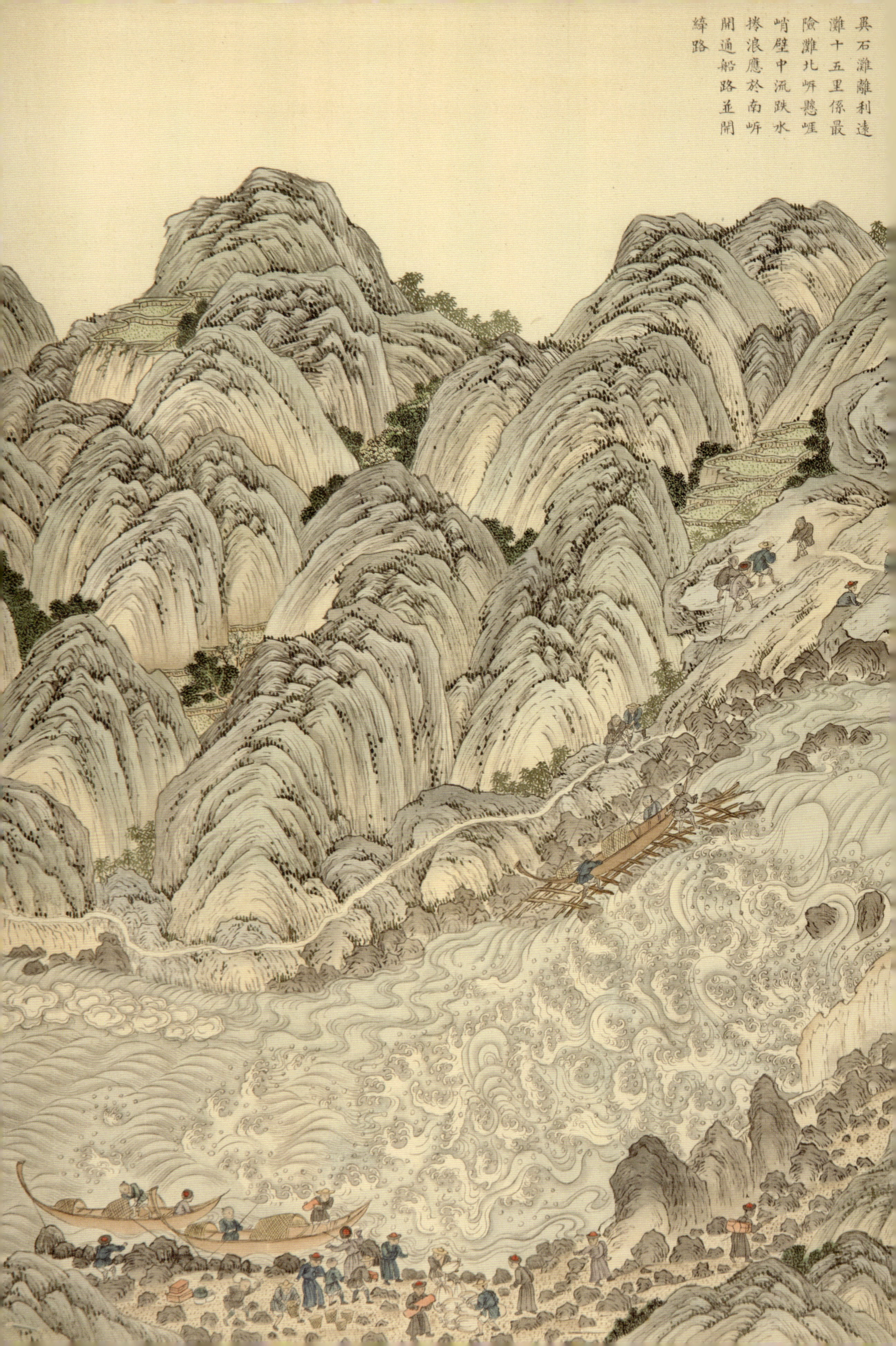
異石灘離利遠灘十五里係最險灘北岸懸崖峭壁中流跌水捲浪應於南岸開通船路並開縴路

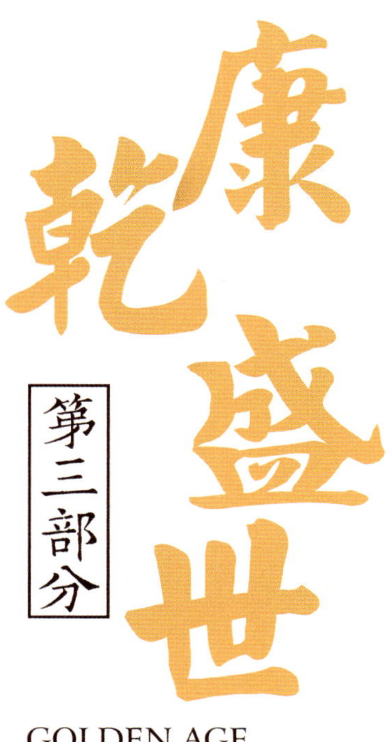

第三部分 康乾盛世

GOLDEN AGE, FROM KANGXI TO QIANLONG

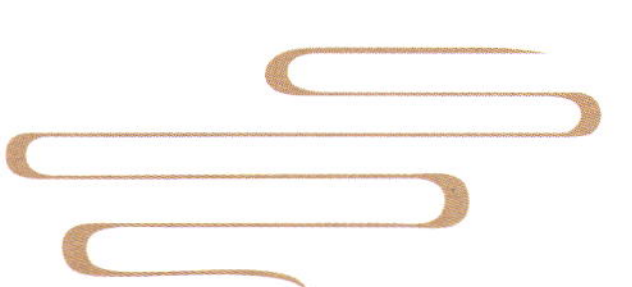

康熙、雍正、乾隆三朝，外抚强藩、内修国政，统一多民族国家进一步巩固。兴科举、开史馆，文教兴盛，厘定行省、改土归流，治河兴漕、整饬海塘，改革赋役、摊丁入亩，商旅往来不绝，中西文化交汇。虽有阴翳，俨然盛世。

During the reigns of the Kangxi, Yongzheng and Qianlong emperors, the feudatories were pacified, and the government was improved internally. The unified multi-ethnic country was further consolidated. It promoted imperial examinations, set up the Historiography Institute, developed cultural education, determined the division of provinces, bureaucratized native officers, renovated rivers for waterway transport, reorganized sea embankments, and reformed the tax and service system (particularly land taxes). Business and trade boomed, and cultural exchanges between China and the West led to brilliant achievements. Although there were shadows of imperfections, it was arguably a golden age.

第一单元

海内升平

Peace within Borders

康雍乾三朝是清代制度改革最为集中的时期。设军机处，定奏折制度，强化君权。劝课农桑，大兴河工水利，『滋生人丁，永不加赋』。一系列优化革新，成就升平之象。

奏折装具

清

1644—1911年

清康熙朝创设奏折制度，雍正朝进一步完善，用于高级文武官员向皇帝奏报重要事务。为确保奏折递送安全、保密，清廷制定专门的封递制度及装具，装具包括奏匣、夹板及相应锁具、封签等。

封套

用于盛装奏折。封套正反面写明官员职衔、姓名、具折时间。

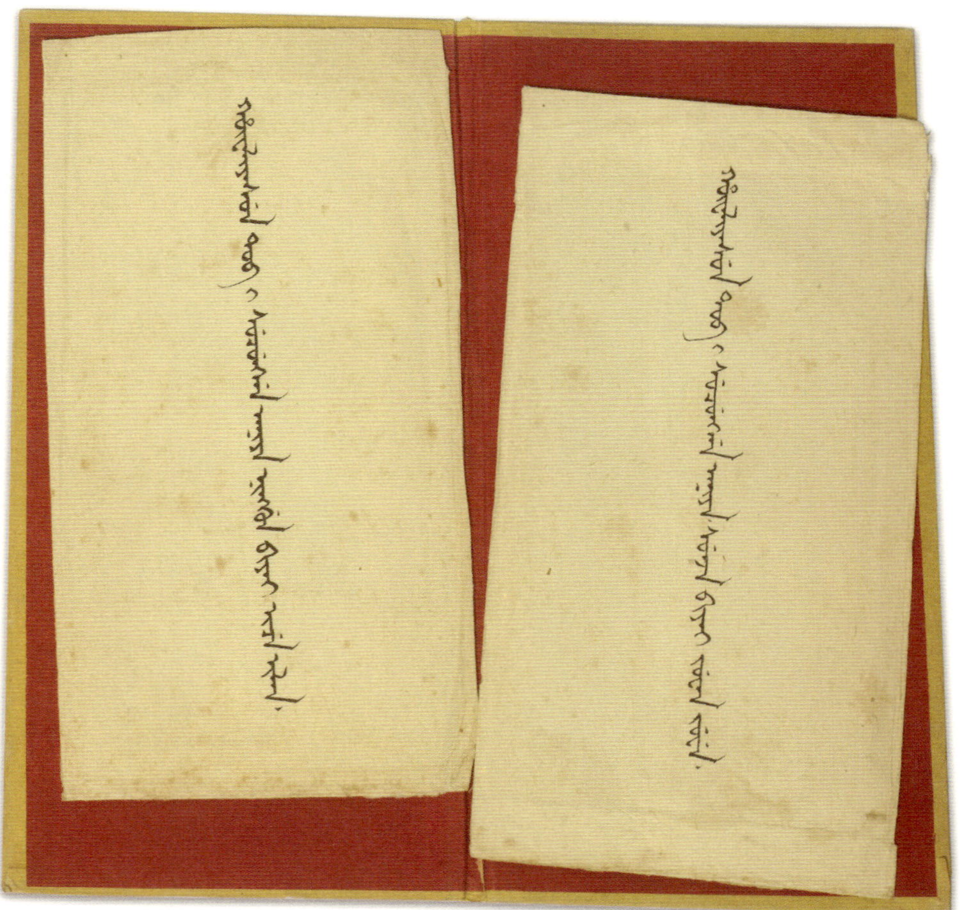

满文

奏匣

凡督抚等官员都赏给奏匣，奏事时用以封装奏折。升调外省即随身带走，其接任之员未经赏给的，令其自行奏请赏给。奏匣上装有锁扣，钥匙分别交该具奏官员和宫中保存，以利安全和保密。

夹板

夹板也是传递公文时使用的保护装具。凡未经赏给奏匣的督抚等地方官员，遇到题奏事时，将奏折等公文放在夹板之中，外用棉纸封固，接缝处钤盖职官印信，再用黄绫包裹发递。依制，缴回宫中的朱批奏折也以夹板封装。

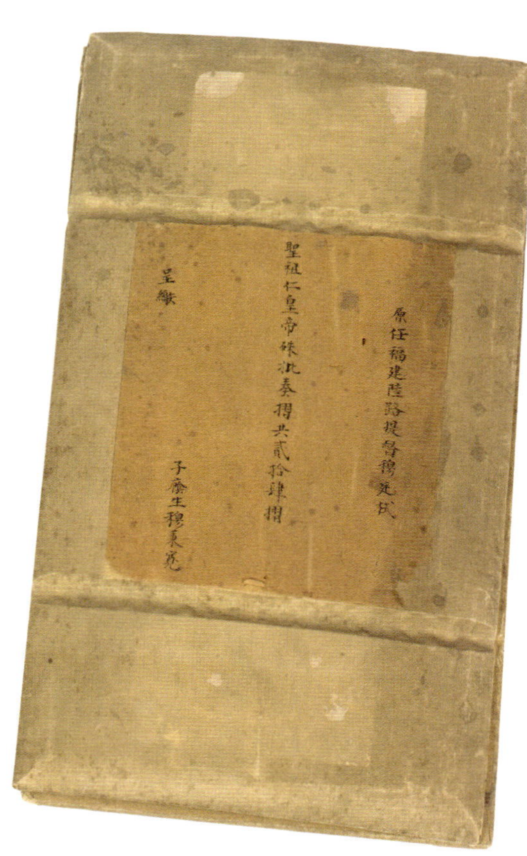

户部精微批文

清康熙四十二年四月十六日

1703年5月31日

横105.3厘米 纵122.7厘米

| 纸本 |

明清时期都察院、户部、工部等机构颁给外出办差官员的通行证。差官亲领前，要办理批文登记、请用御宝等手续。乾隆三十八年（1773年）停止颁发批文。

此为内务府内管领孙文成赴广东粤海关公干时的批文，由户部颁发。

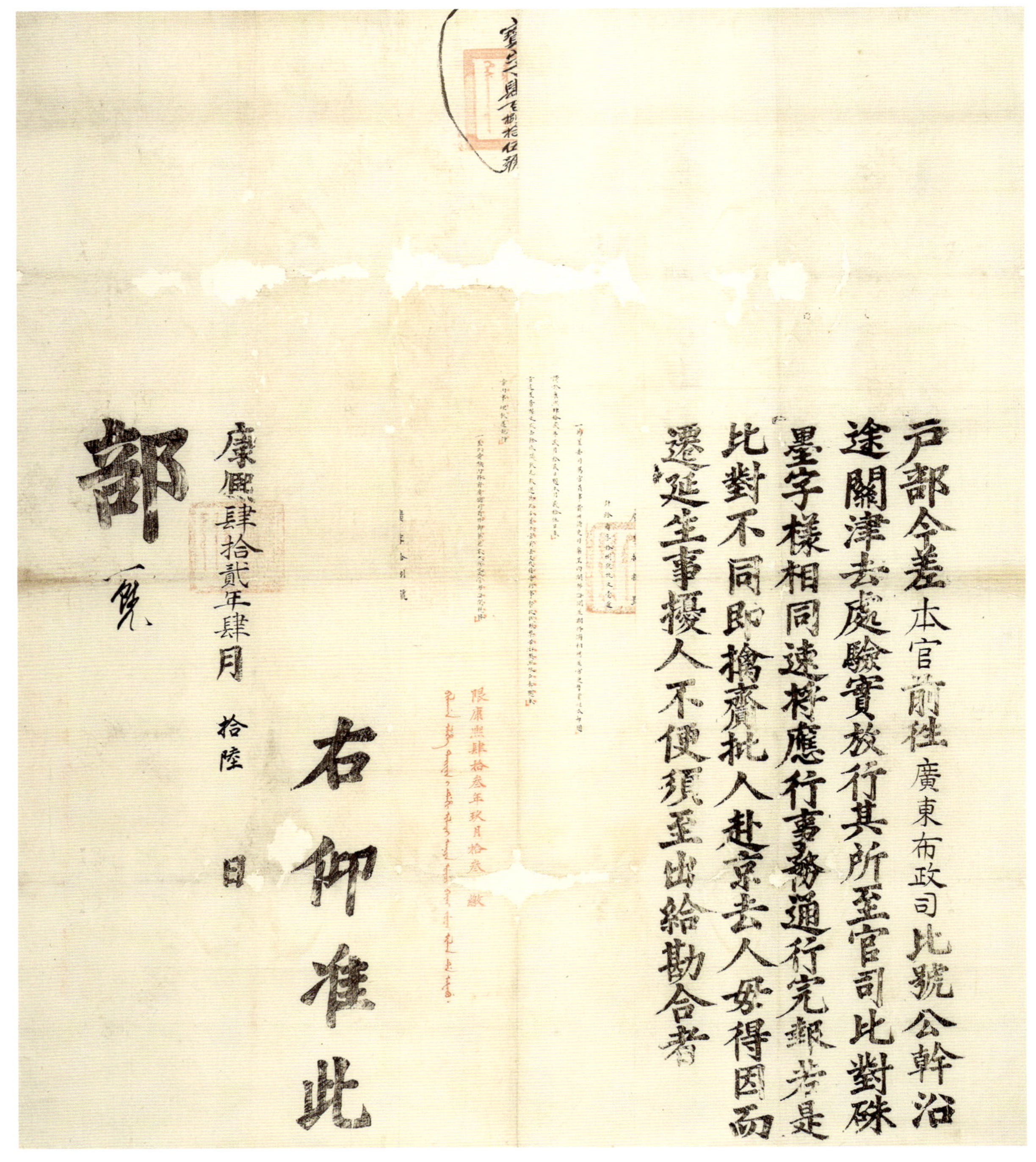

戶部今差本官前往廣東布政司比號公幹沿途關津去處驗實放行其所至官司比對硃墨字樣相同速將應行事務通行完銷若是比對不同即擒齎批人赴京去人毋得因而遷延生事擾人不便須至出給勘合者

限康熙肆拾叁年玖月拾叁繳

右仰准此

康熙肆拾貳年肆月 拾陸 日

部

兵部火票

清乾隆三十一年四月二十三日

1766 年 5 月 31 日

横 52 厘米　纵 43.3 厘米

| 纸本 |

火票有急速如火之意，由兵部刊印签发，为使用驿递传送公文的凭证。明清时以驿马递送文书，兵部掌管全国驿递。京师向外马递公文，均加兵部火票，规定时限，令沿途各驿凭票接递。外省递向京师的公文，或外省间互递的公文，则粘联排单，令驿站于单内登注时刻。该火票上墨书“此夹板着马上飞递由伊犁来京，一路探听迎送给与，毋误”。另有半字编号字样，用以对照勘验。

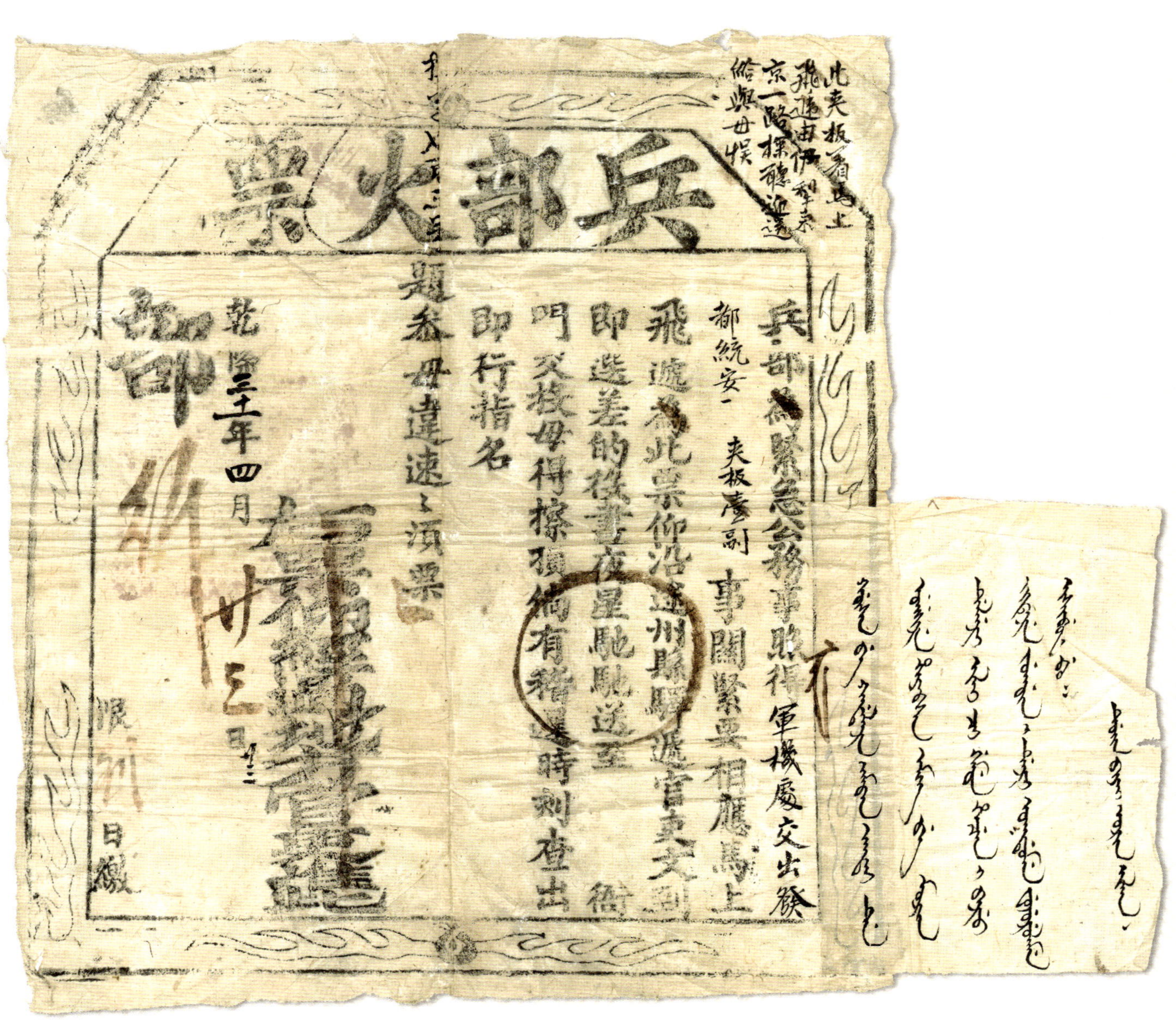

汉文　　满文

署理广东巡抚年希尧奏折

到任查察火耗情形

清雍正元年六月初三日

1723 年 7 月 4 日

横 198 厘米　纵 23 厘米

| 纸本 |

“火耗”，又称“耗羡”，原指零碎白银熔铸为银锭时产生的损耗。清代地方官员征收赋税时，借损耗之名，额外征收“火耗”，渐成惯例，实则科敛。雍正朝推行“耗羡归公”，将火耗银并入正项税收，作为官员养廉银的来源。

署理广东巡抚年希尧调查当地火耗加征等情况，回奏皇帝。雍正帝朱批中告诫：“着量而行，不可只要说着好听，行与言不符，无益于民生吏治，则不可”。

局部

有盜賊出没數處現在與楊琳馮毅商酌
添兵應設營者添設營汛務使沿路各塘
只要察访根本盗贼所起之由，胜似防范
聲息相通防範周密以期盜風少息
一廣州韶州惠州潮州肇慶伍府俱有礦山
從前曾經開採後俱封禁
聖祖仁皇帝特旨停禁窮民偷刨嗣因恐釀地方
大患將軍奏請封禁封禁之後乏食窮民
每於有礦山塲仍相聚偷刨盈千纍百不
呼而集地方官弁雖領兵役驅逐然在大
山之中地方遼濶兵至則散兵去仍聚此
山驅逐又奔彼山名雖封禁實多偷刨今
奴才惟有會商楊琳馮毅派撥武弁領兵
民利未必能全禁。只要地方官不贪取，害累众多，不至于
巡查見有偷刨者立即驅逐毋使聚集以
数万人，又不肯掠，又不明闹掠，巧相机而行方可。着尽行停
免人多難於逐散
止。行得来时好，不可言。恐此国利小民不能见多也，亦不过
以上伍事關係地方民生俱奴才職分
朕数千里外遥遥之言，总要你们地方官公正实心筹画。
應行之事相應奏
认真经事，即是有行不来的事，你等暂接着量而行。
知伏乞
不可只要说着好听，行与言不符，无益于
睿鑒謹
民生吏治则不可。勉之慎之。
奏

布政使按察使职名履历朱笔圈单

清乾隆四十六年五月二十日

1781 年 6 月 11 日

横 116 厘米　纵 25.2 厘米

| 纸本 |

皇帝朱笔圈点的官员履历单，称为朱笔圈单。履历单多随附于有关衙门和大臣验看履历后提出意见的奏折之后。此档案记录了省级官员布政使、按察使的职名履历及朱笔圈选情况。

局部

陕西巡抚噶世图呈民丁册

盛世滋生户口民丁情况

清康熙六十一年六月十七日

1722年7月29日

横32厘米　纵41.8厘米

| 纸本 |

清代将16—60岁的男子称为“丁”。康熙五十一年(1712年),康熙帝诏告天下,以后征收丁粮(人口税),以康熙五十年丁额为常额,新增加的人丁,永不加赋,即所谓“盛世滋丁,永不加赋”。该政策稳定了全国的人口税总额,对减轻农民负担、减少逃亡人口起到了积极作用,为雍正帝实施“摊丁入亩”改革奠定了基础。

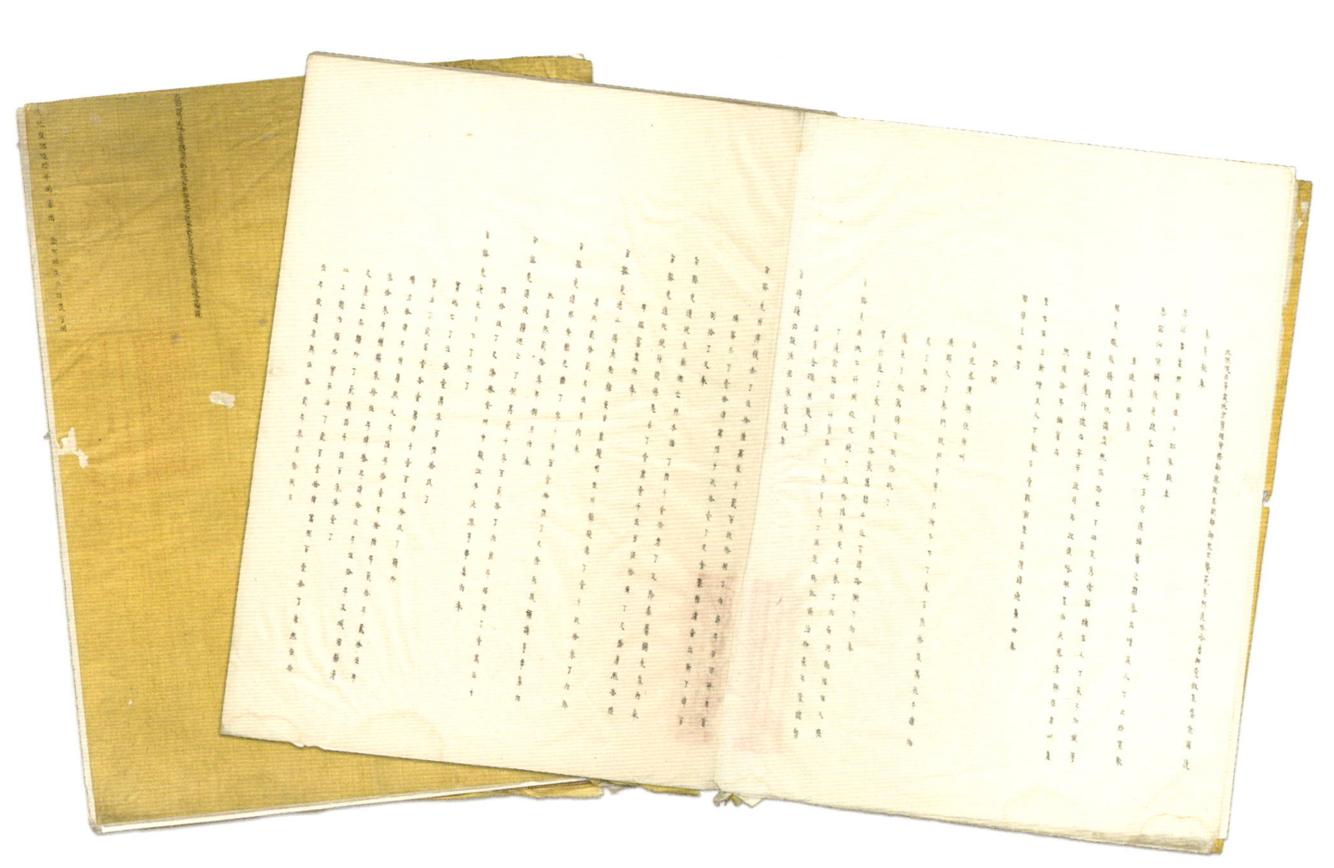

江宁织造曹𫖯奏折

报江南米价进呈晴雨录

清雍正二年正月初七日

1724年2月1日

横78.4厘米 纵21厘米

| 纸本 |

清廷规定，江宁、苏州、杭州织造每日按十二个时辰记录阴晴雨雪等天气现象，按月奏报，是为晴雨录。同时，因粮价问题影响深远，也需定期报送各品类、等次的粮食价格。制度性的雨雪粮价报告，既便利中央掌握各地情况，也保留了系统完备的气候与经济史研究资料。

奏

江寧織造奴才曹𫖯跪

奏恭請

萬歲聖安江南太平無事奴才於舊年十二月二十

九日至蘇謹將

萬歲訓旨傳諭胡鳳翬知道胡鳳翬不勝感激涕零

竊念奴才與胡鳳翬荷蒙

聖主豢養洪恩同俾織之任何等

恩榮敢不兢業自持今又蒙

訓誨諄諄奴才等即昆蟲草木亦當知感嗣後惟有

益加敬謹小心凡事必彼此勸勉互相商酌同

心協力圖効犬馬以期無負

萬歲如天之恩除胡鳳翬另自具摺謝

恩外再所有蒙

萬歲天恩賞妝蟒緞緞疋

恩旨奴才亦另具公移轉傳蘇杭兩處矣今奴才於

本年正月初六日已回至江寧百姓安樂目下

米價上米每石一兩二錢次米每石一兩一錢

一分謹將十二月分晴雨録一併恭呈

御覽伏乞

聖鑒

雍正貳年正月初柒日

直隶粮价清单

［清乾隆三年五月二十一日］

1738 年 7 月 7 日

横 275.6 厘米　纵 22.7 厘米

| 纸本 |

此为直隶总督李卫奏报除顺天府外，直隶所属保定、永平等各府州米麦杂粮时价的清单，包括与上年及上月贵贱比较的情况。

局部

直隸糧價清單
直隸總督駐劄保定府臣李衛謹
奏直省米麥雜糧時價除順天府一屬應聽府尹臣就
近開報外所有四月分保定府屬糧價及永平等各
府州屬報到三月分糧價照例開列於後
計開
保定府屬四月分價中　查與上月價銀稍減
上稻米每倉石價銀二兩一錢一分至二兩六錢八
分
上等粟米每倉石價銀一兩四錢四分至一兩七錢
四分
次等粟米每倉石價銀一兩三錢七分至一兩六錢
八分
白麥每倉石價銀一兩六錢至一兩九錢五分
紅麥每倉石價銀一兩四錢三分至一兩八錢八分
黑豆每倉石價銀一兩一錢八分至一兩六錢二分
高糧每倉石價銀九錢六分至一兩四五分
永平府屬三月分價貴　查與上月價銀稍有增減
稻米每倉石價銀一兩六錢二分至二兩一錢七分
上粟米每倉石價銀一兩二錢至一兩九錢六分
中粟米每倉石價銀一兩一錢至一兩七錢七分
白麥每倉石價銀一兩三錢三分至一兩九錢五分
紅麥每倉石價銀七錢五分至一兩三錢七分
黑豆每倉石價銀一兩二分至一兩六錢三分
高糧每倉石價銀八錢二分至一兩五錢一分
紅麥每倉石價銀一兩一錢至一兩六錢
黑豆每倉石價銀一兩八分至一兩四錢
高糧每倉石價銀七錢八分至一兩一錢
直隸定州并所屬五月分　價中　查與上月價銀稍減
稻米每倉石價銀一兩九錢五分至二兩二錢二分
上粟米每倉石價銀一兩二錢七分至一兩五錢
小麥每倉石價銀一兩至一兩四錢五分
黑豆每倉石價銀一兩一錢五分至一兩五錢四分
高糧每倉石價銀八錢七分至一兩八分
直隸易州并所屬五月分　價貴　查與上月價銀稍減
稻米每倉石價銀二兩五分至二兩五錢
粟米每倉石價銀一兩二錢至一兩四錢八分
小麥每倉石價銀一兩至一兩六錢五分
黑豆每倉石價銀一兩一錢至一兩五錢七分
高糧每倉石價銀七錢至一兩二錢三分
直隸承德州口外無屬五月分　價平　查與上月價銀
稍減
稻米每倉石價銀二兩三錢
粟米每倉石價銀一兩
小麥每倉石價銀一兩二錢
高糧每倉石價銀九錢
黑豆每倉石價銀九錢五分
以上各府州屬米麥雜糧時價之貴賤中平皆按
本地方出產之多寡較往年之價值高低合算據
實分别開報不計銀數之盈縮以爲定準合併聲
明

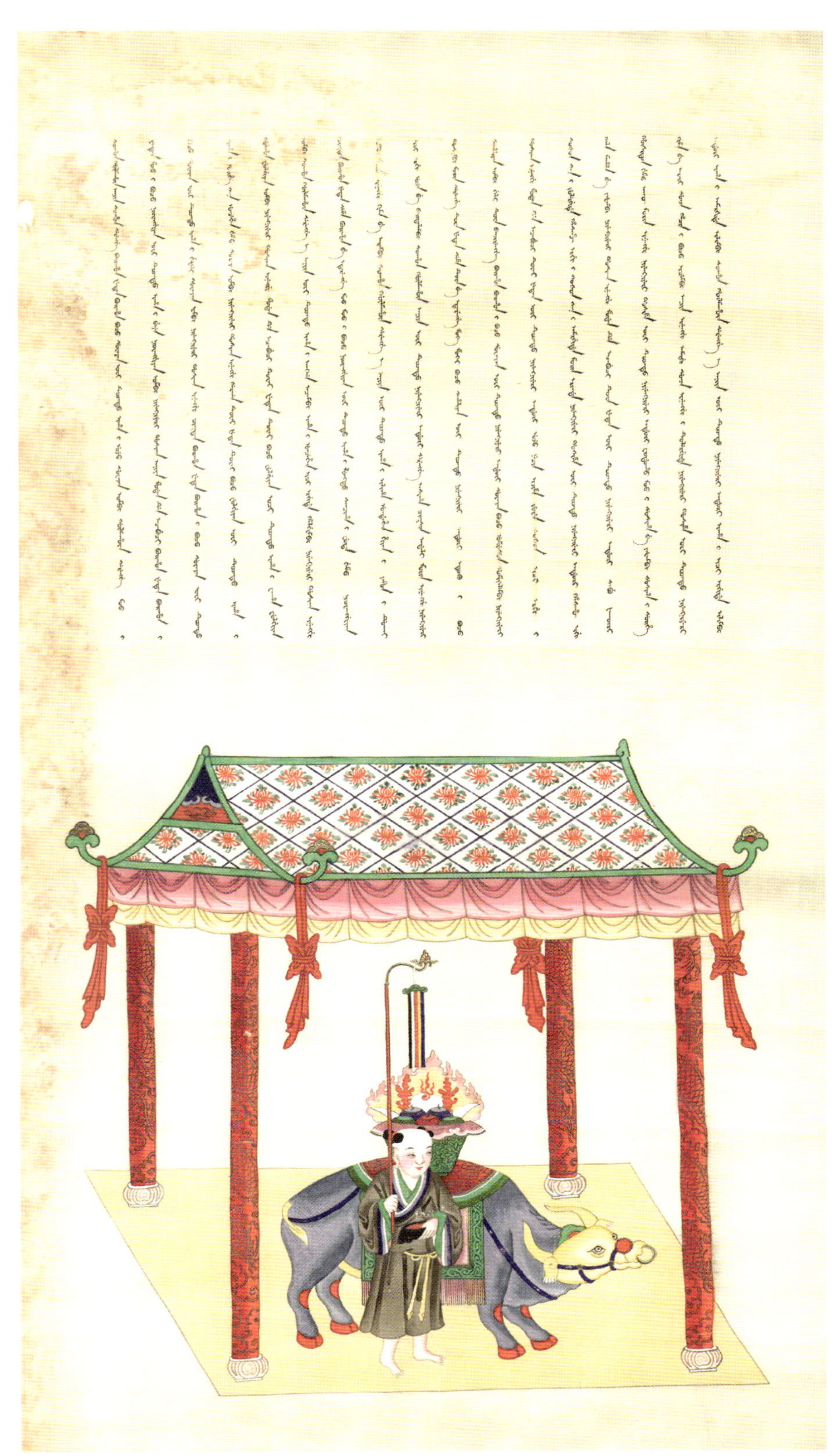

满文

《句芒神牛图》

清光绪五年

1879 年

横 61.6 厘米　纵 140 厘米

| 绢本 |

句芒，东方木神，又为春神，主万物生发。图中春牛及句芒神的位置朝向和标绘颜色，均与当年的五行干支相关联。清代每逢立春时节，均由顺天府向宫中进献《句芒神牛图》，用于迎春仪式。

《耕织图》

清康熙三十五年

1696 年

横 35.3 厘米　纵 45 厘米

| 纸本 |

《耕织图》是我国古代以农田耕作及采桑养蚕景象为题材，描绘农事过程的图谱。这些耕织图画在传播推广农业技术、促进农业生产方面也发挥了积极作用。

清代《耕织图》始绘于康熙年间，与前朝《耕织图》相比，技法上参考了西洋焦点透视法，呈现出独特的时代特征。

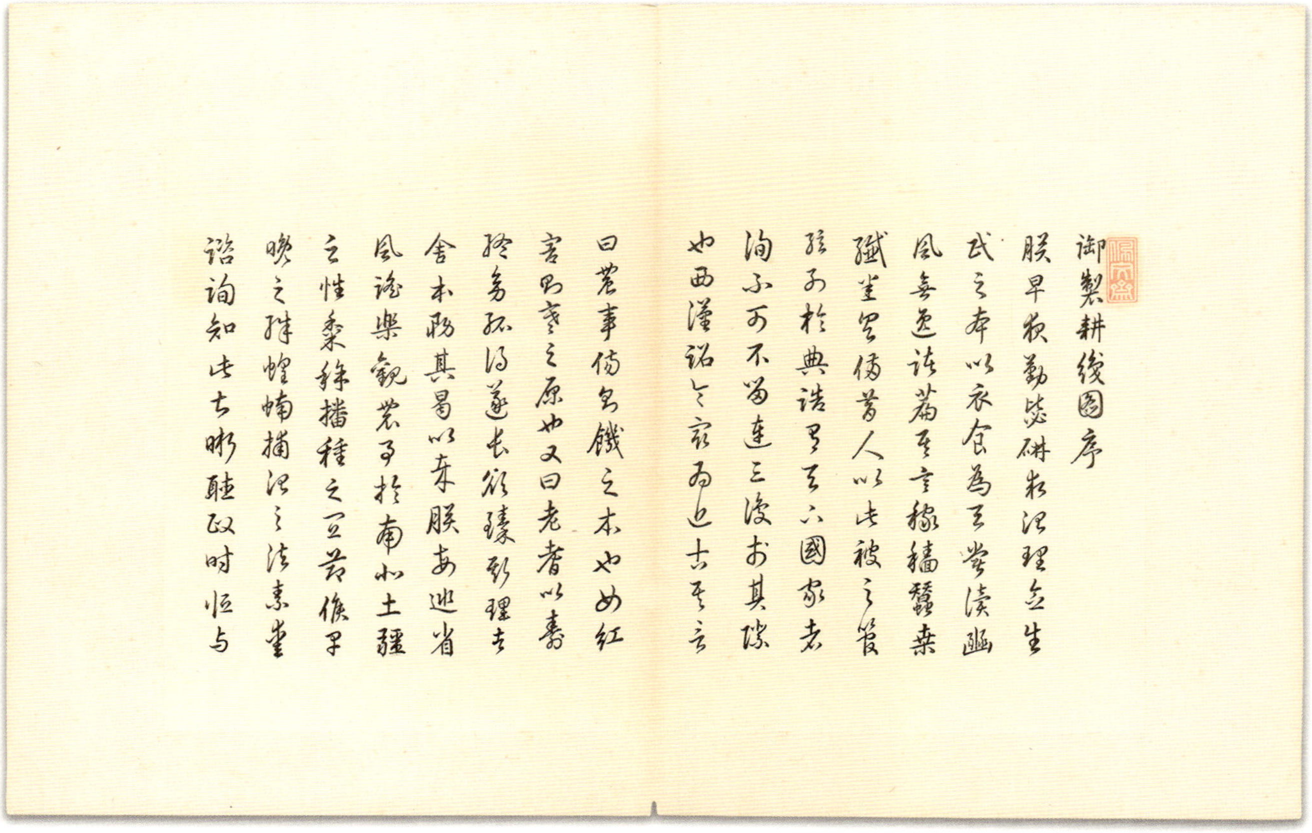

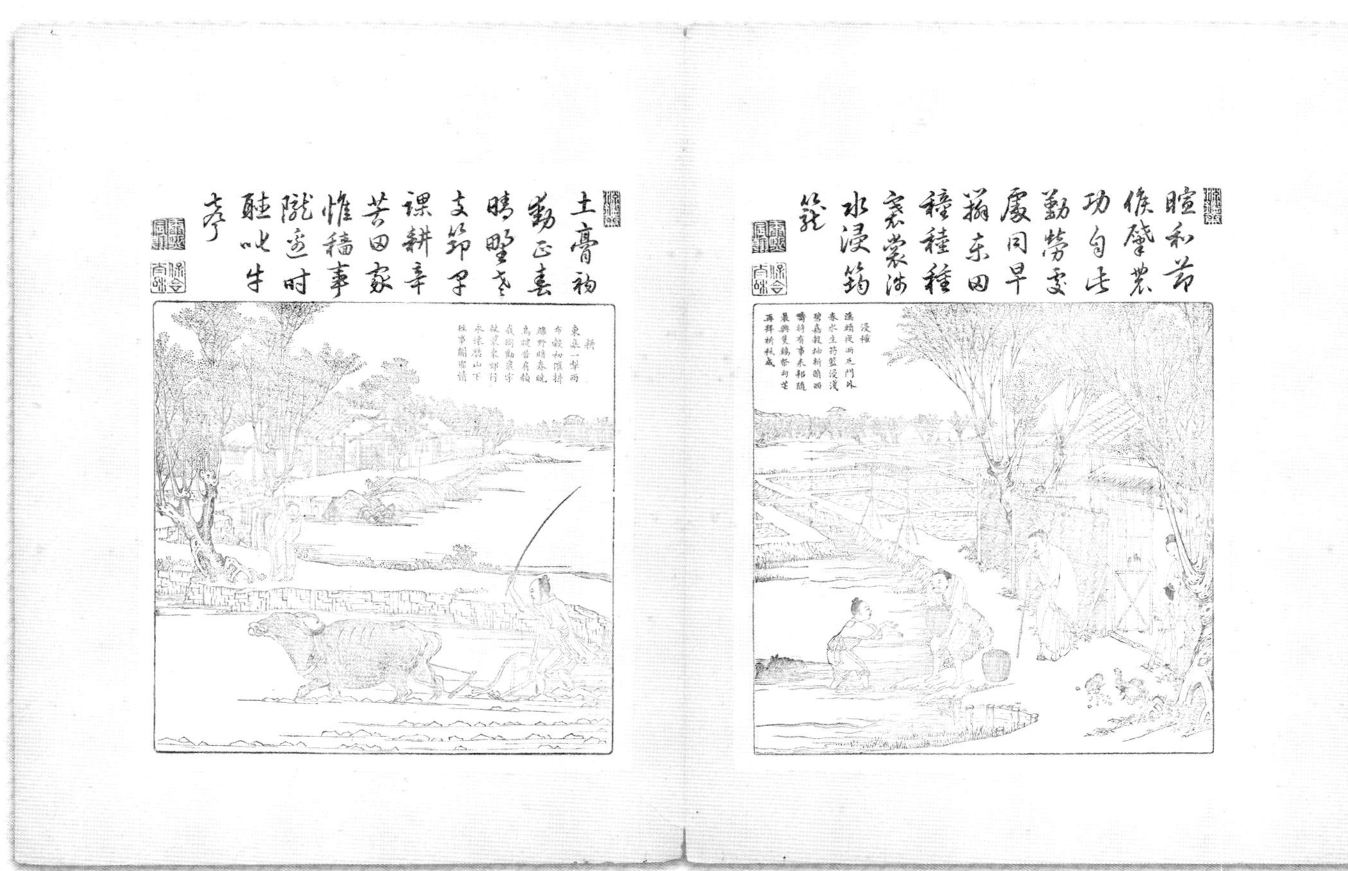

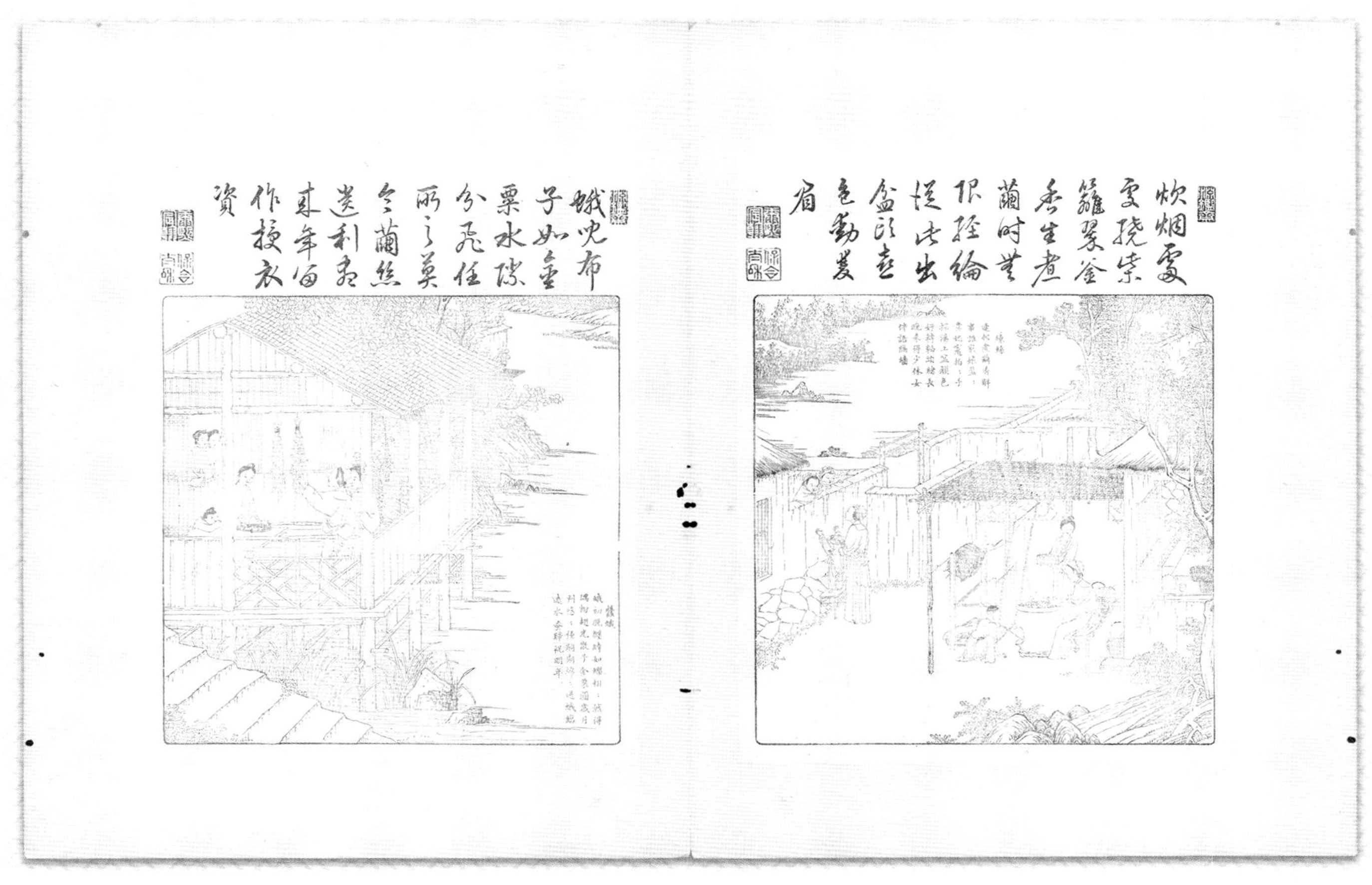

《瑞谷图》

清雍正五年八月二十八日

1727年10月12日

横186厘米 纵50.8厘米

| 纸本 |

雍正五年（1727年），各地官员上报嘉禾丰收情形，雍正帝命武英殿刊刻传教士郎世宁旧作《瑞谷图》，颁赐各省督抚。告诫官员“以修德为事神之本，以勤民为立政之基”，以示“敬天勤民，重农务本”之意。

钤印

敬天勤民

上諭朕念切民依今歳令各省通行耕耤之禮為
百姓祈求年穀幸邀
上天垂鑒雨暘時若中外遠近俱獲豐登且各處皆
産嘉禾以昭瑞應而其尤為罕見者則京師
耤田之穀自雙穗至於十三穗御苑之稻自雙穗
至於四穗河南之穀則多至十有五穗山西之
穀則長至一尺六七寸有餘又畿輔二十七州
縣新開稻田共計四千餘頃約收禾稻二百餘
萬石暢茂穎栗且有雙穗三穗之奇廷臣僉云
嘉禾為自昔所未有而水田為北地所創見屢
詞陳請宣付史館朕惟古者圖畫豳風於殿壁
所以誌重農務本之心今蒙
上天特賜嘉穀養育萬姓實堅實好確有明徵朕祇
承之下感激歡慶着繪圖頒示各省督撫等朕
非誇張以為祥瑞也朕以誠恪之心仰蒙
帝鑒諸臣以敬謹之意感召
天和所願自兹以往觀覽此圖益加儆惕以脩德為
事神之本以勤民為立政之基將見歳慶豐穰
人歌樂利則斯圖之設未必無裨益云特諭

雍正五年八月二十八日

《金沙江上下两游山水全图》

清乾隆七年

1742 年

横 7740 厘米　纵 50 厘米

| 绢本 |

乾隆七年（1742 年），署理云南总督张允随奏报疏通金沙江工程情况，绘制此图，一并进呈皇帝御览。此图由云南东川府（今云南东川市）起，至四川叙州府（今四川宜宾）止，绘有上游 52 滩、下游 82 滩。每滩配以图说，简明记注滩名、与上下两滩距离及滩险水势情况。所绘滩形水势写实逼真，行船纤夫、马帮驮商、铜房驿站、营卫兵弁等沿途场景栩栩如生，极具科学与艺术价值，是迄今所知存世尺幅最长的中文古地图。

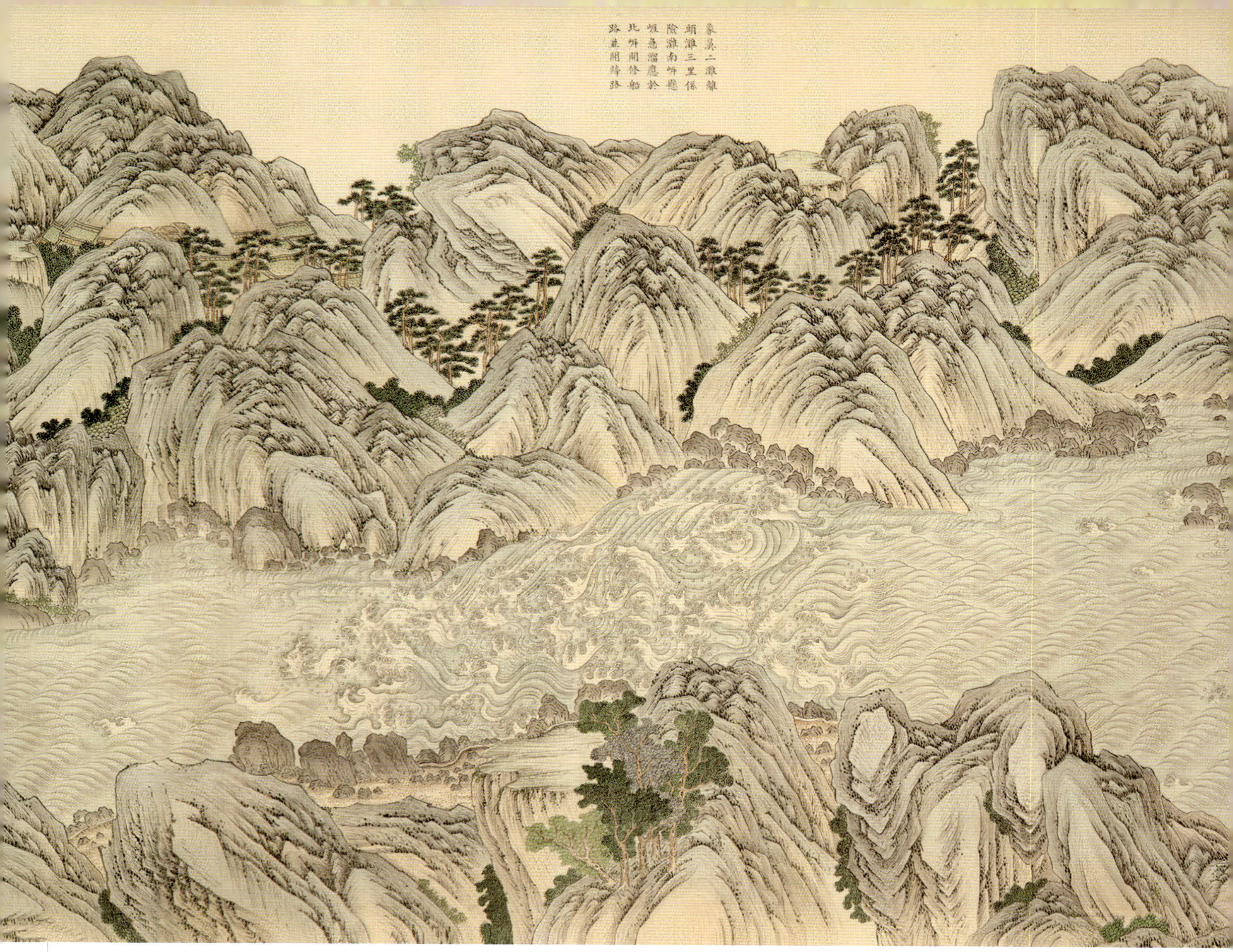
象鼻二灘離
頭灘三里係
險灘南岸懸
崖急溜應於
北岸開修船
路並開縴路

局部

議建銅房

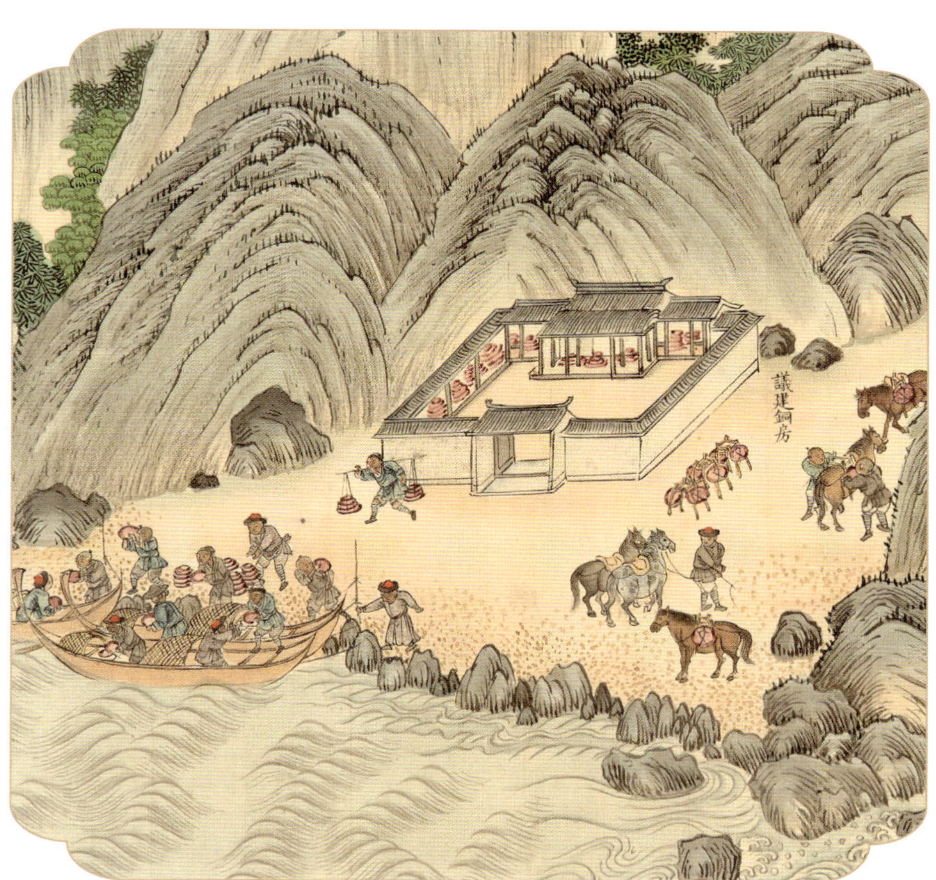

《山东运河图》

清

1644—1911 年

横 181.5 厘米　纵 13 厘米

| 绢本 |

该图右起山东德州与直隶景州（今河北景县）交接的柘园镇，左至山东峄县与江苏邳州交界处的黄林庄。形象地绘出山东境内运河、闸坝及沿线河湖、泉源、山峦并州、府、县城等。

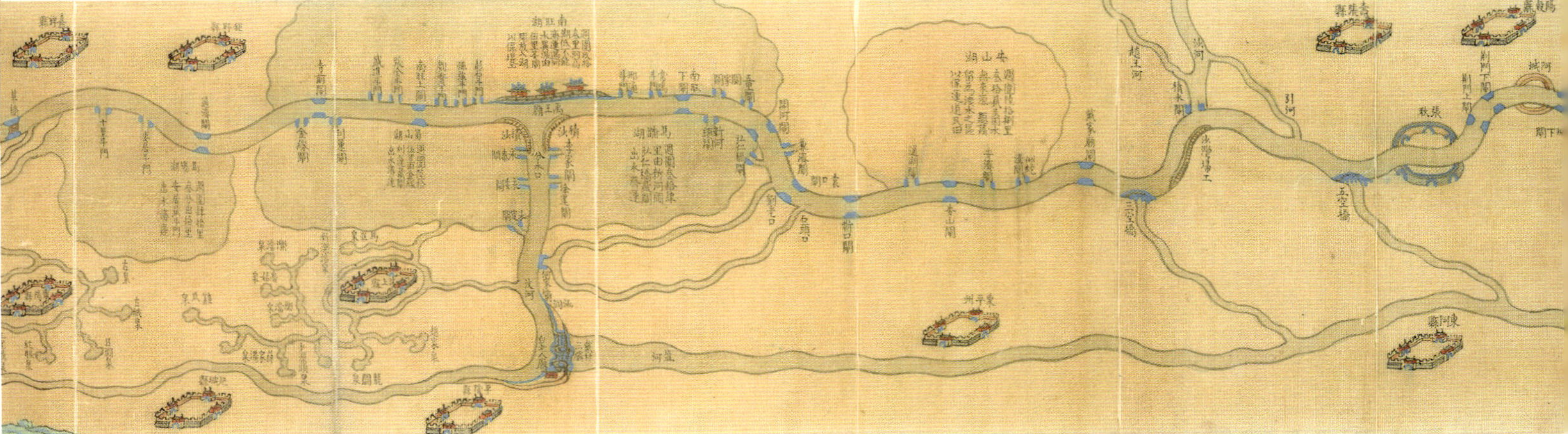

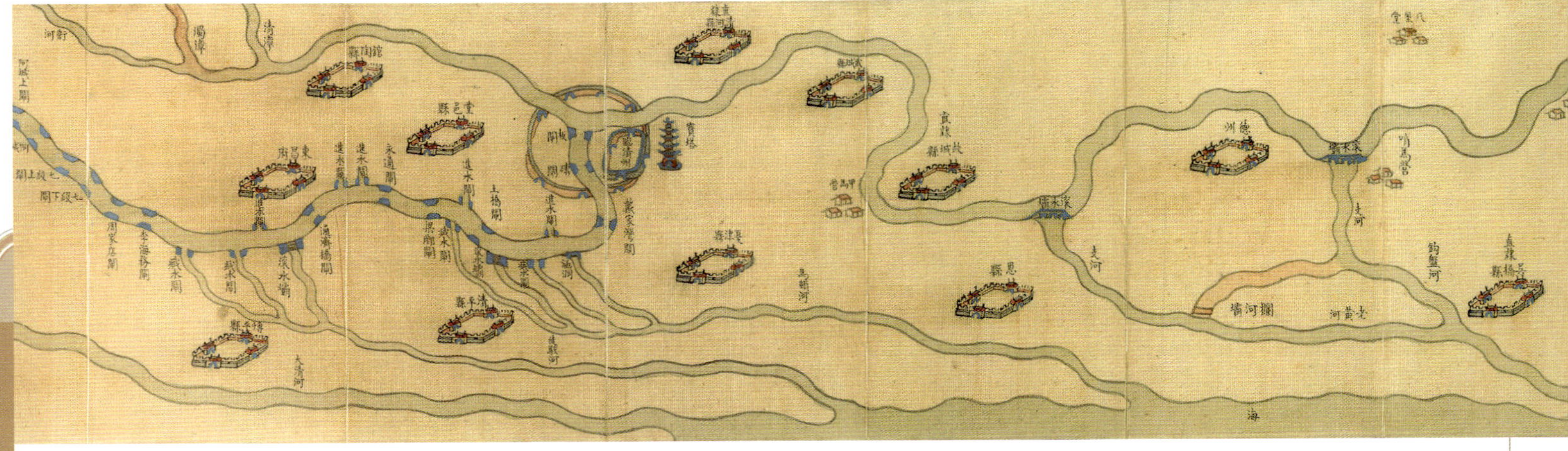

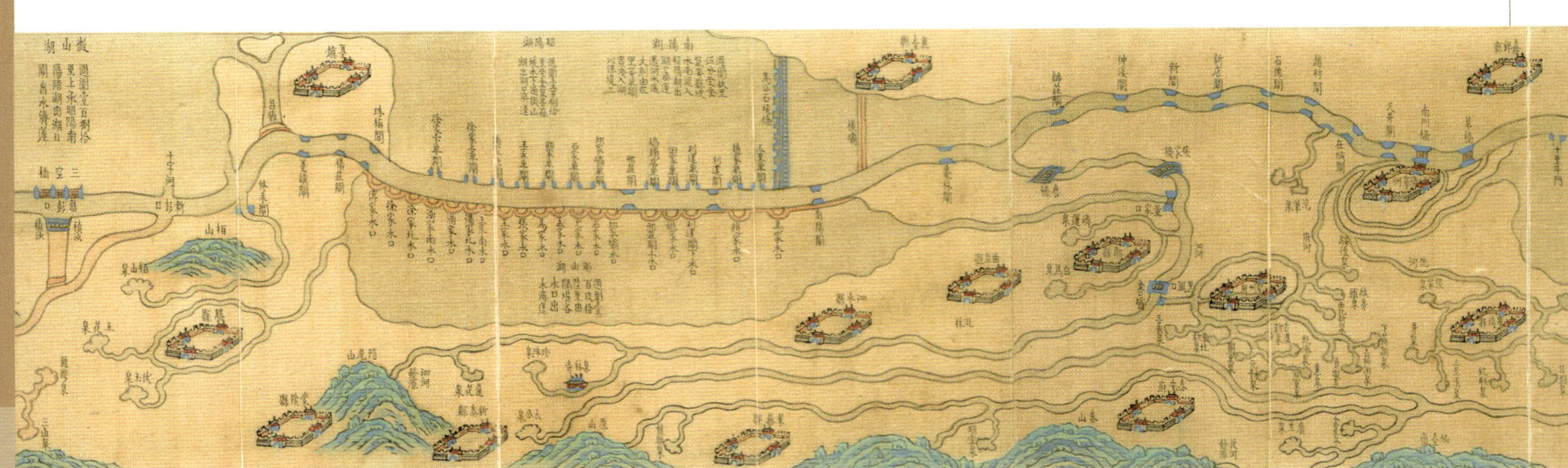

局部

第二单元

崇学毓文

Flowering Education and Culture

清入关前，已开始广泛吸纳儒学等传统文化。入关后，承袭明制，标榜文治，纂修了《明史》《古今图书集成》《四库全书》等大型典籍，为中华文化赓续发展作出重大贡献。而与此相伴的文网罗织，也给盛世投下浓重的阴影。

总理监修明史官隆科多奏折

挑选文学优长人员报送明史馆

清雍正元年八月十一日

1723 年 9 月 10 日

横 125 厘米　纵 25 厘米

| 纸本 |

入关之初，清廷即谕令官员搜集前明档案、史籍，以备修史。自顺治二年（1645 年）设明史馆起，至乾隆四年（1739 年）刊行，《明史》纂修历四朝近百年。此为雍正元年（1723 年）隆科多等官员奏请挑选文学优长之人，报送明史馆协助修史的奏折。

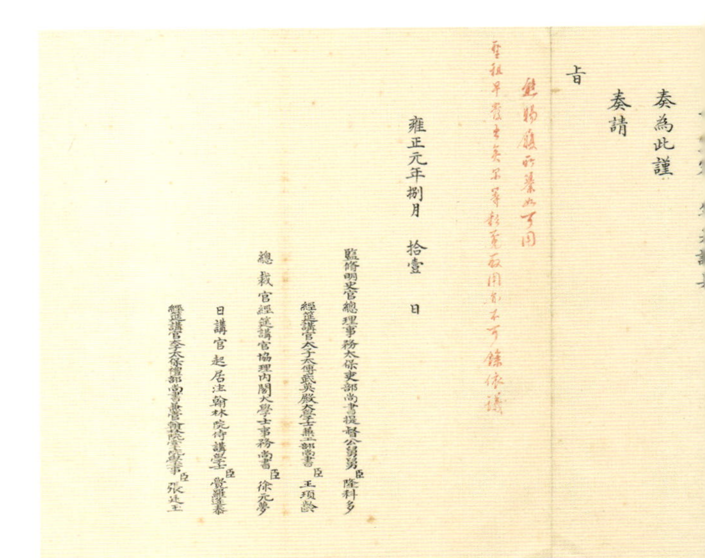
奏為此謹
奏請
旨
雍正元年捌月拾壹日
監脩明史官總理事務太保吏部尚書提督公舅舅臣隆科多
經筵講官太子太傅武英殿大學士兼工部尚書臣王頊齡
總裁官經筵講官協理內閣大學士事務尚書臣徐元夢
日講官起居注翰林院侍講學士臣覺羅逢泰
經筵講官太子太保禮部尚書兼管翰林院掌院學士事臣張廷玉

四库全书馆总阅曹文埴奏折

刊刻四库全书总目完竣

清乾隆六十年十一月十六日

1795 年 12 月 26 日

横 130 厘米　纵 22 厘米

| 纸本 |

此为四库全书馆总阅曹文埴奏报刊刻全书总目完竣，并将刷印好的图书呈送乾隆帝御览的奏折。

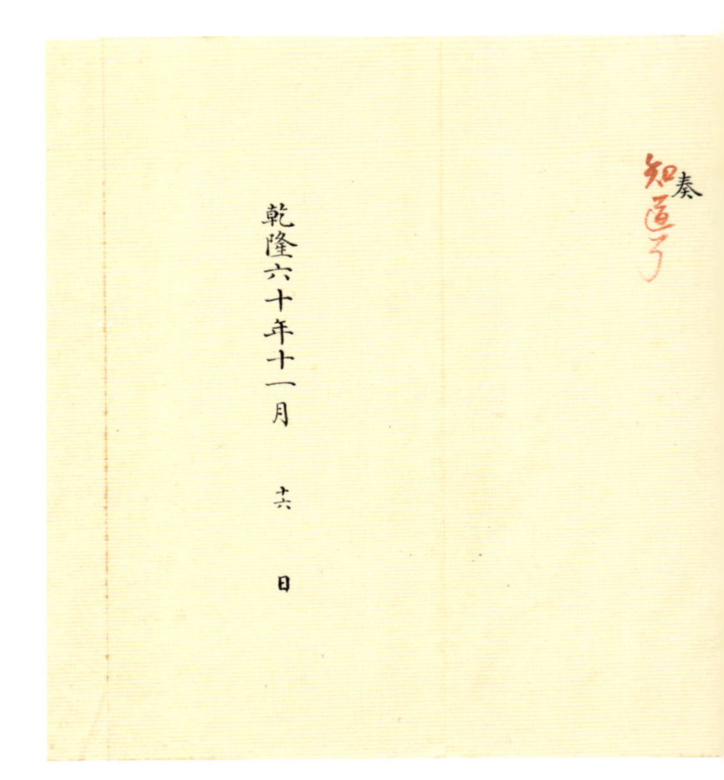
奏
知道了
乾隆六十年十一月十六日

奏

監脩明史官總理事務太保吏部尚書提督公舅舅臣隆科多等謹

奏為欽奉

上諭事雍正元年柒月貳拾伍日大學士馬齊等奏

稱

皇上念明史未成特降

諭旨令文學大臣董率其事慎選儒臣分任纂脩再

訪山林積學之士以任編輯以成一朝之信史

昭前代之法戒識盛典也謹將滿洲文學大臣

漢大臣職名另行開列繕摺具奏伏乞

皇上酌量點出監脩官幾員總裁官幾員其脩纂儒

臣即令監脩總裁官揀選請

旨至於山林積學之士請

諭九卿詹事科道令各舉所知報部行文該地方官

咨送來京到日監脩總裁官請

旨可也奉

旨監脩隆科多王頊齡總裁徐元夢逄泰張廷玉朱

軾欽此欽遵伏念臣等才識固陋學術踈庸脩

史重任非所能勝恐辜

簡命之隆彌深蚕負之懼除將山林積學之士聽九

卿詹事科道各舉所知報部外臣等公同於翰

詹官員内遴得貳拾壹員併平日所知已未出

仕文學優長拾人另行開列繕摺進

呈伏候

聖裁俟

命下之日交與該部速行查送明史館又查原任大

學士熊賜履所纂明史叁拾肆套曾經進

呈於康熙伍拾肆年拾月貳拾柒日取進

内府伏乞

發出以便同原任尚書王鴻緒現進明史同加考

奏

臣曹文埴謹

奏為刊刻四庫全書總目竣工敬謹刷印裝潢恭

呈

御覽事竊臣於乾隆五十一年奏請刊刻四庫全書

總目仰蒙

俞允並繕寫式樣呈

覽在案續因紀昀等奉

旨查辦

四閣之書其中提要有須更改之處是以停工未

刻今經紀昀將底本校勘完竣隨加緊刊刻畢

工謹刷印裝潢

陳設書二十部備

賞書八十部每部計十六函共一千六百函恭呈

御覽其版片八千二百七十八塊現交

武英殿收貯再紀昀曾知會臣於書刊成之日刷

印四部分貯

四閣兹一併印就請

飭交

武英殿總裁照式裝潢送

四閣分貯查是書便於繙閱欲得之人自多亦應

聽

武英殿總裁照向辦官書之例集工刷印發交京

城各書坊領售俾得家有其書以仰副我

张英讲章

［清康熙二十六年］

1687 年

横 691.6 厘米 纵 28 厘米

| 纸本 |

张英（1638—1708 年），字敦复，安徽桐城人，康熙六年（1667 年）进士。康熙十二年，康熙帝“选文学之臣醇谨通达者入侍左右，讲论经史”，钦点张英为日讲起居注官。康熙二十八年，升工部尚书兼翰林院掌院学士。

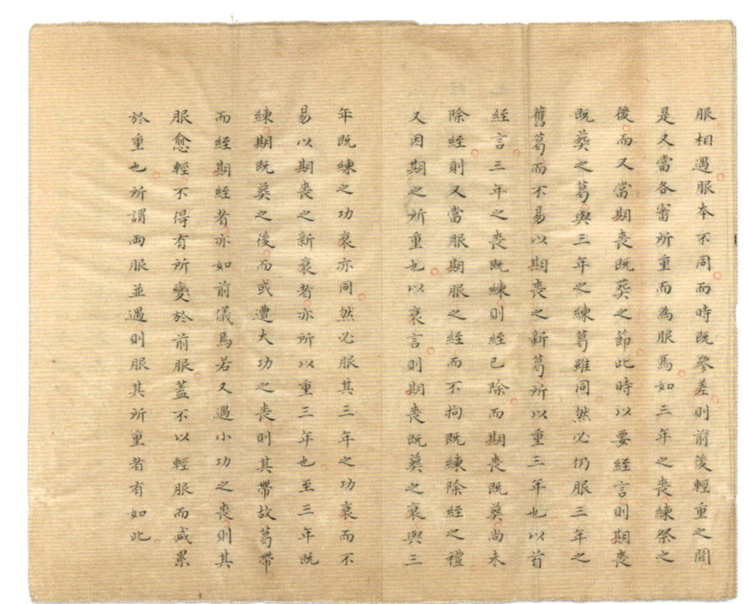

服相過服本不同而時既參差則前後輕重之間
是又當各審所重而為服焉如三年之喪練祭之
後而又當期喪既葬之節此時以要経言則期喪
既葬之葛與三年之練葛雖同然必仍服三年之
舊葛而不易以期喪之新葛所以重三年也以首
経言三年之喪既練則経已除而期喪既葬尚未
除経則又當服期服之経而不拘既練除経之禮
又因期之所重也以衰言則期喪既葬之衰與三
年既練之功衰亦同然必服其三年之功衰而不
易以期喪之新衰者亦所以重三年也至三年既
練期既葬之後而或遭大功之喪則其帶故葛帶
而経期経者亦如前儀焉若又遇小功之喪則其
服愈輕不得有所變於前服蓋不以輕服而減累
於重也所謂兩服並遇則服其所重者有如此

恭纪乾隆帝南苑大阅诗

［清乾隆四年］

1739 年

横 27 厘米 纵 17 厘米

| 纸本 |

南苑，又称南海子，系元、明、清三代皇家苑囿，兼有练兵及行猎功能。南苑大阅，为清代皇帝检阅八旗军队演武练兵的重大仪典。此为乾隆朝大阅时，翰詹词臣所进描绘军威仪仗盛景的应制诗文。

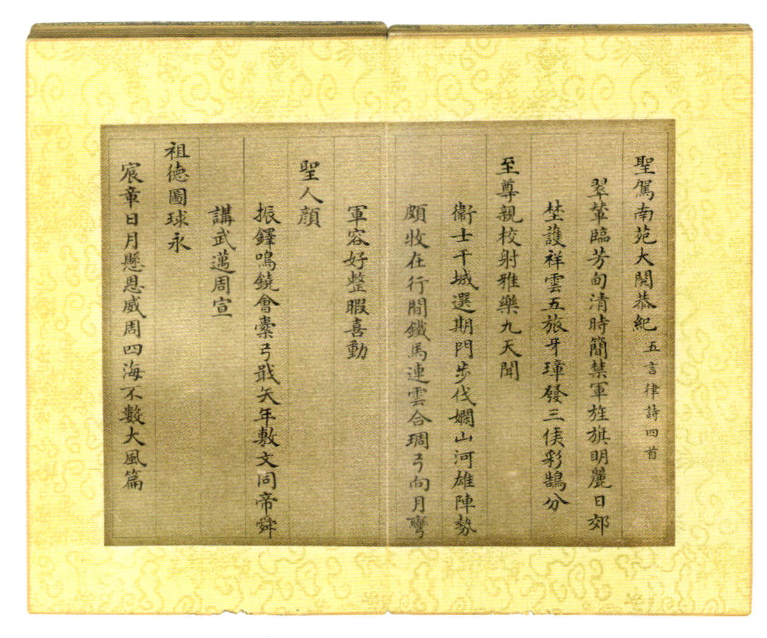

聖駕南苑大閱恭紀五言律詩四首
翠輦臨芳甸清時簡禁軍旌旗明麗日郊
埜護祥雲五旅牙璋發三侯彩鵠分
至尊親校射雅樂九天聞
衛士干城選期門步伐嫺山河雄陣勢
頗牧在行間鐵馬連雲合琱弓向月彎
軍容好整暇喜動
聖人顔
振鐸鳴鐃會櫜弓戢矢年敷文同帝舜
講武邁周宣
祖德圖球永
宸章日月懸恩威周四海不數大風篇

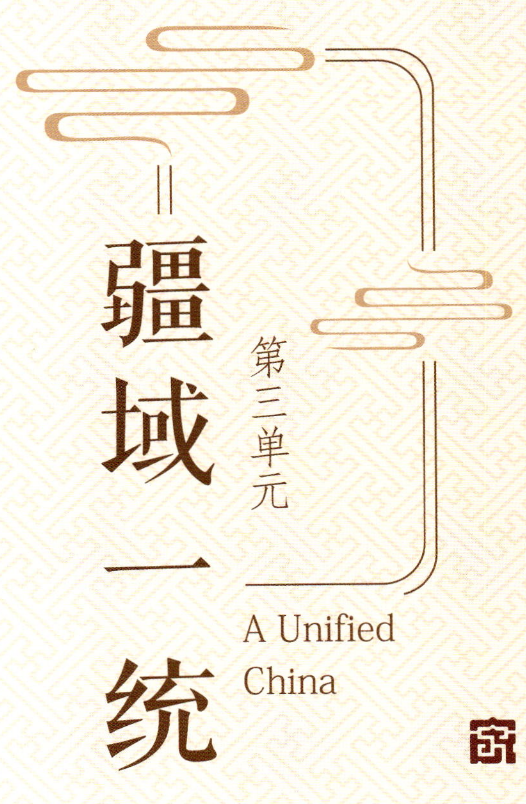

第三单元 疆域一统

A Unified China

经过入关后近百年的经营，乾隆时期，实现了疆域一统。在内地，推行行省制。对边疆藩部地区，则各因其俗，因地制宜，善用宗教力量，分设将军、大臣等辖区，保证了中央对全国尤其是边疆地区长期稳定的治理。

乾隆帝上谕

筹备宴请土尔扈特台吉

清乾隆三十六年七月初一日

1771年8月10日
横150厘米　纵23厘米
| 纸本 |

蒙古土尔扈特部，原游牧于塔尔巴哈台附近。17世纪30年代，为避准噶尔部等因，西迁至额济勒河（今伏尔加河）下游。因不愿屈从于沙皇俄国压迫，土尔扈特人在首领渥巴锡的带领下，于乾隆三十六年（1771年）历尽艰辛回归祖国。对于土尔扈特部的回归，乾隆帝异常欣喜，不仅为该部的回归赋诗，还撰写了《土尔扈特全部归顺记》等，以为纪念。同时，清廷还调集了大批物资接济土尔扈特部，并勘查水草丰美之地，作为牧场，使其安居乐业。这件满文档案是乾隆帝预备在承德避暑山庄宴请土尔扈特部众台吉（台吉为蒙古贵族的封爵名）的上谕。

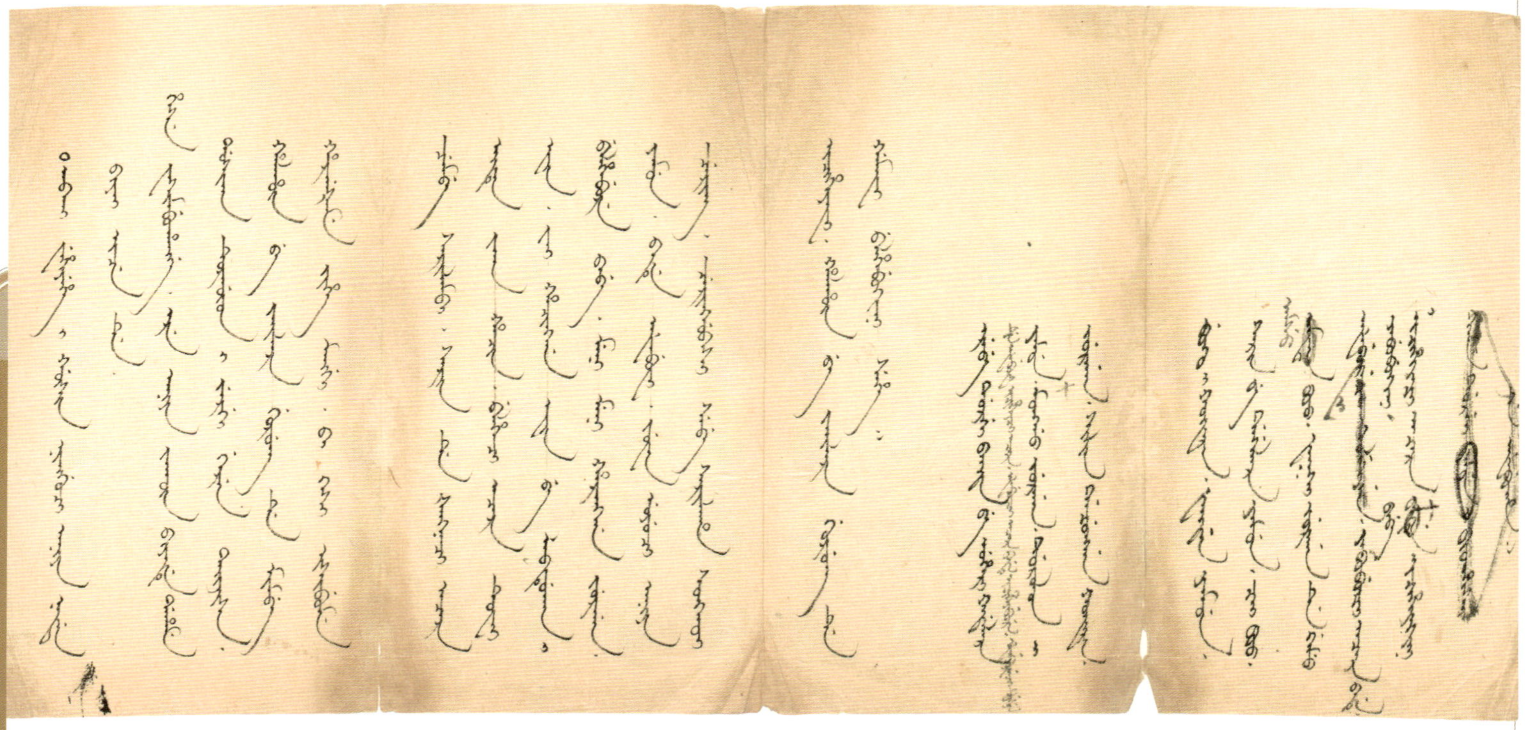

满文

浙江学政王杰奏折

庆贺土尔扈特合部来归

清乾隆三十六年十月二十四日

1771 年 11 月 30 日

横 100 厘米　纵 21.6 厘米

| 纸本 |

浙江學政臣王杰跪

奏為奏

賀事臣抵浙江省城接閲邸抄欣知土爾扈特台

吉烏巴什等率衆投誠

皇上於熱河召見筵宴中外臣民莫不踴躍歡忭欽

惟我

皇上

化洽寰區

恩敷遐徼

德威遠播咸梯山航海而來

惠愷覃周悉就日瞻雲以至兹土爾扈特台吉等

率衆投誠傾心向化我

皇上本天地好生之德施中外一體之仁欣兹慶洽

璇宮葵向者東西南朔幸除歡臚王會萬呼者億萬斯

年從此

福禄永綏頌太平之有象

清寧合撰仰漸被於靡涯矣所有微臣歡忭愚誠

謹恭摺奏

賀伏乞

皇上聖鑒謹

奏

覽此等句頗好汝文殊覺長進也

乾隆三十六年十月　廿四　日

《御题平定伊犁回部全图》

清乾隆三十一年

1766 年

横 209 厘米　纵 58 厘米　（图文共四组）

| 纸本 |

乾隆二十四年（1759 年），平定新疆大小和卓叛乱后，乾隆帝命郎世宁等人绘制得胜图 16 幅，交付法国制作铜版，另配内务府雕版印制御制诗 16 咏、题跋 2 幅，共 34 幅面，细致记录了乾隆帝平定叛乱、巩固统一多民族国家的重要事件。

钤印

乾隆
宸翰

琴书
道趣生

局部

西師定功於己卯越七年丙戌戰圖始成因詳詢軍營征戰形勢以及結構丹青有需時日也夫我將士出百死一生為國宣力賴以有成而使其泯滅無聞朕豈忍為哉是以紫光閣既勒有功臣之像而此則各就血戰之地繪其攻堅斫銳斬將搴旗實蹟以旌厥勞而表厥勇尓時披露布已有成詠者即書之幀間其未經點筆者茲特補詠凡六事禮不云乎聽鼓鼙之聲則思將帥之臣是圖也有不啻若是之感先是宵旰勤勞雖日神馳於連營列陣之間此則目擊心存竟如指揮諸將士於折衝禦侮之際而痛定之懼予惟益欽天眷於無窮凜月盈於有永遑敢自詡生謀伐莽濯而忘兢業哉

乾隆丙戌孟春月御題

平定伊犁受降图

格登鄂拉斫营图

鄂垒札拉图战图

和落霍澌战图

达赖喇嘛进单

清

1644—1911 年

横 280.8 厘米　纵 24.5 厘米

| 纸本 |

清朝定制，达赖喇嘛、班禅额尔德尼逢节庆等向皇帝进献贡物并奏表文书，又称“丹书克”。丹书克是西藏固有的文书形式，凡皇帝即位、皇帝及太后寿辰等喜庆典礼，均遣使进京呈递丹书克及物品，以示祝贺。随着对西藏地方政教事务管理的强化，呈递丹书克、进贡物品的礼仪均有严格规定，并纳入清代典章制度中。

局部

銀塔一座　交佛堂
銀瓶一個　交佛堂
銀輪一個　交佛堂
銀七珍一分 連銅盤　交佛堂
銀八寶一分 連銅盤　交佛堂
銀八吉祥一分 連銅盤　交佛堂
鍍金銀杵一個 拴五色哈達　交佛堂
靠背坐褥一分　交造辦處
黄紅粗香四十束　交自鳴鐘
黄紅細香四十束　交自鳴鐘

班禅额尔德尼进单

清

1644—1911 年

横 93.6 厘米　纵 24.6 厘米

| 纸本 |

達賴喇嘛遞

丹書克

進哈達一個　交自鳴鐘

銀曼達一個（拴五色哈達）　交佛堂

利瑪無量壽佛一尊　交佛堂

金字無量壽經一部　交佛堂

銀塔一座　交佛堂

銀瓶一個　交佛堂

銀輪一個　交佛堂

銀七珍一分（連銅盤）　交佛堂

銀八寶一分（連銅盤）　交佛堂

銀八吉祥一分（連銅盤）　交佛堂

鍍金銀杵一個（拴五色哈達）　交佛堂

珊瑚數珠一串　交外庫

蜜蠟數珠一串　交外庫

靠背坐褥一分　交造辦處

藏紅花一匣　交乾清宫

白芸香二匣　交外庫

黑芸香二匣　交外庫

黄紅粗香三十束　交自鳴鐘

黄紅細香三十束　交自鳴鐘

達賴喇嘛另

進利瑪彌勒佛一尊　交佛堂

利瑪觀世音菩薩一尊　交佛堂

黄紅粗香十五束　交自鳴鐘

黄紅細香三十束　交自鳴鐘

濟嚨呼圖克圖遞

丹書克

進哈達一個　交自鳴鐘

班禪額爾德尼恭遞

丹書克

進哈達一個

拴五色哈達嵌松石十六兩重金曼達一個

嵌寶石三百兩重金釋迦牟尼佛一尊

嵌寶石有銅銀座靠銀尊勝佛九尊

畫佛像八十一軸

金字經二十一本

一百一本藏經一部

嵌寶石金塔一座

嵌松石鍍金銀輪一個

拴黄紅哈達鍍金銀杵一個

黄緞坐褥靠背一分

嵌寶石銀瓶一個

鍍金銀七珍一分

鍍金銀八寶一分

鍍金銀八吉祥一分

嵌松石三十八兩重金盒一個（盒内設佛一尊）

大小琥珀數珠三串

大小珊瑚數珠五串

藏紅花三匣（每匣重四十兩）

黄紅粗香三百束

黄紅細香六百束

各色氆氌二百個

黄紅氊三塊

白芸香五匣

黑芸香三匣

沙糖三匣

藏棗三匣

藏杏三匣

無核藏杏三匣

連鞍馬一匹

馬八匹

大学士福康安等奏折

遵旨设立金奔巴瓶掣定转世灵童

清乾隆五十七年十月二十三日

1792 年 12 月 6 日

横 145 厘米　纵 35 厘米

| 纸本 |

为强化对藏传佛教的管理，防止地方贵族把持西藏政教权力，清廷在驱逐廓尔喀（今尼泊尔）侵藏势力后，颁布《钦定藏内善后章程》，强化对西藏地区的有效管治，促进了西藏地区与内地的发展融合，对巩固多民族国家的统一发挥了重要作用。福康安等人奉旨颁发金奔巴瓶，掣签决定呼毕勒罕（即活佛转世灵童）。这一金瓶掣签制度一直沿用至今。

局部

宣示
聖諭無不感激悅服茲復欽遵
訓示公同籌議嗣後藏內吹忠拉穆內沖噶瓦東薩
穆桑等四人俱令其熟習經典誠演降神之法
設遇達賴喇嘛班禪額爾德尼示寂後令吹忠
等四人認真作法降神尋覓實有根基之呼畢
勒罕指出若干將其姓名生年月日各寫一籤
貯於
欽頒金本巴瓶內揀選熟習經典喇嘛虔誠誦經七
日傳知各呼圖克圖喇嘛等齊集佛前駐藏大
臣親往監視凡達賴喇嘛班禪額爾德尼之呼
畢勒罕即仿互為師弟之義令其互相拈定如
吹忠四人所指皆同祇有一呼畢勒罕出世者
擬寫名籤一枝另加空籤一枝入於瓶內如法
誦經若對眾掣出空籤則名籤之呼畢勒罕並
非確實是以不為佛佑即別尋呼畢勒罕另行

康雍乾时期，空前的国力造就了兼蓄中外特色的皇家苑囿、别馆行宫以及精致华美的宫廷用度，成为独具风韵的盛世气象。水法观景、木兰秋狝，西洋风情与满洲旧俗并行。卤簿仪仗、朝贺庆典，尽显宫廷法度。冬日消寒、猫犬豢养，亦如寻常人家四时行乐，情趣盎然。

第四单元 胜景奇观

Wonderful Sights

《热河行宫图》

清乾隆朝

1736—1795 年

横 340 厘米　纵 162 厘米

| 绢本 |

热河行宫（今河北承德避暑山庄）始建于康熙四十二年（1703 年），康熙五十年命名为“避暑山庄”，为清帝避暑及夏季理政场所。清帝多于此召见、筵宴民族地区王公及外国使臣。此图反映乾隆二十五年至四十七年（1760—1782 年）扩建后的避暑山庄盛况。

《皇后仪仗图》

清

1644—1911年

横460厘米　纵68厘米

|纸本|

清制，帝后出行，依例配置等次不一的车驾仪仗。乾隆十三年（1748年），厘定皇后仪驾之制，规定：吾仗、立瓜、卧瓜各四个，五色龙凤旗十面，赤、黄龙凤扇各四面，雉尾扇八面，五色九凤伞十面，赤素方伞、四季花伞各四面；此外尚有金节、拂尘、香炉等物以及九凤曲柄黄盖一面，凤辇、凤车各一乘，仪舆、仪车各二。此图即绘制呈现全套皇后仪驾卤簿规制。

局部

《消寒图》

［1922 年］

横 28.2 厘米　纵 37.5 厘米

｜纸本｜

《消寒图》为清宫冬季的一种娱乐消遣。以九个九笔画汉字或图画组成。自冬至日“数九”始，每天描实一笔。九九写毕，冬去春回。每道笔画中，还可记录标示当日天气状况及节令风俗。

此件为逊帝溥仪留居紫禁城期间，内廷所用的消寒图。

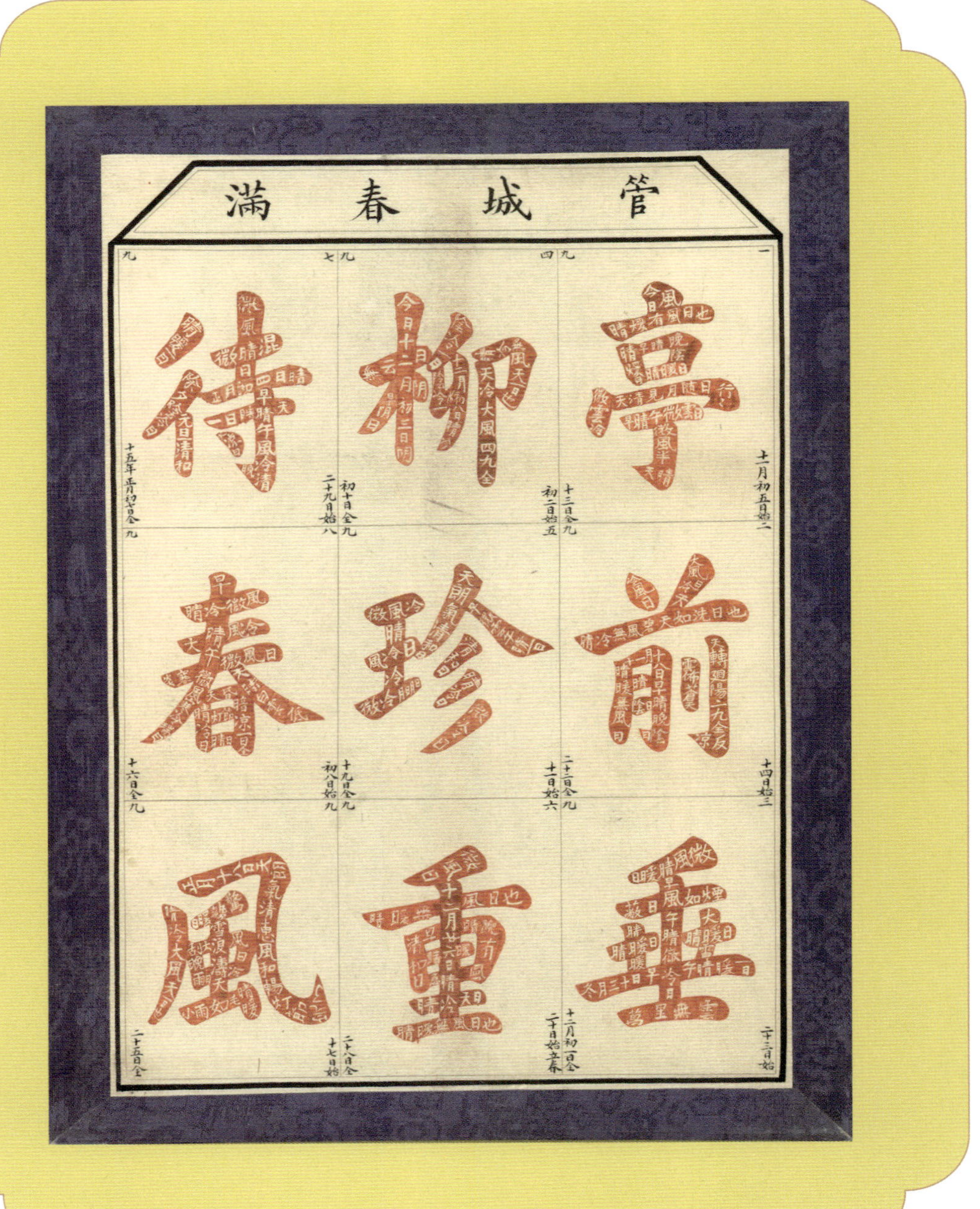

猫册、犬册

清道光朝

1822—1850 年

猫册　横 133 厘米　纵 15 厘米

犬册　横 211 厘米　纵 15 厘米

| 绢本 |

清宫盛行豢养猫、犬等宠物，是后宫休闲娱乐方式之一。宫犬、宫猫每月有“俸银”，由专人负责饮食与调教。此两件折册以绫缎套装，详细记载了宫内所养猫狗的名字及生辰年月。

局部

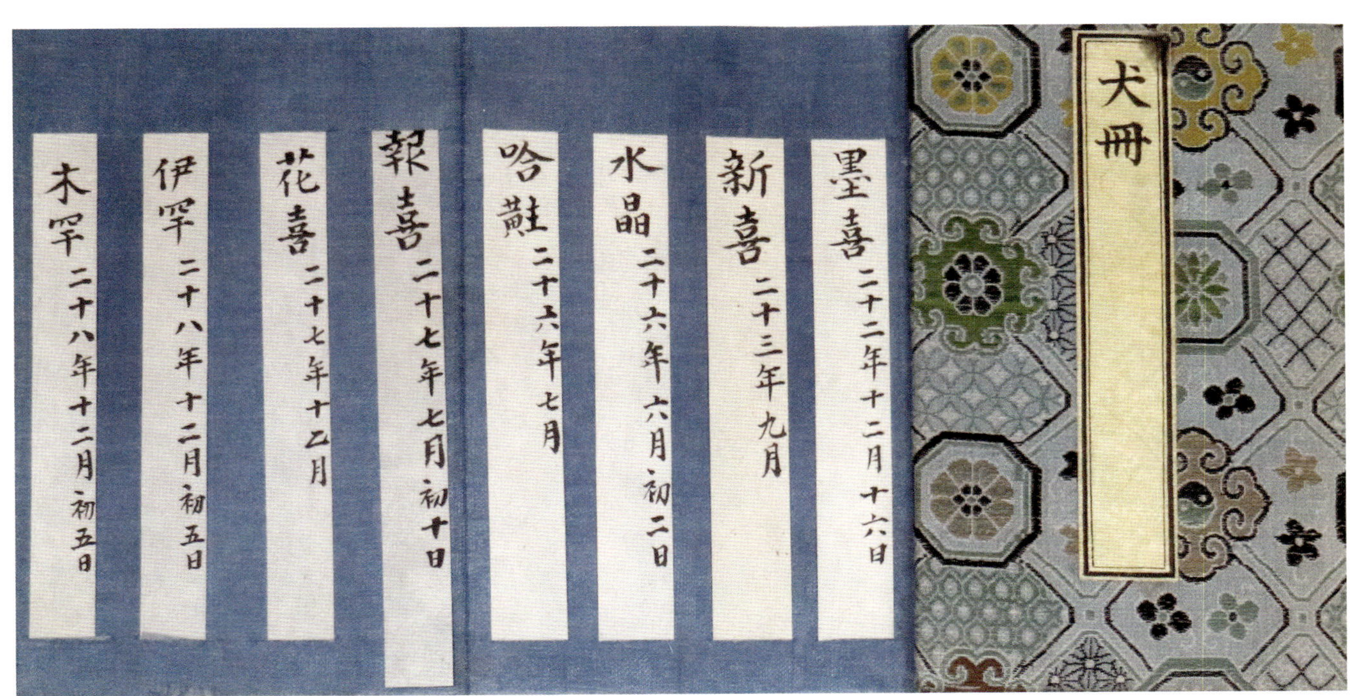

九江关监督唐英奏折

恭进霁红瓷器

清乾隆九年二月初八日

1744年3月21日

横132厘米 纵23厘米

| 纸本 |

霁红瓷源自明永乐朝，因多为祭器，亦称“祭红”。雍正朝时，霁红釉瓷由年希尧、唐英主持复烧而得。此件档案即反映唐英进呈霁红瓷器的情况。

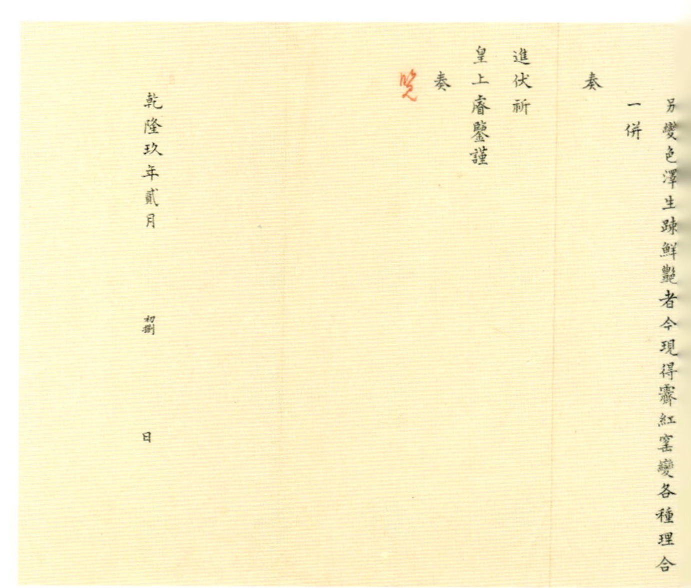
另變色澤生動鮮艷者今現得霽紅窯變各種理合
一併
奏
進伏祈
皇上睿鑒謹
奏
乾隆玖年貳月　　日

春帖子词

清嘉庆八年正月

1803年2月

横174厘米 纵17.2厘米

| 纸本 |

清宫习俗，逢立春日，军机大臣、南书房翰林等官员皆可进呈春贴子，以示祝贺。乾隆二十五年（1760年），定制为五绝两首、七绝一首。乾隆帝、嘉庆帝有时御笔亲书春帖子，悬挂于养心殿东暖阁随安室，次年立春替换。

此为乾隆朝进士、曾做过嘉庆帝老师的朱珪领衔所呈的春帖子词。

法宮停
玉輦佳氣繞銅人
武成
功並
十全恢露布先春一月來不獨廷臣齊
送喜名藩多少咲顏開
綺筵廣布
御園東例事年年樂與同若問韶
光何處好千枝燈外月華中
臣趙秉沖
淑氣年華麗條風歲籥回恒春
舒百二萬彙暢根荄
迎春正展
蒼龍駕兆稔
虔祈
紺殿辛宸宇昇平咸樂業荷鋤脫劒息
征人
幾望璿杓恰指寅春光先透月
光新華鐙隊裏陳鐃曲
愷燕
恩數廣
帝仁

奏

内務府員外郎管理九江關務奴才唐英謹
奏為奏明事竊奴才於乾隆捌年拾壹月貳拾壹日接到
内大臣海望寄字欽奉
上
諭着唐英照此掛瓶花紋釉水顔色燒造些各款式各
色鼻煙壺着其中不要大了亦不要小了其鼻煙壺盖
不必燒來欽此欽遵寄字到奴才處着令欽遵辦理奴才接
字之日正值泥土凝凍歲例停工各匠俱已回家窰
火亦皆停歇奴才伏念鼻煙壺尚屬小件坯胎可以烘
烤製造亦便於已裏齋送因差人至各匠家傳集九
江關署奴才親自指點恭擬坯胎數種并畫定顔色花
様即於新正齋赴廠署在民户燒造粗瓷之茅柴窰
内僱行燒製並令星夜彩畫今僱造得各款式鼻煙
壺肆拾件着奴才家人齋京恭
進惟是時届停工僱造匆劇恐釉水款式未能仰合
聖意故不敢多造亦未敢擅動燒造錢糧奴才暫行捐製恭
請
皇上教導改正以便欽遵俟開工之後再行動項製造再
於捌年拾貳月貳拾伍日接到
養心殿造辦處來文内開乾隆捌年拾壹月初伍日
内廷交出青花蠟臺貳對奉
旨仍交與唐英各配香爐壹件花瓶貳件配成送來其蠟
盤中層做好蠟阡様式香爐蠟臺花瓶燒造幾分比
此様放大些亦燒造香爐蠟臺花瓶幾分送來欽此
欽遵奴才伏查蠟臺瓶爐各種器件稍大必俟泥土融
和始不致坯胎坼裂靡費錢糧當於叁月内開工奴才
親往窰廠辦理僱造再行呈
進恐遲延時日合先
奏
聞外於捌年拾壹月内奴才在廠製造霽紅瓷器得窰變圓
器數種計共貳拾陸件雖非霽紅正色其釉水變幻

臣朱珪
陳揆天環紀該藏地協靈絳人
宜獻壽甲子自周星
元朝後甲即先庚六出迎寒好
放霙
天賜麥秋歌率育人歡洗甲慶豐成
春開幾望月同華燈火還因樂
歲賒十五上辛祈
穀重光風先報綻梅花
臣彭元瑞
初夕春燈試中元綺甲盈次辛
新
定制
天意示全平（十五日次辛平日行祈穀禮）
春到欣同誕
聖年（立春日庚辰）長春百廿算綿綿普將
壽穀躋
仁壽二首六身贏萬千
武偃文脩樂事多天倉物積屢
豐歌（亥為天倉）八年初就
宸章集十載重開
國語科

轴子（戏单）

［清光绪朝］

1875—1908 年

横 122.4 厘米　纵 26 厘米

| 纸本 |

轴子指一场演出中作为轴心的主要剧目。多部戏连续演出，其中最后一出主戏叫“大轴”，倒数第二出称“压轴”。此为光绪年间，万寿庆典承应戏目。

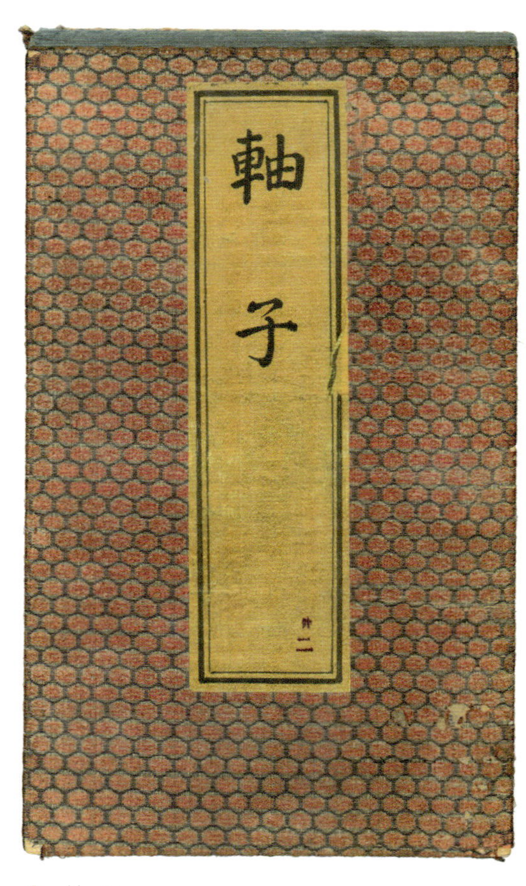

封面

局部

魚籃記八出　回頭岸八出　紅門寺八出　未央天四出　棋盤會六出　七盤山四出　奪秋魁四出　珍珠配四出　火雲洞四出　一門忠烈　金山寺　十字坡　娘子軍　萬壽祥開十二出

胭脂雪七出　蝴蝶夢八出　鎖陽關六出　灌女傳四出　通天犀四出　青石山六出　麒麟閣四出　千金闈四出　蜈蚣嶺　十面　泗水關　快活林　戩池福壽　福壽延年六出

升平署图记

清晚期

1827—1911 年

长 6.1 厘米　宽 6.1 厘米　高 11 厘米

| 木质 |

清代定制，印信分为五等：宝、印、关防、图记、条记。其材质、形制均有严格规定，适用不同等级衙门、官员，由礼部铸造管理。道光七年（1827 年）改南府为升平署，此图记以篆体汉文刻制，木质直纽。

升平署应差名角码子

［清光绪朝后］

1890—1911 年

直径 3.7 厘米　高 2.5 厘米

| 木质 |

清代承应宫廷演戏的艺人，既有宫中内监，亦有来自江南等地的名伶及从内务府三旗子弟中挑选的旗籍伶人。光绪年间，常有民间戏班入宫承应演出戏曲。此为写有伶人姓名的名角码子，供帝后熟悉和挑选演员。该组码子中，有清光绪十六年（1890 年）入升平署应差的名角谭金（鑫）培等。

在承续对外交往传统的基础上，康乾时期创造了东西方文化交流的又一高峰。朝鲜、琉球等国，职贡不绝于途。以欧洲来华传教士为主要媒介，西方近代天文学、数学、医学及科学仪器、物产传入中国。同时，《易经》、科举制度等文化成果也启迪了欧洲世界。然而，走向封闭的清朝统治者，逐渐关闭了会通中外的大门，成为近代中国沉沦落伍的起点。

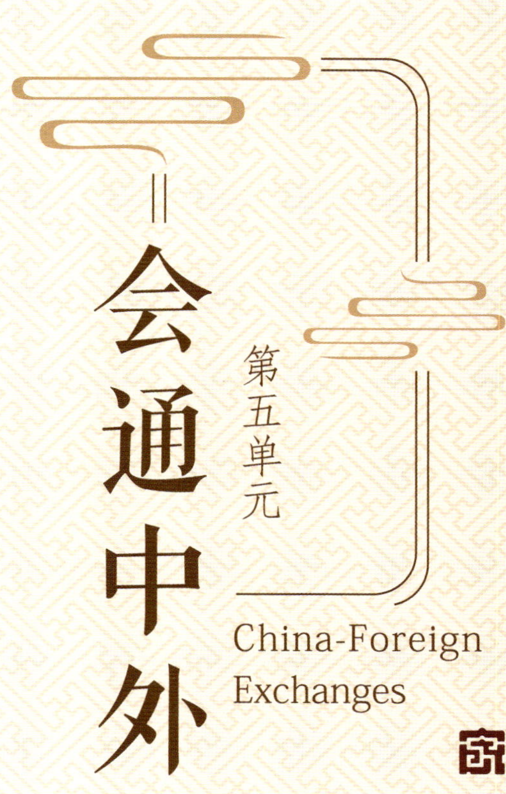

第五单元 会通中外

China-Foreign Exchanges

◆ 满、汉文合璧

钤印

琉球国中山王尚穆奏本

谢恩并请酬谢册封使臣

清乾隆二十一年十二月二十四日

1757年2月12日

横240厘米 纵27.2厘米

| 纸本 |

此为琉球国中山王尚穆感念册封，欲请对使臣加以酬谢的奏本。明清两朝，琉球作为藩属国之一，凡国王即位，遵制需由中国遣使册封。乾隆二十一年（1756年），清廷遣翰林院侍讲全魁、编修周煌为正副使臣，赴琉球祭奠已故中山王尚敬、册封新王尚穆并颁赐新款印信。周煌归国后，纂修《琉球国志略》1函6册，并绘成《琉球国都图》一幅。

◆ 满、汉文合璧

局部

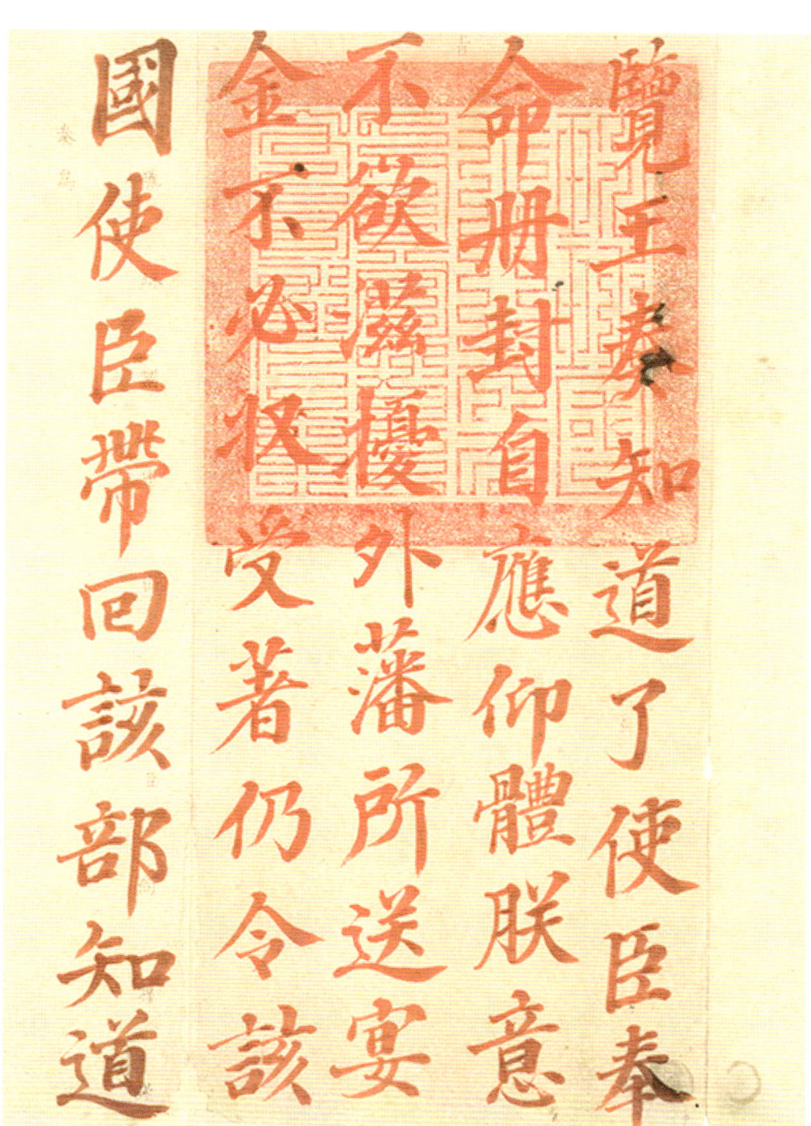

覽王奏知道了使臣奉
命冊封自應仰體朕意
不欲滋擾外藩所送宴
金不必收受著仍令該
國使臣帶回該部知道

覽王奏知道了使臣奉
命冊封自應仰體朕意
不欲滋擾外藩所送宴
金不必收受著仍令該
國使臣帶回該部知道

琉球国进单

清同治六年九月七日

1867 年 10 月 4 日

横 44.8 厘米　纵 26.2 厘米

| 纸本 |

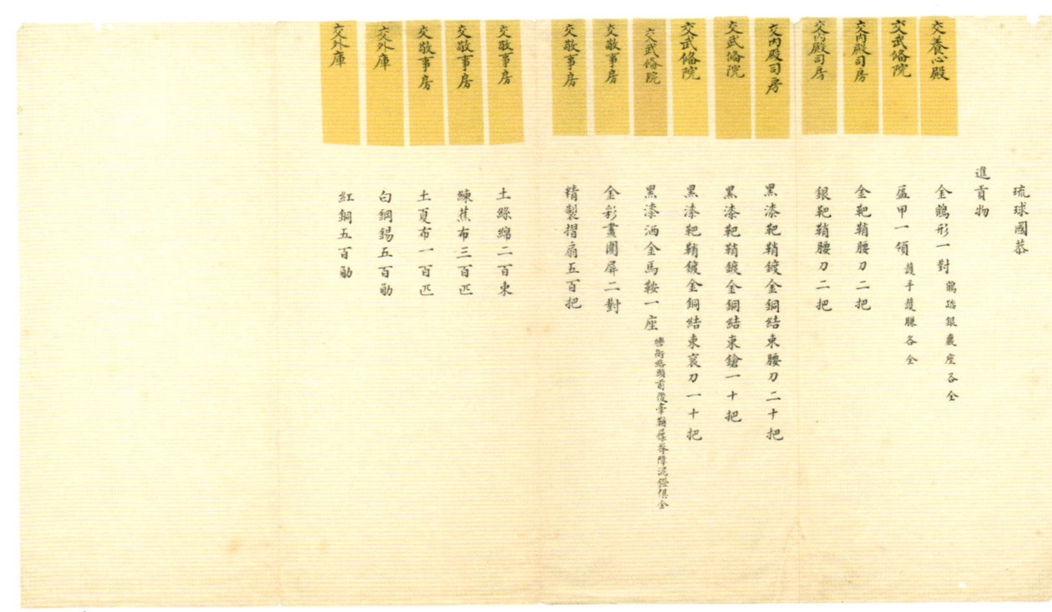

琉球國恭
進貢物
金鶴形一對　鶴跕銀囊座各全　交養心殿
盔甲一領　護手護腿各全　交武備院
金靶鞘腰刀二把　交內殿司房
銀靶鞘腰刀二把　交內殿司房
黑漆靶鞘鍍金銅結束腰刀二十把　交內殿司房
黑漆靶鞘鍍金銅結束鎗一十把　交武備院
黑漆靶鞘鍍金銅結束袞刀一十把　交武備院
黑漆洒金馬鞍一座　轡銜籠頭前後靠韂屜攀障泥鐙俱全　交武備院
金彩畫圍屏二對　交敬事房
精製摺扇五百把　交敬事房
土絲綿二百束　交敬事房
練蕉布三百疋　交敬事房
土夏布一百疋　交敬事房
白鋼錫五百觔　交外庫
紅銅五百觔　交外庫

安南国进单

清乾隆五十五年七月十一日

1790 年 8 月 20 日

横 82.6 厘米　纵 25.8 厘米

| 纸本 |

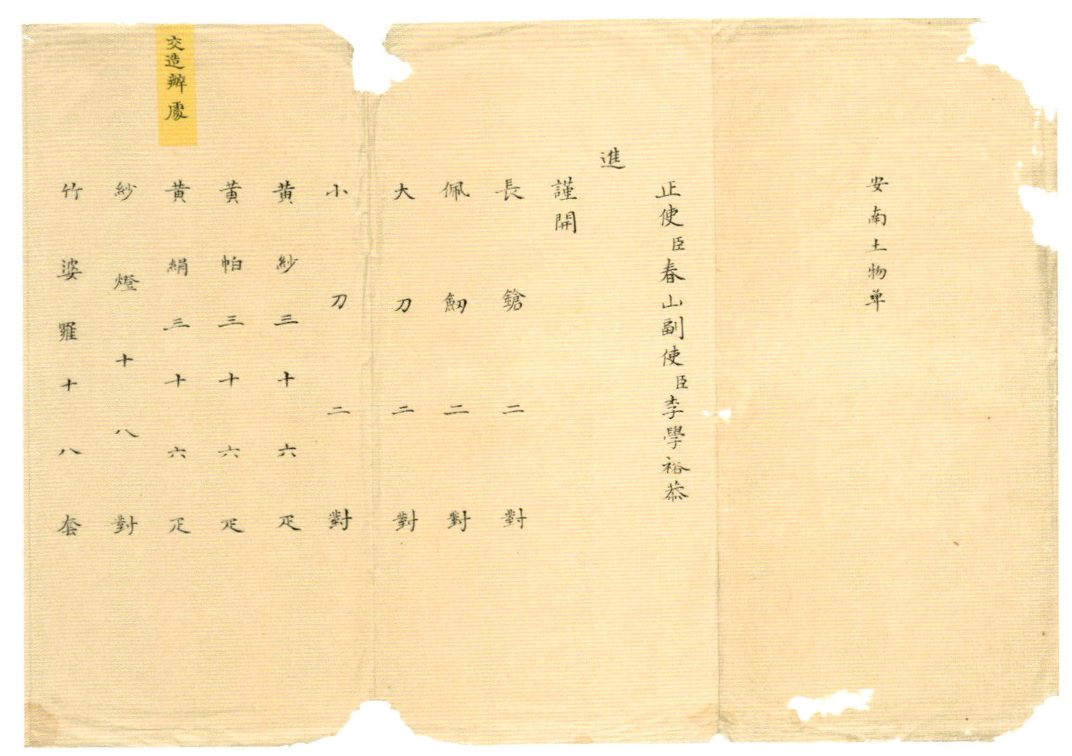

安南土物單
正使臣春山副使臣李學裕恭
進
謹開
長鎗二對
佩劍二對
大刀二對
小刀二對
黄紗三十六疋
黄帕三十六疋
黄絹三十六疋
紗燈十八對
竹婆羅十八套
交造辦處

暹罗国进单

清顺治九年至咸丰二年

1652—1852 年

横 114 厘米　纵 24.7 厘米

| 纸本 |

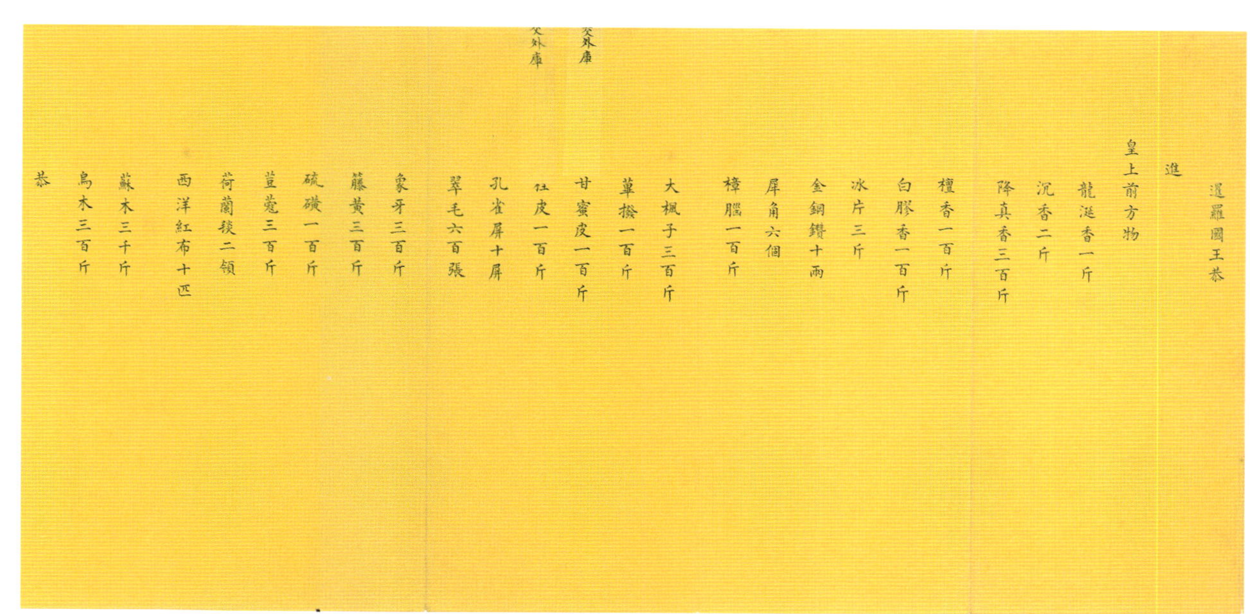

暹羅國王恭
進
皇上前方物
龍涎香一斤
沉香二斤
降真香三百斤
檀香一百斤
白膠香一百斤
冰片三斤
金鋼鑽十兩
犀角六個
樟腦一百斤
大楓子三百斤
蓽撥一百斤
交外庫
甘蜜皮一百斤
交外庫
仜皮一百斤
孔雀屏十屏
翠毛六百張
象牙三百斤
藤黄三百斤
硫磺一百斤
荳蔻三百斤
荷蘭毯二領
西洋紅布十匹
蘇木三千斤
烏木三百斤
恭

缅甸国进单

清乾隆五十五年八月

1790 年 9 月

横 24 厘米　纵 25.3 厘米

| 纸本 |

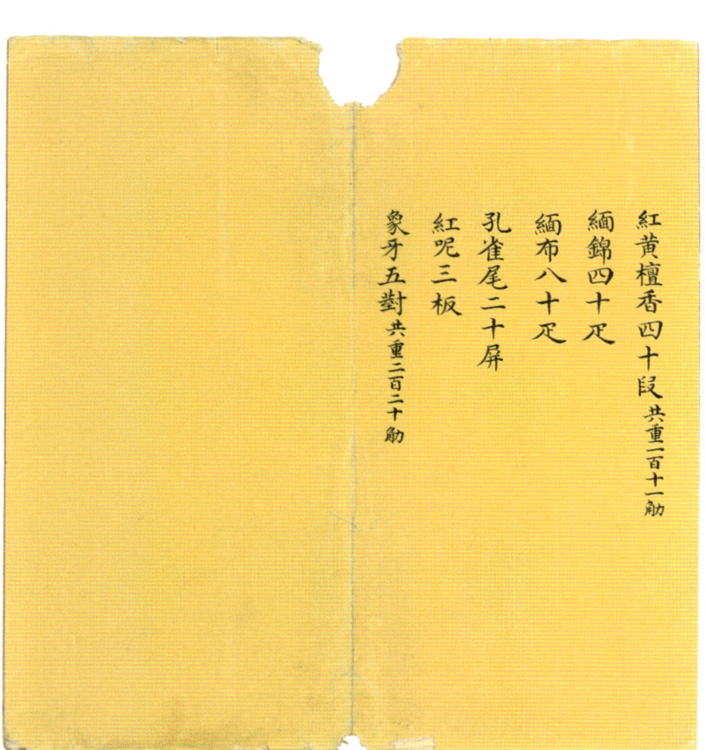

紅黄檀香四十段共重一百十一觔
緬錦四十疋
緬布八十疋
孔雀尾二十屏
紅呢三板
象牙五對共重二百二十觔

广东巡抚杨琳奏折

传教士郎世宁、罗怀中进京

清康熙五十四年八月十六日

1715 年 9 月 13 日

横 118.8 厘米　纵 21.9 厘米

| 纸本 |

此件档案为杨琳奏报郎世宁（奏折中记为郎宁石）与罗怀中已到广东，将随专使进京的情况。

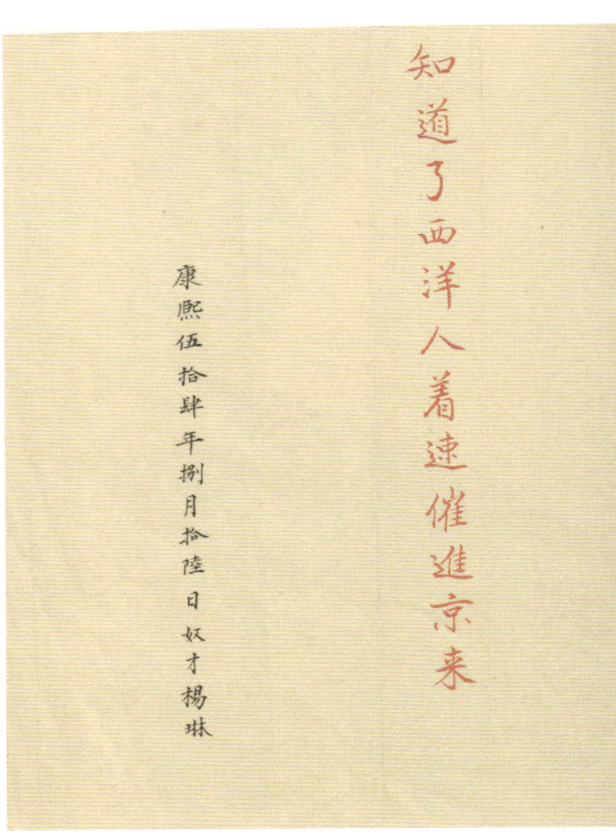

知道了西洋人着速催進京来

康熙伍拾肆年捌月拾陸日奴才楊琳

两广总督杨琳、广东巡抚杨宗仁奏折

讯问罗马教廷使团成员并护送赴京等事

清康熙五十九年七月二十四日

1720 年 8 月 27 日

横 120 厘米　纵 21.6 厘米

| 纸本 |

为缓和与清廷之间因“礼仪之争”而起的紧张关系，罗马教廷在收到康熙帝朱笔文书后，任命嘉乐作为特使，率团访华。行前，嘉乐派遣费理伯、何济各二人，携带教宗致康熙帝手书，先期来华。

两广总督杨琳等人上奏康熙帝，报告教廷使团来华及讯问先遣二人所得各有关情况，并为其制备行装，派人护送启程进京。

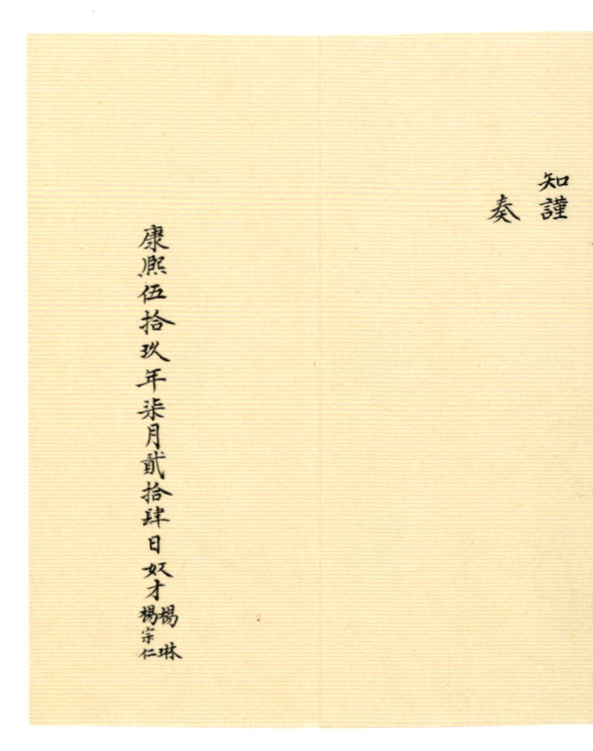

知

謹奏

康熙伍拾玖年柒月貳拾肆日奴才楊琳 楊宗仁

廣東巡撫奴才楊琳爲奏
聞事七月十九日有香山澳本澳商人從小西洋貿易船回澳門搭載西洋人郎寧石羅懷中二名奴才於八月初六日傳至廣州據郎寧石稱係畫工年二十七歲羅懷中稱係外科大夫年三十六歲俱於舊年三月二十一日在大西洋搭船八月初十日到小西洋今年四月十一日在小西洋搭船七月十九日到香山澳因天氣暑熱在船日久請假休息併製做衣服往北京
天朝効力等語奴才見是技藝之人捐給盤費衣服俟其休息可以起身即遣人伴送進
京合先奏
聞再今年大西洋船未到自六月十九日起至八月初五日止共到原在香山澳居住之西洋人往小西洋貿易回澳船共四隻所載粗貨藥材香料魚翅紫檀等物並無細巧物件又七八兩月由虎門進港至廣州船三隻一隻係暹羅國船裝載藥材香料等物一隻係嘆咭唎船裝載嗶吱緞哆囉呢黑鉛等物一隻係佛蘭西船無貨係裝載番銀來廣置貨再廣東地方寧靜米糧照常平賤晚禾茂盛俟收成後另報合并

奏

兩廣總督奴才楊琳
廣東巡撫奴才楊宗仁爲奏
聞事本年七月二十二日到嘆咭唎洋船一隻內搭載西洋人二名稱係教化王差來復
命賫有教化王進
上表文奴才等隨即公同傳詢據二人說一名費理伯一名何濟各教化王感戴
萬歲爺恩典先差我等賫表來復
命隨後差大臣一員選帶能精天文技藝的人同來我等自上年正月起身從馬上赶到日兒瑪尼亞國搭船水陸行了十九個月方到廣東等語奴才等恐其不能馳驛行走令將教化王表文取來先差人賫
進據費理伯等說教化王着我等親賫表文
進呈
萬歲爺陛下以表恭敬之誠我等在洋船上日久歇息數天就可馳驛前去等語奴才等隨驗表文係金線所縫又用金鎖封固遠人一段敬心應聽其自行賫
進現在代備行裝於七月二十九日填給勘合差員護送來京合先具摺專差百總李
廷印郭豊馳賫奏
聞所有員外李秉忠西洋人利國安各奏摺一

西洋人戴进贤等进单

［清雍正二年至乾隆六年］

1724—1741 年

横 115 厘米　纵 26 厘米

| 纸本 |

此件档案为传教士戴进贤、徐懋德、巴多明等人进呈礼物的清单，其中有眼镜、望远镜、珐琅壶等器物。进单上圈叉标记及“可作扇骨”等批示，反映出内廷机构对所收进“贡物”的分配情况。

西洋人高守谦、毕学源进单

清嘉庆朝

1796—1820 年

横 100 厘米　纵 21.6 厘米

| 纸本 |

賞人用 洋貢烟 貳匣

賞人用 洋烟盒 肆個

交茶房 附木瓜糕 陸拾碗

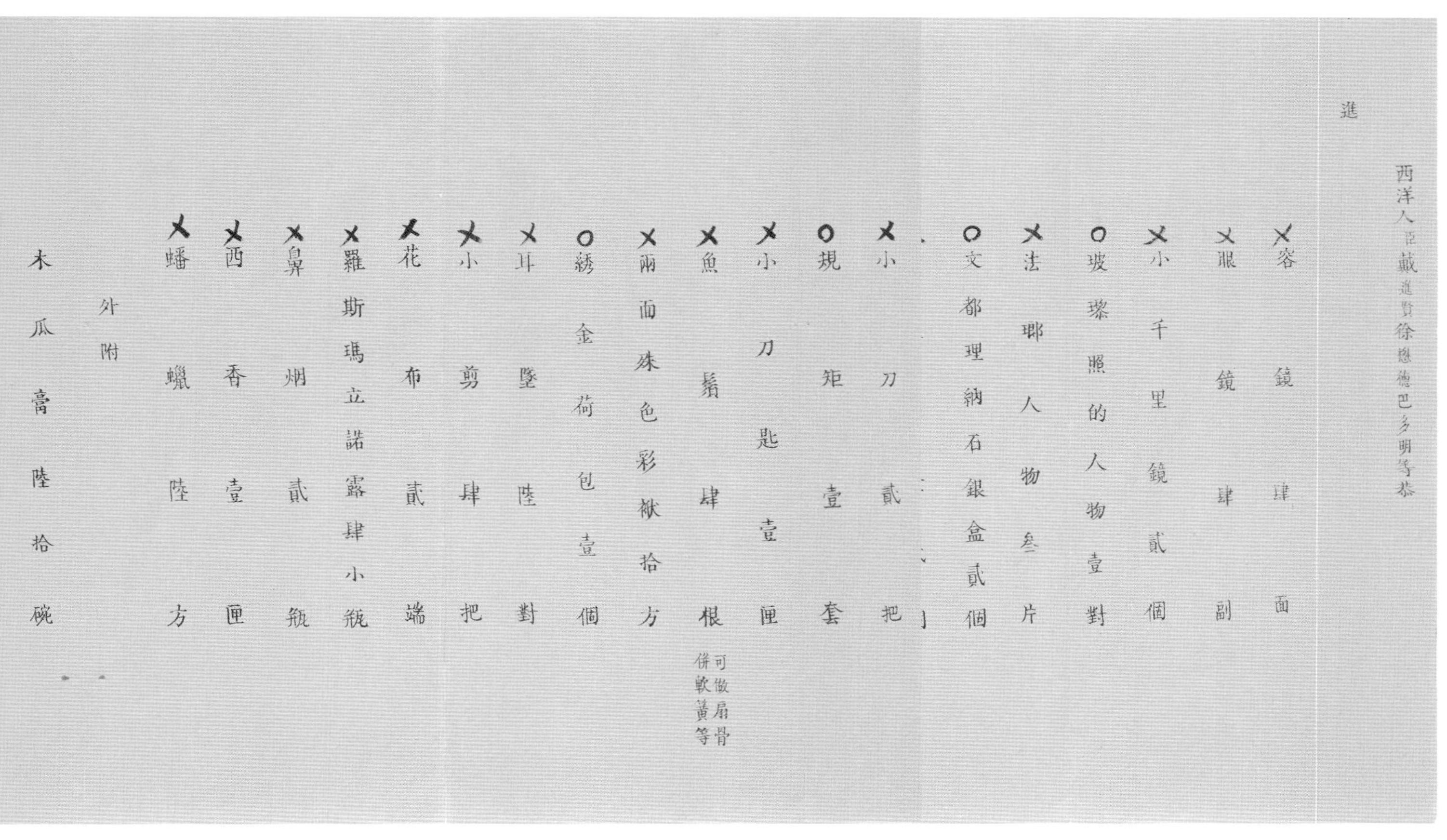

進

西洋人臣戴進賢徐懋德巴多明等恭

容鏡肆面
眼鏡肆副
小千里鏡貳個
玻瓈照的人物壹對
法瑯人物叁片
文都理納石銀盒貳個
小刀貳把
規矩壹套
小刀匙壹匣
魚鬚肆根 可做扇骨併軟簧等
兩面硃色彩緞拾方
綉金荷包壹個
耳墜陸對
小剪肆把
花布貳端
羅斯瑪立諾露肆小瓶
鼻烟貳瓶
西香壹匣
蟠蠟陸方

外附
木瓜膏陸拾碗

嘉庆九年（1804年），传教士高守谦、毕学源赴京供职。此进单为二人进献嘉庆帝礼物的清单，有玻璃洋画、花露水等24种，进单上另标注有各物分发去处。

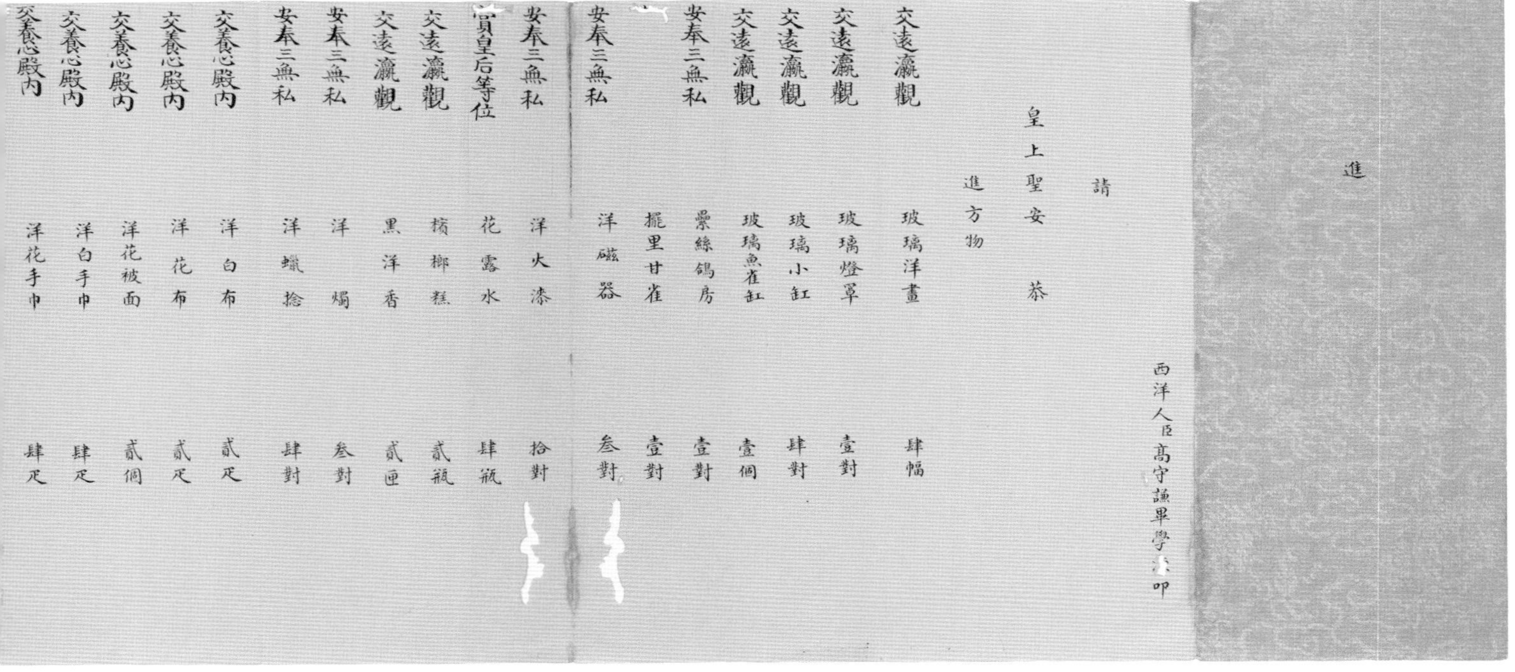

進

西洋人臣高守謙畢學源叩

請
皇上聖安　恭
進方物

交遠瀛觀　玻璃洋畫　肆幅
交遠瀛觀　玻璃燈罩　壹對
交遠瀛觀　玻璃小缸　肆對
交遠瀛觀　玻璃魚雀缸　壹個
安奉三無私　纍絲鴿房　壹對
擺里甘雀　壹對
安奉三無私　洋磁器　叁對
安奉三無私　洋火漆　拾對
賞皇后等位　花露水　肆瓶
交遠瀛觀　檳榔糕　貳瓶
交遠瀛觀　黑洋香　貳匣
安奉三無私　洋燭　叁對
安奉三無私　洋蠟捻　肆對
交養心殿內　洋白布　貳疋
交養心殿內　洋花布　貳疋
交養心殿內　洋花被面　貳個
交養心殿內　洋白手巾　肆疋
交養心殿內　洋花手巾　肆疋

葡萄牙国王若瑟一世致乾隆帝国书

1752 年 1 月 28 日

横 44 厘米　纵 33 厘米

| 纸本 |

若瑟一世在国书内称其父若奥五世崩逝，自己即位后欲延续葡中两国友好，特遣使巴哲格来华。乾隆帝比照雍正朝成例，派内务府郎中官柱、钦天监监正刘松龄等人赴粤迎候葡使，陪同入京。

Muito Poderozo Emperador da China meu muito Caro, e amado amigo. EU D. Jozeph por graça
de Deus Rey de Portugal e dos Algarves daquem e dalem mar em Africa Senhor de Guiné e da Conquista Navegação Commercio de Ethiopia
Arabia Persia e da India &c. envio muito saudar a V. Mg.e como aquelle que como Irmão muito amo e prezo. Havendo succedido nestes Reynos,
e Dominios delles pela morte de meu Senhor e Pai o Muito Alto e Poderozo Rey o Snr. D. João o V.o, e querendo imitalo no tracto e correspondencia
que em todo o seu Reynado teve com os Serenissimos Emperadores Pay e Avô de V. Mg.e, e tendo na minha lembrança o muito que favorecião aos meus Vassa-
los que rezidião nesse Imperio, e a grande propenção que mostravão para tudo o que tocava aos interesses desta Coroa, e por considerar que V. Mg.e procura-
rá imitar as maximas de seus gloriozos Pay e Avô; e para que V. Mg.e se certifique que o meu dezejo he de cultivar a mesma boa amizade e correspondencia
com a sua Real Pessoa mando desta Corte a esse Imperio com o Caracter de Ministro Plenipotenciario a Francisco Xavier Assiz Pacheco e Sampaio meu
Vassalo, a quem ordeno felicite a V. Mg.e pela sua exaltação ao Throno dessa Monarchia, segurandolhe do bom animo com que fico para continuar com V. Mg.e
a mesma boa correspondencia que sempre houve entre esta Coroa e esse Imperio, esperando que della rezultem grandes ventagens aos Commerciantes de huma
e outra Nação, pois com esta reciproca utilidade se farão mais opulentas ambas as Monarchias. Espero que V. Mg.e trate com a sua costumada beni-
gnidade ao mesmo Ministro Plenipotenciario, e dê inteiro credito a tudo que da minha parte significar e propuzer; e sò das boas partes que concorrem
na pessoa do meu Ministro Plenipotenciario, que no tempo que rezidir nessa Corte procurará merecer o Real agrado de V. Mg.e. Muito Poderozo
Emperador, que como Irmão muito amo, e prezo Nosso Senhor haja sempre a Pessoa e Estado de V. Mg.e em sua santa guarda. Escripta em
Lisboa em 28 de Janeiro de 1752

Irmão e bom Amigo de V. Mg.e

El Rey

Diogo de M. Corte Real

葡萄牙文

译文

博尔都噶里雅遣使巴哲格·伯里多玛诺入贡，奉表言：臣父昔年仰奉圣主圣祖皇帝、世宗皇帝，备极诚敬。臣父即世，臣嗣服以来，缵承父志，敬效虔恭。臣闻寓居中国西洋人等，仰蒙圣主施恩优眷，积有年所。臣不胜感激欢忭，谨遣一介使臣，以申诚敬。因遣使巴哲格等，代臣恭请圣主万安并行庆贺，伏乞圣主自天施降诸福，以惠小邦。至寓居中国西洋人等，更乞鸿慈优待。再所遣使臣明白自爱，臣国诸务俱令料理。臣遣其至京，必能慰悦圣怀，其所陈奏，伏祈采纳。

译文出自《清高宗实录》卷436，乾隆十八年四月上

百灵信函

为马戛尔尼使团访华事致两广总督信

1792 年 4 月 27 日

横 50 厘米　纵 60 厘米

| 羊皮纸 |

1792 年（乾隆五十七年），英国东印度公司贸易总管百灵致函署理两广总督郭世勋，通报英国拟派出使团为乾隆帝祝寿一事。此信函有拉丁文、英文两种文本，此为拉丁文本及清人所译中文内容。

英吉利国总头目官管理贸易事百灵谨禀，请天朝大人钧安。

敬禀者，我国王兼管三处地方，向有夷商来广贸易，素沐皇仁，今闻天朝大皇帝八旬万寿，未能遣使进京叩祝，我国王心中惶恐不安。今我国王命亲信大臣公选妥干贡使马戛尔尼前来，带有贵重贡物进呈天朝大皇帝，以表其慕顺之心。惟愿大皇帝施恩远夷，准其永远通好，俾中国百姓与外国远夷同沾乐利，物产丰盈，我国王感激不尽。

现在马戛尔尼即自本国起身，因贡物极大极好，恐由广东进京水陆路途遥远，致有损坏。令其径赴天津，免得路远难带。为此具禀，求大人代奏大皇帝，恳祈由天津海口或附近地方进此贡物，想来必蒙大皇帝恩准。谨禀。

西洋 1792 年 4 月 27 日

译文出自中国第一历史档案馆藏军机处全宗档案

拉丁文

马戛尔尼使团进献书籍

《钦藏英皇全景大典》

（原名《杂样印画图像》）

横 50.5 厘米　纵 87 厘米

| 纸本 |

乾隆五十八年（1793 年），英国国王乔治三世派遣马戛尔尼勋爵访华，携带数百件国礼赠予乾隆帝。其中编号第 10 件为《杂样印画图像》，全套共 9 卷 16 本，内有英王全家画像及城池、炮台、乡村、交战地图等，描绘了 18 世纪末英国的建筑与城市风光，图文并茂，制作精美。

2007 年，中国驻英国大使向英国女王伊丽莎白二世递交国书时，曾将此画册的重制本《钦藏英皇全景大典》赠予白金汉宫。

局部

Knight of the Bath

颁赏英国国王赏单

清乾隆五十八年

1793 年

横 133.2 厘米　纵 22.5 厘米

| 纸本 |

乾隆五十八年（1793 年），乾隆帝在拒绝英国马戛尔尼使团通商请求后，回赠英国国王乔治三世及使团成员大批珍贵礼物。据此赏单记载，共有珐琅、瓷器、玉器等礼品 400 余件，可谓规模空前。

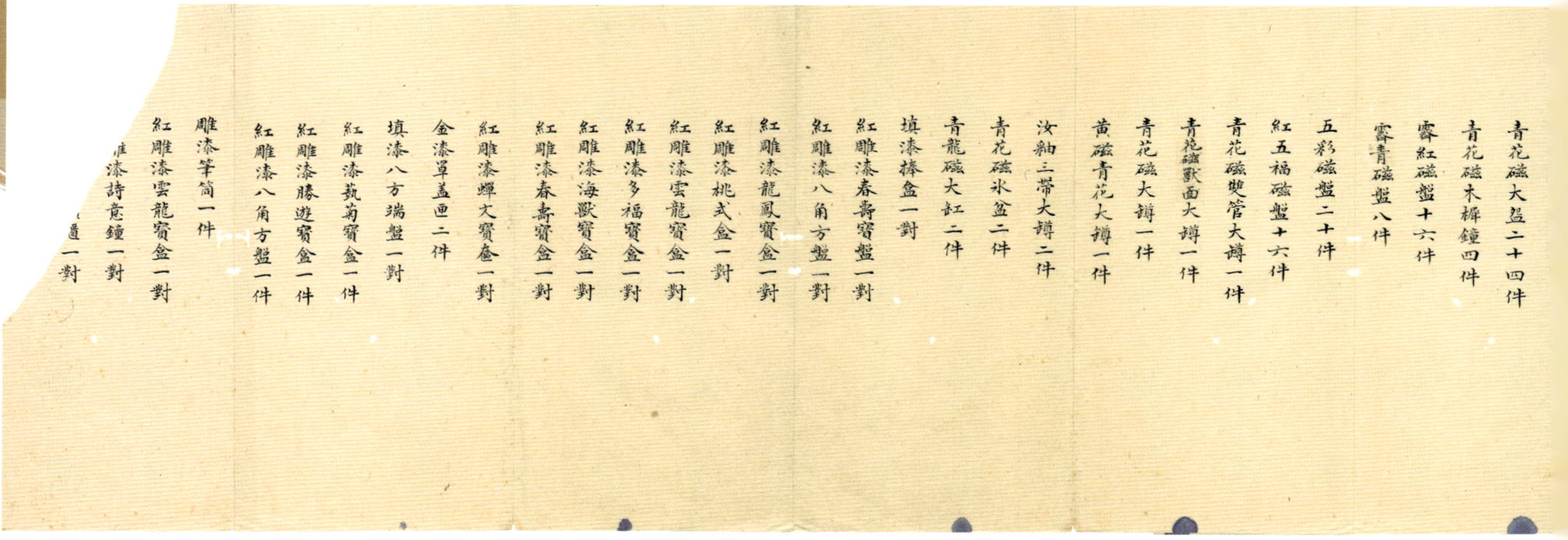

青花磁大盌二十四件
青花磁木樨鐘四件
霽紅磁盤十六件
霽青磁盤八件
五彩磁盤二十件
紅五福磁盤十六件
青花磁雙管大罇一件
青花磁獸面大罇一件
青花磁大罇一件
黄磁青花大罇一件
汝釉三帶大罇二件
青花磁氷盆二件
青龍磁大缸二件
填漆捧盒一對
紅雕漆春壽寶盤一對
紅雕漆八角方盤一對
紅雕漆龍鳳寶盒一對
紅雕漆桃式盒一對
紅雕漆雲龍寶盒一對
紅雕漆多福寶盒一對
紅雕漆海獸寶盒一對
紅雕漆春壽寶盒一對
紅雕漆蟬文寶奩一對
金漆罩蓋匣二件
填漆八方端盤一對
紅雕漆蓺菊寶盒一件
紅雕漆勝遊寶盒一件
紅雕漆八角方盤一件
雕漆筆筒一件
紅雕漆雲龍寶盒一對
雕漆詩意鐘一對
遹一對

英国国书中文译本

清乾隆六十年五月初一日

1795 年 6 月 17 日

横 110 厘米　纵 24.8 厘米

| 纸本 |

此件档案为曾担任马戛尔尼使团副使的乔治·斯当东向乾隆帝进呈英文本国书的译文，内容主要为感谢乾隆帝前次款待及赏赐物品，并进献礼物若干。此国书另有副本一件，内中希望增进两国往来，并提及英国驻印度军队曾“协助”清军平定廓尔喀。

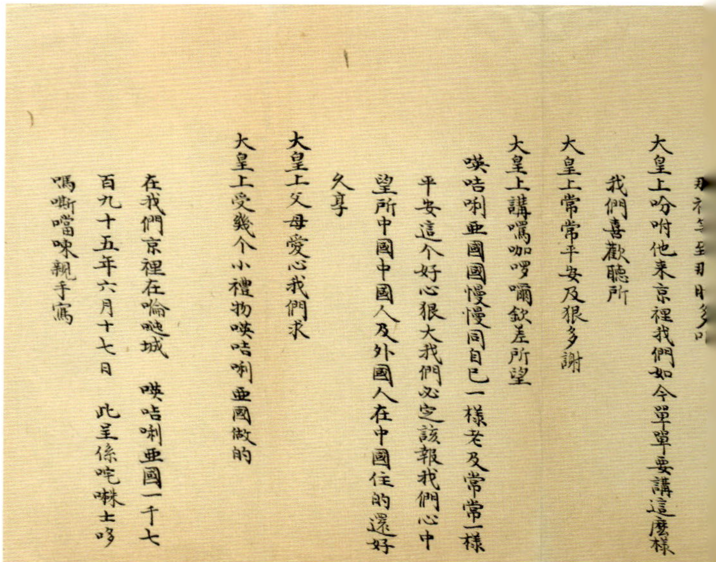

大皇上吩咐他來京裡我們如今單單要講這麼樣
我們喜歡聽所
大皇上常常平安及狠多謝
大皇上講嗎咖嘐嘞欽差所望
唊咭唎亜國國慢慢同自已一樣老及常常一樣
平安這个好心狠大我們必定該報我們心中
望所中國中國人及外國人在中國住的還好
久享
大皇上又母愛心我們求
大皇上受幾个小禮物唊咭唎亜國做的
在我們京裡在喻呲城　唊咭唎亜國一千七
百九十五年六月十七日　此呈係咤啉士哆
嗎嘶噹唻親手寫

乾隆五十八年

頒賜嘆咭唎國王正賞單

紫檀彩漆銅掐絲琺瑯龍舟仙臺一座

青玉夔龍耳扁蓋瓶一件紫檀座

白漢玉雙螭夔靶卮一件紫檀座

漢玉出戟花觚一件紫檀座

青玉蓮花滷壺一件紫檀座

青玉龍鳳扁壺一件紫檀座

白玉三友蓋瓶一件烏木商絲座

青玉夸斗一件紫檀座

青玉蓮花盌一件紫檀座

瑪瑙盃盤一分

白磁五彩有蓋靶盌十件

均釉花觚一件

汝釉八方瓶一件

紅磁金花掛瓶一對

官釉雙管瓶一對

百花粧緞二疋

青袍緞四疋

線緞四疋

洋彩磁葫蘆瓶一對

白磁青葉紅花撇口瓶一對

青花磁玉堂春一對

青花磁梅瓶二件

青花磁有蓋撞罐一對

青花磁撇口瓶一對

青花磁執壺一件

霽紅磁梅瓶一件

霽青磁金花掛屏二件

霽紅磁玉壺春一對

洋彩磁有蓋滷壺二對

洋彩磁有蓋梅花式滷壺一對

冬青釉有蓋滷壺一對

五彩磁盃四十件

五彩磁大盤十件

吒啉士哟唲嘵士嗎嗰㖓吥丹爺國又咈囒哂噫

國又熙吧呢噫國國王恭敬

大清乾隆皇帝萬歲萬萬歲

王親宰相嗎咖啰嘛因来了從

大皇上面前到我們京裡我們受了從他

大皇上的書子及狠喜歡認得

中國萬歲好心親愛與

嘆咭唎亜國國王我們也喜歡知道所我們發的

欽差禮物為

大皇上中意這一總我們發了如我們愛心及同你們

要相連記號我們也狠多謝

大皇帝恩典為我們欽差及隨欽差的官我們更

愛那个欽差因為

大皇帝喜歡他他拿来了

大皇上禮物我們必定受那件禮物因為是

大皇上好心的記號如此

大皇上受了我們的雖然你們及我們的國每一个

出每一个用的及要緊的東西但所更貴是所

我們知道我們的相愛必定一總國國皇咸國

王所喜歡他們國平安該當彼此有相合相愛

大皇帝不能給我們更好他好心的記號比多暫定

了有義及恩典為那一總嘆咭唎亜人所来了

中國買賣的緣故因為不是中國人的規矩来

嘆咭唎亜國我們不能這樣報恩但

嘆咭唎亜國國王吩咐了他總督在小西洋做一

總樣好事及恩惠與那一總

皇上的兵及別的中國人所来近小西洋故此前不

多時他做了好事與中國軍陣多咱一个

皇上的將軍那時不遠小西洋官兵寫了書字與我

們總督我們如今因来了的欽差多咱在中國

沒有往来同小西洋為這个他不能知道或吉

訴

大皇帝那時我們做了甚麼及這樣給你們知道我

們愛親的老寔但恐怕別樣也有機會為這个

及為接連的来往及愛彼此你們及我們因為

我們從如今因来的欽差聽見所

第四部分 帝国秋凉

DECLINE OF THE EMPIRE

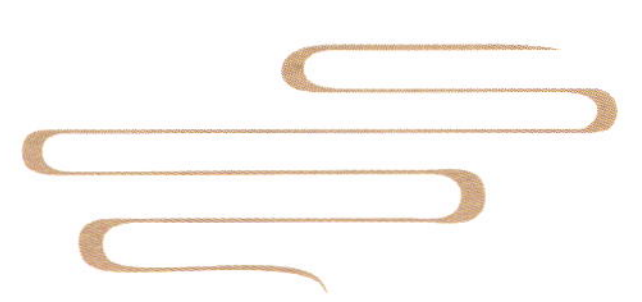

盛世浮华之下，乾隆朝后期，矛盾日益深重。制度僵化、吏治腐败、财政拮据、战备废弛，各地民变渐起，社会趋于动荡不安。与此同时，欧洲工业革命方兴未艾，全球扩张加速推进。“盛世”荣光背后，危机渐露。帝国逐步走向沉沦。

Beneath the glow of this golden age, the dynasty was in deep water in the late years of Qianlong. It saw rigid systems, corrupt officials, financial constraints, and slack defense preparations. There were civil upheavals in various places in succession, and increasing social unrest. Meanwhile, the Industrial Revolution was ascendant in Europe, and global capitalist expansion was accelerating. In the shadow of the golden age, crises emerged, and the empire had begun a gradual decline.

八句凡三十

右九
字重文二

徒馭既多避豕款

之用賢孔庶甬=枚

翰田車既安曰年

云各用各象章害

不永寶

右十
八句凡三十
一字重文一

嘉庆元年（一七九六年），乾隆帝禅位，以太上皇之名继续执政。嘉庆帝以守成自居，虽亲政之初扳倒和珅，一时有求新气象，终无力革除积弊。上行下效，因循旧制，朝野更乏生气，败相愈显。

乾隆帝御制千叟宴诗

清乾隆六十一年（嘉庆元年）

1796 年

横 60 厘米　纵 136 厘米

| 纸本 |

千叟宴为清朝宫廷礼宴之一，特为尊崇年长者而设。有清一代，共举行过四次，康熙、乾隆两朝各举行两次。其中乾隆朝为乾隆五十年（1785 年）和六十一年（嘉庆元年，1796 年），参加人数均达三千余人。此御制诗《初御皇极殿开千叟宴》，正是乾隆帝禅让皇位于嘉庆帝时所作，特意注明仿照其“皇祖”康熙帝赋诗之韵，其中诗句及注释也透露了当时乾隆帝复杂的心情。

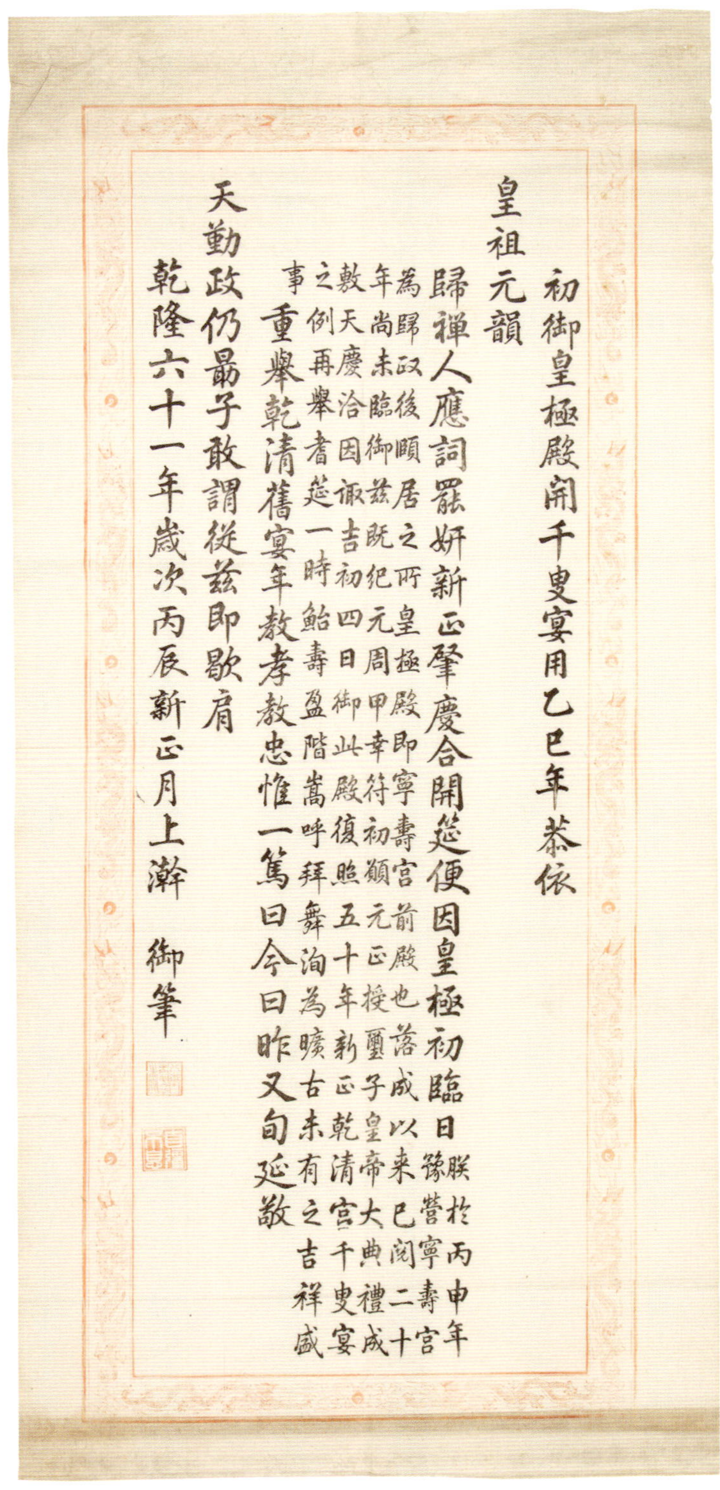

初御皇極殿開千叟宴用乙巳年恭依
皇祖元韻
歸禪人應詞罷姸新正肇慶合開筵便因皇極初臨日朕於丙申年豫營寧壽宮為歸政後頤居之所皇極殿即寧壽宮前殿也落成以來已閱二十年尚未臨御茲既紀元周甲幸符初頒元正授璽子皇帝大典禮成數天慶洽因諏吉初四日御此殿復照五十年新正乾清宮千叟宴之例再舉耆筵一時鮐壽盈階嵩呼拜舞洵為曠古未有之吉祥盛事
重舉乾清舊宴年教孝教忠惟一篤曰今曰昨又旬延敬
天勤政仍勗子敢謂從茲即歇肩
乾隆六十一年歲次丙辰新正月上澣　御筆

闽浙总督玉德奏折

御赐千叟宴诗谢恩

清嘉庆五年十二月初三日

1801 年 1 月 17 日

横 98 厘米　纵 21.3 厘米

| 纸本 |

千叟宴过后，乾隆帝御制《千叟宴诗》颁赐众臣。获赐者，具折谢恩。此件为时任闽浙总督、署福州将军玉德所呈谢恩折。

局部

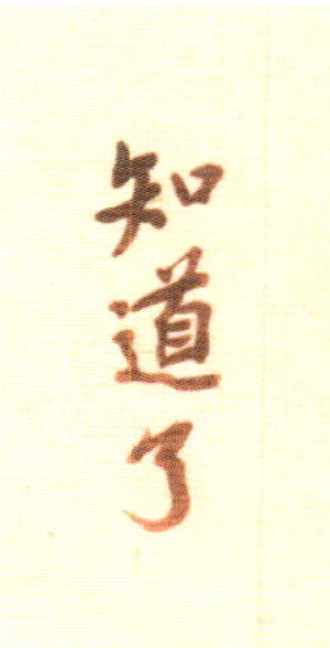

奏

闽浙總督奴才玉德跪

奏爲恭謝

天恩事竊奴才齎摺差回捧到

欽賜千叟宴詩全函隨出郊跪迎至署望

闕叩頭謝

恩祗領訖欽惟我

皇上道承

燕緒祗紹

鴻基當

御宇之初元正耆筵之輯瑞仰惟

高宗純皇帝

福祚延洪

仁區廣大

六十年時和人壽羲忘太昊春秋千百國食

德飲

和惟紀唐堯甲子湖編年於鳳紀欣值周環循

賜宴於駘顏重開曲禮扶鳩

朶殿由大臣逮及羣臣稱兕

觥頭自國老逹於庶老壺斟百福酌北斗以連醇人

效三呼祝

南山而稱慶拜

一人之鉅製輯百爾之新詩矢音孚

交泰之辰

適豫際開韶之會體裁不一祗各殫夫

尊親頌禱萬端究莫名夫浩蕩奴才幸叨

寵錫得獲恭瞻敬惟

睿藻之賡歌歡承養

志仰見

乾東之紹述瑞啟重光卅六卷

家法長垂共沐

陶鎔於化日億萬載

天庥滋至咸登

仁壽於春臺所有感激下忱理合恭摺奏謝

天恩伏乞

皇上睿鑒謹

奏

知道了

嘉慶五年十二月　初三　日

◆ 满、汉文合璧

钤印

皇帝之宝

康熙帝遗诏

清康熙六十一年十一月十三日

1722年12月20日

横230厘米　纵75厘米

| 纸本 |

古人等無不愛惜朕年邁之人今雖以壽終朕亦愉悅至
太祖皇帝之子禮親王饒餘王之子孫現今俱各安全朕身後爾等若能協心保全
朕亦欣然安逝雍親王皇四子胤禛人品貴重深肖朕躬必能克承大統
著繼朕登基即皇帝位即遵典制持服二十七日釋服布告中外咸使聞
知

熙六十一年十一月十三

◆ 满、汉文合璧

遗诏是以大行皇帝名义发布的政治遗嘱，内容为总结功过得失、确定嗣位人选、诫勉在廷臣工、安排身后事宜等。清帝遗诏多由内阁撰拟，呈嗣皇帝审定后，以满、汉、蒙古、藏等文字缮写颁布。

本件遗诏残本系满汉文合璧，存汉文51行、满文21行，其中汉文部分共1107字。诏书末尾有关于皇位继承的内容：“雍亲王皇四子胤禛人品贵重，深肖朕躬，必能克承大统，著继朕登基即皇帝位。”

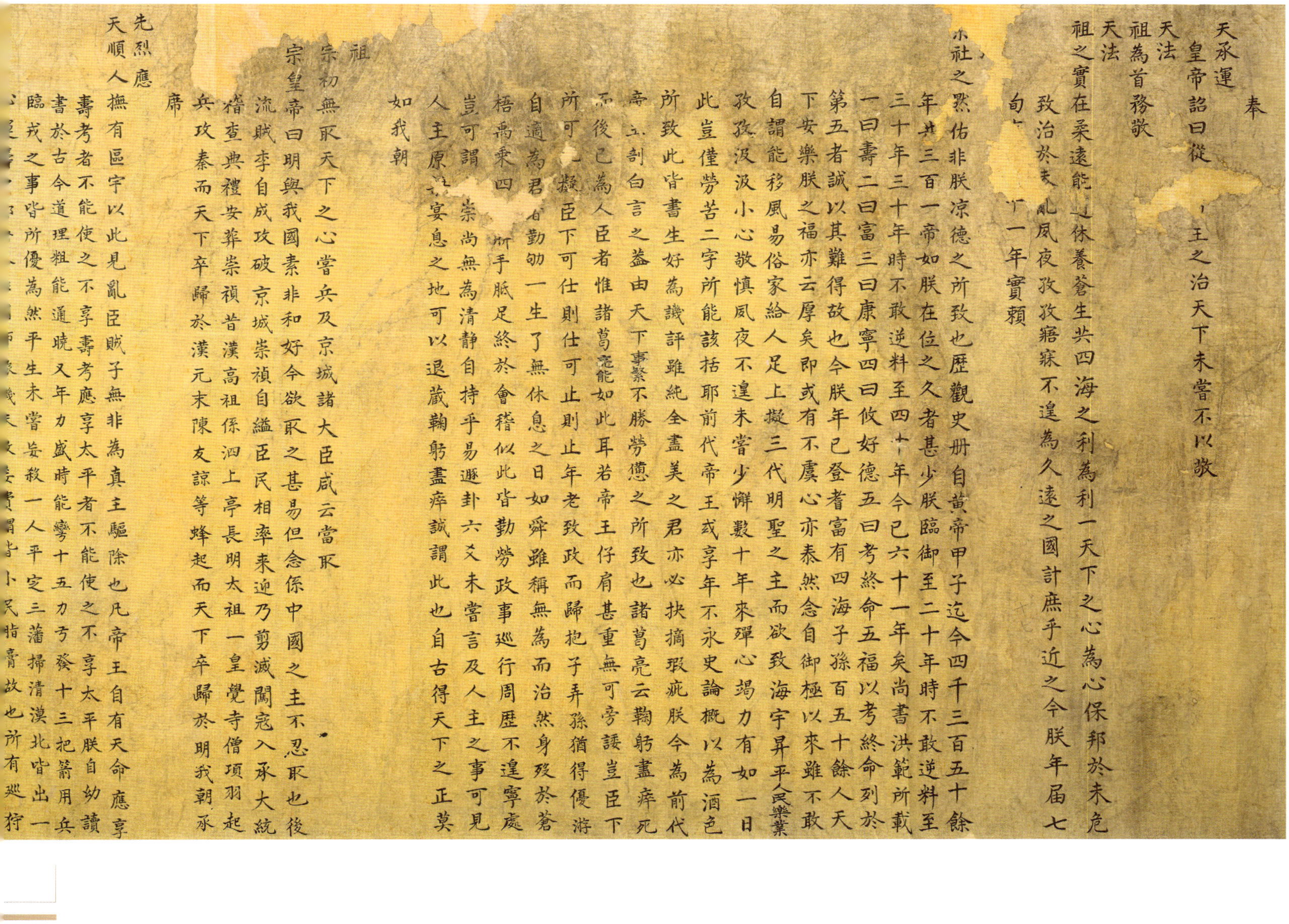

奉
天承運
皇帝詔曰從
古帝王之治天下未嘗不以敬
天法
祖為首務敬
天法
祖之實在柔遠能邇休養蒼生共四海之利為利一天下之心為心保邦於未危
致治於未亂夙夜孜孜寤寐不遑為久遠之國計庶乎近之今朕年屆七
旬在位六十一年實賴
天地宗社之默佑非朕涼德之所致也歷觀史册自黃帝甲子迄今四千三百五十餘
年共三百一帝如朕在位之久者甚少朕臨御至二十年時不敢逆料至
三十年三十年時不敢逆料至四十年今已六十一年矣尚書洪範所載
一曰壽二曰富三曰康寧四曰攸好德五曰考終命五福以考終命列於
第五者誠以其難得故也今朕年已登耆富有四海子孫百五十餘人天
下安樂朕之福亦云厚矣即或有不虞心亦泰然念自御極以來雖不敢
自謂能移風易俗家給人足上擬三代明聖之主而欲致海宇昇平人民樂業
孜孜汲汲小心敬慎夙夜不遑未嘗少懈數十年來殫心竭力有如一日
此豈僅勞苦二字所能該括耶前代帝王或享年不永史論概以為酒色
所致此皆書生好為譏評雖純全盡美之君亦必抉摘瑕疵朕今為前代
帝王剖白言之蓋由天下事繁不勝勞憊之所致也諸葛亮云鞠躬盡瘁死
而後已為人臣者惟諸葛亮能如此耳若帝王仔肩甚重無可旁諉豈臣下
所可比擬臣下可仕則仕可止則止年老致政而歸抱子弄孫猶得優游
自適為君者勤劬一生了無休息之日如舜雖稱無為而治然身歿於蒼
梧禹乘四載胼手胝足終於會稽似此皆勤勞政事巡行周歷不遑寧處
豈可謂之崇尚無為清靜自持乎易遯卦六爻未嘗言及人主之事可見
人主原無宴息之地可以退藏鞠躬盡瘁誠謂此也自古得天下之正莫
如我朝
太祖
太宗初無取天下之心嘗兵及京城諸大臣咸云當取
太宗皇帝曰明與我國素非和好今欲取之甚易但念係中國之主不忍取也後
流賊李自成攻破京城崇禎自縊臣民相率來迎乃剪滅闖寇入承大統
稽查典禮安葬崇禎昔漢高祖係泗上亭長明太祖一皇覺寺僧項羽起
兵攻秦而天下卒歸於漢元末陳友諒等蜂起而天下卒歸於明我朝承
席
先烈應
天順人撫有區宇以此見亂臣賊子無非為真主驅除也凡帝王自有天命應享
壽考者不能使之不享壽考應享太平者不能使之不享太平朕自幼讀
書於古今道理粗能通曉又年力盛時能彎十五力弓發十三把箭用兵
臨戎之事皆所優為然平生未嘗妄殺一人平定三藩掃清漠北皆出一

道光帝秘密立储谕旨并匣

清道光二十六年六月十六日

1846年8月7日

匣：长32.7厘米　宽17厘米　厚9厘米

| 木质 | 羊皮面 |

谕旨：横51厘米　纵22.1厘米

| 纸本 |

秘密立储是清朝从雍正帝开始建立的一种皇位承袭制度。皇帝亲自书写两份立储密旨，一份存在寝宫，一份封藏于匣中。藏有密旨的匣子安放在乾清宫“正大光明”匾额之后，待其禅位时或去世后，方可开匣，与存于寝宫中的谕旨合验后生效。

此为道光帝秘密立储匣，内贮有道光帝立奕詝为皇太子、封奕䜣为亲王的密旨及交待后事的遗谕等，是现存唯一一件完整的秘密立储档案。2002年，以“清代秘密立储档案”之名被列入《中国档案文献遗产名录》。

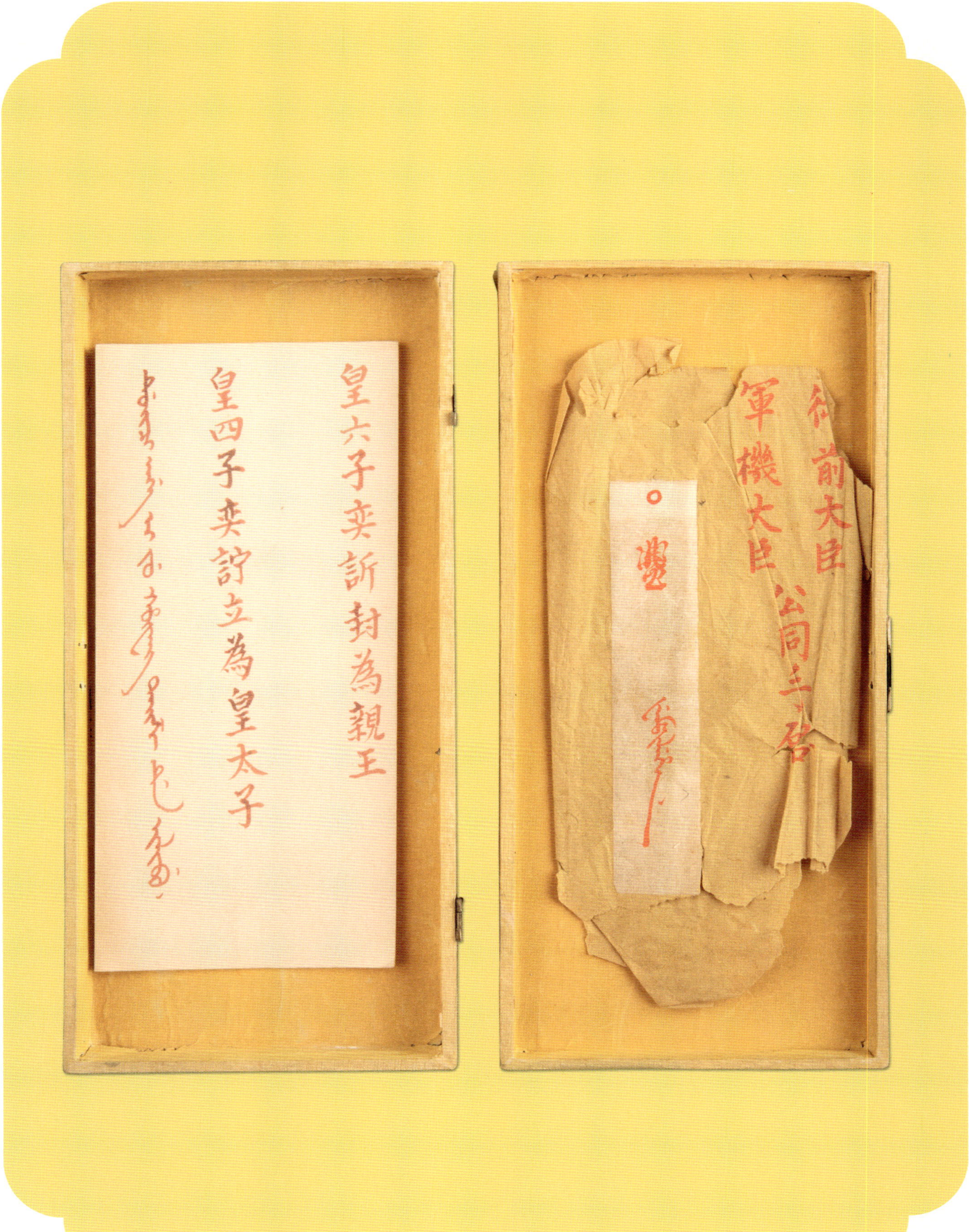
皇六子奕訢封為親王
皇四子奕詝立為皇太子
前大臣
軍機大臣
公同

满、汉文合璧

龙柜

清代龙柜由工部制造，木质以杉木、松木为主，用于收贮宗人府玉牒馆编纂的皇室宗谱——玉牒。玉牒记载皇室成员的生卒、父母、婚嫁、儿女、继嗣、封爵、授职等信息，每十年纂修一次，修成后进呈皇帝御览，缮写正本藏于皇史宬。嘉庆十二年（1807 年）后，玉牒及龙柜移送至景山寿皇殿两侧的衍庆殿和绵禧殿收藏。

局部

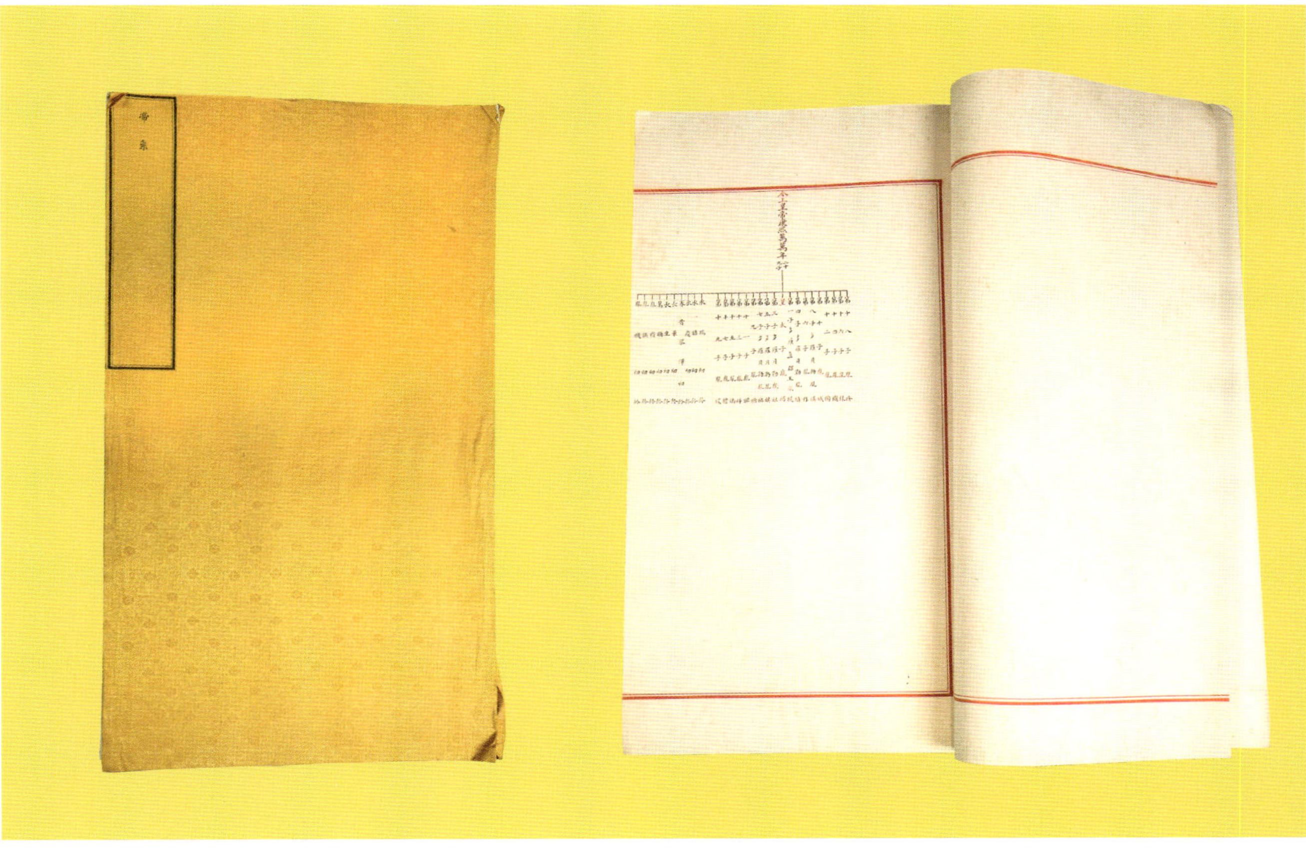

宗室玉牒

觉罗玉牒

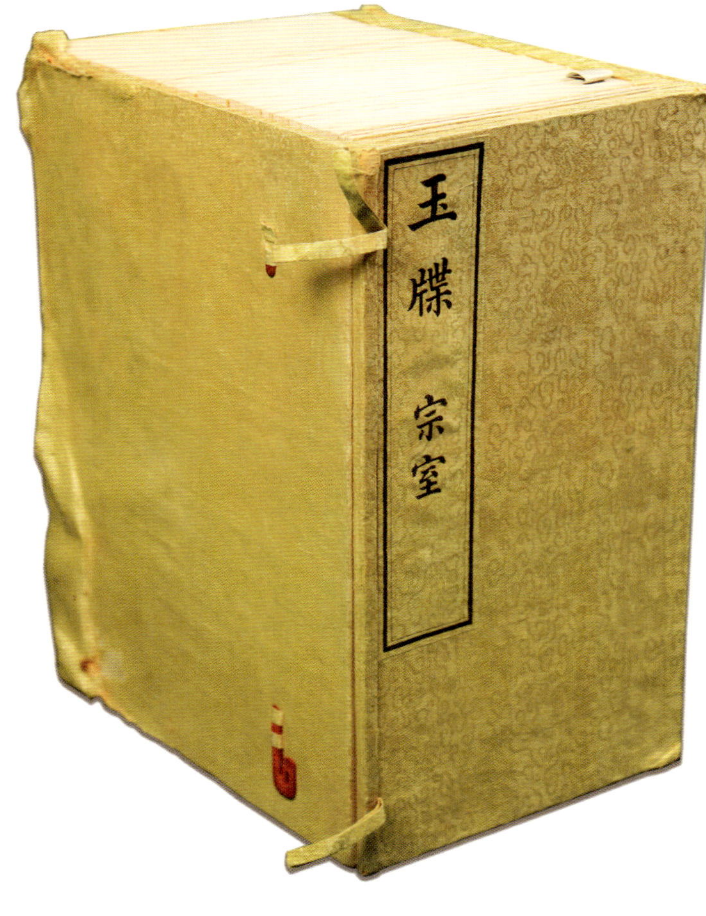

小玉牒

包裹玉牒的包袱皮

《星源集庆》

嘉庆二十二年（1817 年），为进一步强调皇权至高无上，嘉庆帝下令编纂一册只登载乾隆帝直系子孙的谱牒，定名《星源集庆》。此后，记录范围两次变更，仅保留嘉庆、道光帝本支。《星源集庆》以汉文书写，每年续修一次，一直延续至清末。

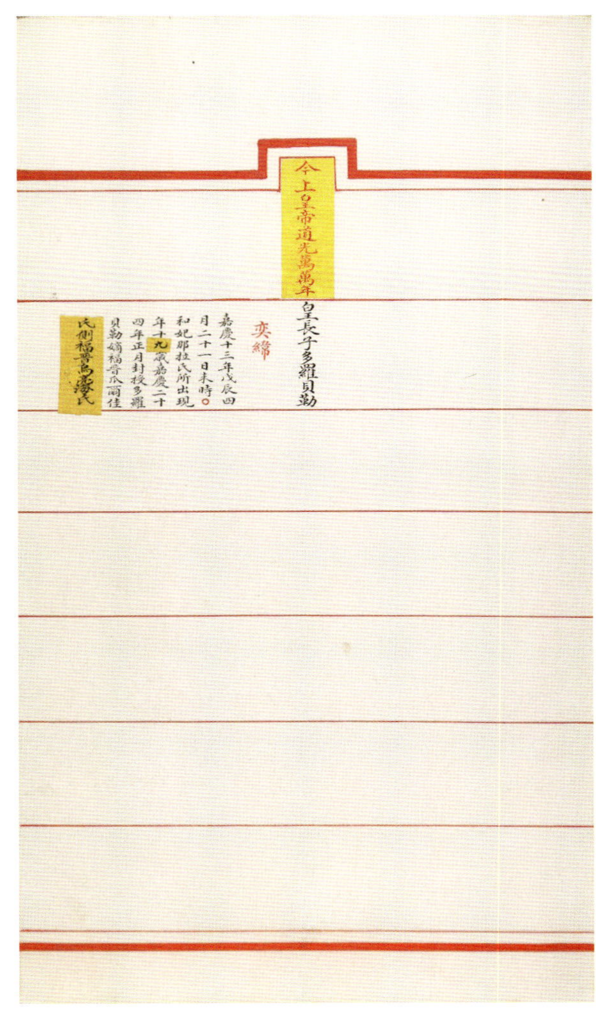
今上皇帝道光萬萬年
皇長子多羅貝勒
奕緯
嘉慶十三年戊辰四
月二十一日未時○
和妃那拉氏所出現
年十九歲嘉慶二十
四年正月封授多羅
貝勒嫡福晉爪爾佳
氏側福晉烏雅氏

嘉庆帝颙琰书石鼓文

［清乾隆二十五年至乾隆六十年］

1760—1795 年

横 52.4 厘米　纵 46 厘米

| 缂丝 |

此为嘉庆帝为皇子时所摹写的籀文及楷书石鼓文，以缂丝工艺织成后，进献乾隆帝赏鉴。整体线条流畅，装饰雅致，印文舒朗清晰，边框有福寿图案。文中落款及印章处“永琰”改为“颙琰”，以黄签重书，应是嘉庆帝登基后所改。

石鼓文是我国先秦时期的刻石文字，是描绘秦国国君游猎情景的四言诗，因刻石外形似鼓而得名。字体为金文向小篆衍变的过渡形式，在书法史上具有重要地位。

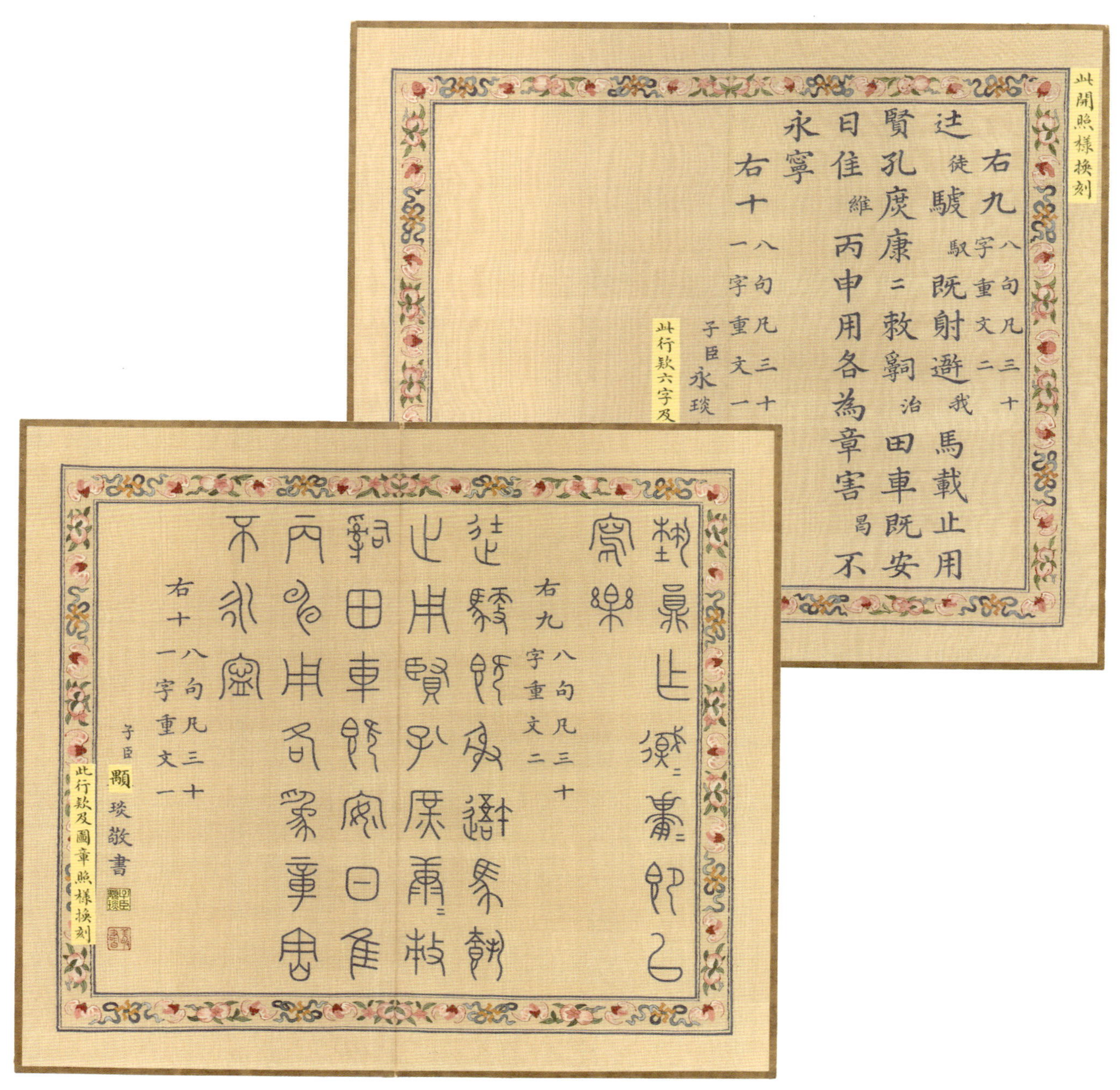

乾隆中期，伴随着人口激增，社会矛盾日益突出。制度运行更趋僵化，朝堂庸吏充斥。嘉道时期，国力日趋衰弱，积弊日显，民怨四起。虽有改革之举，收效甚微，难转颓势。

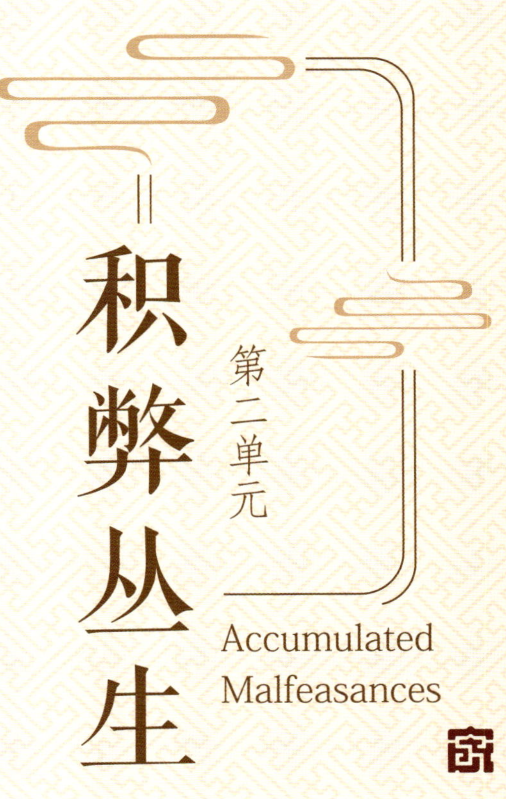

第二单元 积弊丛生

Accumulated Malfeasances

直隶总督胡季堂奏折

遵旨复奏请将和珅立置重典

清嘉庆四年正月十五日

1799年2月19日

横 130 厘米　纵 241.7 厘米

| 纸本 |

嘉庆帝亲政后，查办和珅，开列其二十条罪状，要求各省督抚据实议罪。直隶总督胡季堂在奏折中称和珅“蠹国病民，几同川楚贼匪；贪黩放荡，真一无耻小人”，请求将和珅“凌迟处死”。

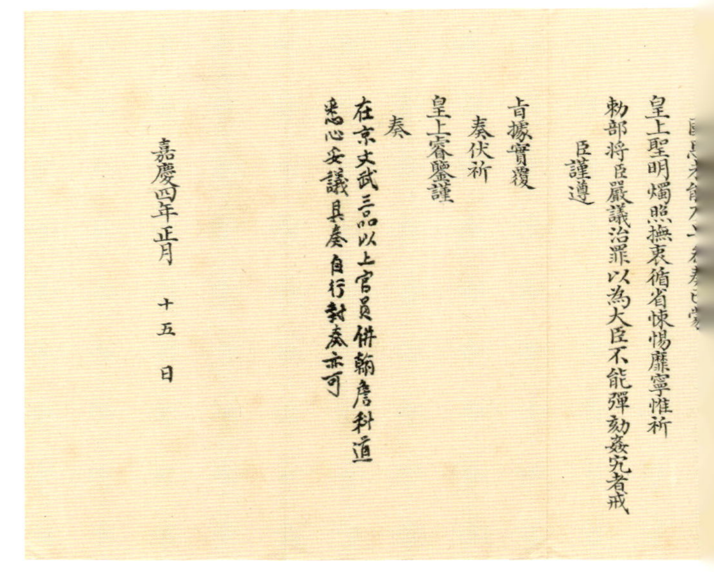

皇上聖明燭照撫衷循省悚惕靡寧惟祈
勅部將臣嚴議治罪以為大臣不能彈劾姦宄者戒
臣謹遵
旨據實覆
奏伏祈
皇上睿鑒謹
奏
在京文武三品以上官員併翰詹科道
悉心妥議具奏自行封奏亦可
嘉慶四年正月 十五 日

两江总督李奉翰奏折

遵旨复奏和珅罪恶昭著请明正典刑

清嘉庆四年正月十七日

1799年2月21日

横 230 厘米　纵 21.7 厘米

| 纸本 |

两江总督李奉翰在奏折中称和珅所犯“各款皆王法所必诛”，奏请将和珅明正典刑。嘉庆帝墨批：“已赐令自尽，余俱不究。勉为好官以报朕，不可仍前诸事观望不以实告也。”这表明嘉庆帝惩治和珅时，除其少数几名亲信外，其余者均不予以追究，以此维护了政局稳定。

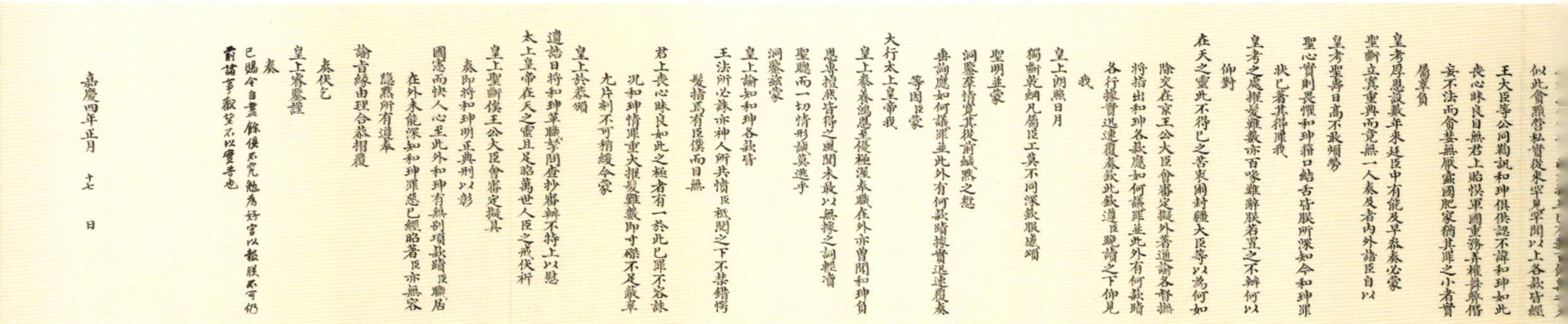

奏
直隸總督臣胡季堂跪
奏為遵
旨據實覆
奏事竊臣途次三河縣接兵部火票遞到嘉慶四
年正月十一日內閣奉
上諭一道諭將指出和珅各款應如何議罪並此外
有何款蹟據實迅速覆奏欽此臣跪讀之下仰見
聖主睿照如神大公至正於執法鋤奸之中寓隆治
尊
親之義伏查和珅起自寒微洊膺宰執受
太上皇帝逾格恩施實近臣中所罕有和珅如在人類
何致喪盡天良罔知
君父大義乃蠹國病民幾同川楚賊匪貪黷放蕩真一無恥小人
伏讀
聖諭所指罪狀如漏洩機密擅壓軍報把持部務袒
護親友事事弄權舞弊種種貪婪無厭已屬罪
不容誅至騎馬乘轎直入
禁門修建園屋竟仿
大內甚至
太上皇帝批摺敢稱撕毀另行擬旨喪心病狂目無
君上至於此極殊屬悖逆是和珅不特得罪
聖躬且得罪於
太上皇帝實
神人所共憤
天地所不容此等大逆不臣之徒薄海臣民莫不同望
殛滅以彰
國憲伏查律載大逆者凌遲處死亟祈我

局部

皇考所簡用之重臣朕斷不肯輕為更易即有獲罪者
若稍有可原猶未嘗不思保全此實朕之本衷自
必仰蒙
昭鑒令和珅情罪重大並經科道諸臣列款糸奏實有
難以刻貸者是以朕於恭頌
遺誥日即將和珅革職拏問臚列罪款特諭衆知之朕
於乾隆六十年九月初三日蒙
皇考冊封皇太子尚未宣布
諭旨而和珅於初二日在朕前先遞如意漏洩機密居
然以擁戴為功上年正月
皇考在圓明園召見和珅伊竟騎馬直進左門過正大
光明殿至壽山口無父無君莫此為甚又因腿疾
乘坐椅轎擡入大內肩輿出入神武門衆目共睹
毫無忌憚並將出宮女子取為次妻罔顧廉恥年
來剿辦川楚教匪
皇考盼望軍書刻縈
宵旰乃和珅於各路軍營遞到奏報任意延擱有心欺
隐以致軍務日久未竣前奉
皇考勅旨令伊管理吏部刑部事務嗣因軍務銷算伊
係熟手是以又
諭令兼理戶部題奏事件伊竟將部務一人把持昨冬

奏
兩江總督臣李奉翰跪
奏為欽奉
諭旨據實恭摺覆
奏仰祈
聖鑒事竊臣於正月十六日承准軍機處文開嘉慶
四年正月十一日內閣奉
上諭和珅受
大行太上皇帝特恩由侍衛洊擢至大學士在軍機處
行走多年叨沐
殊施在廷諸臣無有其比朕親承
付託之重茲猝遭
皇考大故苫塊之中每思論語所云三年無改之義如
我
皇考教
天法
祖勤政愛民實心實政薄海內外咸所聞知方將垂示
萬年永為
家法何止三年無改至
皇考所簡用之重臣朕斷不肯輕為更易即有獲罪者
若稍有可原猶未嘗不思保全此實朕之本衷自
必仰蒙
昭鑒令和珅情罪重大並經科道諸臣列款糸奏實有
難以刻貸者是以朕於恭頌
遺誥日即將和珅革職拏問臚列罪款特諭衆知之朕
於乾隆六十年九月初三日蒙
皇考冊封皇太子尚未宣布
諭旨而和珅於初二日在朕前先遞如意漏洩機密居
然以擁戴為功上年正月
皇考在圓明園召見和珅伊竟騎馬直進左門過正大
光明殿至壽山口無父無君莫此為甚又因腿疾
乘坐椅轎擡入大內肩輿出入神武門衆目共睹
毫無忌憚並將出宮女子取為次妻罔顧廉恥年
來剿辦川楚教匪
皇考盼望軍書刻縈
宵旰乃和珅於各路軍營遞到奏報任意延擱有心欺
隐以致軍務日久未竣前奉
皇考勅旨令伊管理吏部刑部事務嗣因軍務銷算伊
係熟手是以又
諭令兼理戶部題奏事件伊竟將部務一人把持昨冬
皇考聖躬不豫批摺字畫間有未真之處和珅膽敢口
稱不如撕去竟另行擬旨臘月間奎舒奏報循化
貴德二廳賊番聚衆千餘搶奪達賴喇嘛商人牛
隻殺傷二命在青海肆行搶掠一案和珅竟將原
奏駁回隐匿不辦及
皇考升遐後朕諭令蒙古王公未出痘者不必來京和
珅不遵諭旨令已未出痘者俱不必來全不顧國
家撫綏外藩之意其居心實不可問大學士蘇凌
阿兩耳重聽衰邁難堪因係伊弟和琳姻親竟欺
隐不奏侍郎吳省蘭李潢太僕寺卿李光雲皆曾
在伊家教讀並保列卿階兼任學政又軍機處記
名人員任意撤去種種擅專不可枚舉昨將和珅
家產查抄所蓋楠木房屋僭侈踰制其多寶閣及
隔段式樣皆仿照

浙江巡抚永德奏折

遵旨详查慈相寺僧人陷害虔元山石匠一案

清乾隆三十三年十月二十日

1768 年 11 月 28 日

横 224.4 厘米　纵 21.2 厘米

| 纸本 |

浙江德清县城外慈相寺僧人悟伦因嫉妒虔元山香火旺盛，造谣石匠郑元臣等人在虔元山"埋煞害人"。此案关涉"叫魂"案，造成社会恐慌。奏折内详细记述审讯慈相寺僧人等诬陷石匠一案的经过。

臣批示再加詳細確究今又據勞宗發等覆稱
遵復逐一嚴訊毛天成鄭元臣二匠堅供實無
挾嫌栽害埋煞之事併供若要圖害吳東明等
應在吳東明做工地方埋煞如何反在度元山
埋煞其徐大來悟倫各仍供認圖奪香火揑造
埋煞招貼直承不諱臣又親提各犯會同勞宗
發等覆勘反覆詰訊各供供吐如前加以刑嚇
矢口不移委無遁情除徐大來與悟倫謀奪香
火揑造石匠埋煞妄行貼帖之處現飭臬司按
律從重定擬完結外所有遵
旨會同江省委員審明石匠埋煞之語委係徐大來
等揑造並非實有其事緣由臣謹據實恭摺
奏覆并查訊供詞另繕清单同原揭招帖一張恭
呈
御覽伏祈
皇上睿鑒謹
奏

已有旨了

奏
浙江巡撫臣覺羅永德跪
奏為遵
旨詳訊確查恭摺具
奏事竊臣前于九月二十四日具
奏慈相寺僧人圖奪香火揑造度元山有石匠埋
煞書寫招帖一案嗣經江蘇撫臣彰寶奏
聞江省委員赴浙訪有石匠鄭元臣毛天成嫉妬吳
東明等承攬建造德清縣城橋在於度元山埋
煞圖害慈相寺僧圖奪香火秉機寫貼等因奉
旨永德所奏是石匠埋煞之事出之慈相寺僧人揑
造而江蘇委員所查石匠埋煞之事則實有鄭元
臣等姓名可指似非盡屬風影浮談永德現在查
辦此案着傳諭彰寶即選派明幹道員一員帶同
原訪委員前往浙省會同永德詳訊確查據實具
奏欽此臣即于九月二十八日將遵
旨查審緣由先行
奏覆一面委員拘拿鄭元臣毛天成等到省隨于
九月二十九日准江蘇撫臣彰寶委令松太道
勞宗發帶同原訪之署常州府知府劉伯壎署
太倉州知州貴中孚到浙臣即會同江蘇委員
勞宗發並督同署布政使曾曰理署按察使蘇
凌阿暨原訪各員提犯隔別逐細研訊據鄭元
臣供稱向在海寧石匠生理上年十月間至德
清估計城橋估需三萬工該縣令其赴辦鄭元
臣因每日需人夫二百名恐有貽悞且現有承
造桐鄉城工未完止住一日即回桐鄉其石匠
毛天成供于九月內赴德清估計工程因銀數
過多未成該匠又因已有承辦海塘之工告辭
而回各堅供並未埋煞圖害嚴加詰究矢口不
移臣思慈相寺之招帖事由該犯嫉妬遣言指
令寺僧所為希圖陷害隨令悟倫等與之識認
均各不相識復訊之悟倫供認向在德清慈相
寺出家有先存今故之徒萃華稍知文墨因該
寺香火冷落度元山燒香人衆悟倫師徒心懷
嫉妬三十三年二月初六日有素日交好之徐
大來至寺談及遂商議設法招致徐大來以彼
時正有石匠叫魂謠言并俗傳埋煞之說人所
畏忌即起意揑造奸匠在度元山左側埋煞經
過之人遭其毒害等詞令萃華寫成招帖六張
交徐大來往貼悟倫給錢五百文徐大來隨喚
沈繼瓏幫貼餘剩二張未貼而歸旋因石匠鄭
廷秀赴縣控告莫方周誣陷伊叫魂經縣將莫
方周枷責徐大來聞知畏懼即自揭去三張尚
存一張未揭與臣前
奏所審情節無異再查叫魂謠言原謂造橋抱搭
而起臣於提訊悟倫等具
奏之後復札飭德清縣將前在橋工所用石匠并
估工人內逐名查訪根線以冀追尋正犯并令

大学士刘统勋等奏折

查办京城剪辫匪犯情形并审问僧人普辉

清乾隆三十三年七月十七日

1768 年 8 月 28 日

横 120 厘米　纵 20.6 厘米

| 纸本 |

“叫魂”案期间，刘统勋等人派兵严查京城内剪辫匪徒，始终未获，而剪辫事件仍屡有发生。乾隆帝认定罪犯难获“仍是查拿不密”所致，严令“上紧督催，毋玩视也”。

嘉道时期，田赋积欠严重，漕运、盐政困局难破。战事旷日持久，军费开支浩大，加之河工虚耗国帑，各级衙门亏空难填。财政紊乱，府库渐空。

第三单元 财政紊乱

Disrupted Finance

两江总督琦善等奏折

海运漕粮全竣请旨奖励出力各员

清道光六年六月初五日

1826 年 7 月 9 日

横 130 厘米　纵 22 厘米

| 纸本 |

道光五年（1825 年），洪泽湖决口，运河受阻。道光帝依议重启“漕粮海运”，命陶澍试办。此为琦善等为海运试办成功，请嘉奖经办人员的奏折。

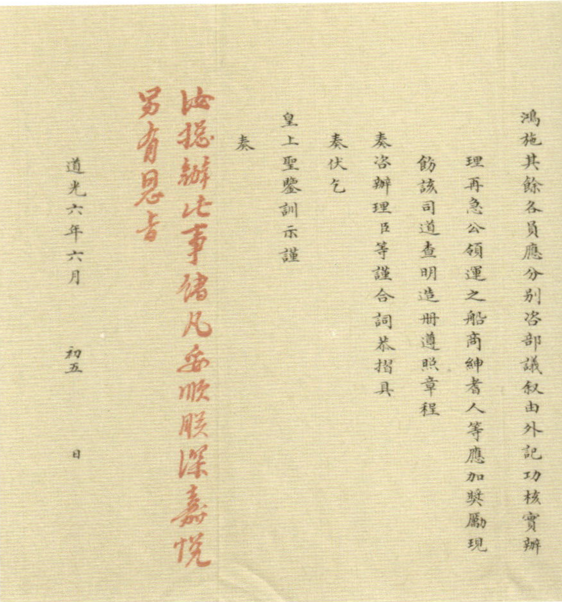

鴻施其餘各員應分別咨部議敘由外記功核實辦理再急公領運之船商紳耆人等應加獎勵現飭該司道查明造冊遵照章程奏咨辦理臣等謹合詞恭摺具奏伏乞皇上聖鑒訓示謹奏

此據辦此事諸凡妥順朕深嘉悅另有旨

道光六年六月初五日

两江总督陶澍奏折

请敕两淮盐政清查垫支盐务浮费摊于众商归补

清道光十年十月十六日

1830 年 11 月 30 日

横 200 厘米　纵 22 厘米

| 纸本 |

嘉道时期两淮盐商疲敝，盐政败坏。陶澍认为盐商浮费和摊补开销过大，“成本积渐成多”，打击盐商积极性，建议裁删费用、裁减盐政衙门浮费。

奏

兩江總督臣琦善
江蘇巡撫臣陶澍跪

奏為海運全竣請將在事尤為出力各員恭懇

天恩量加鼓勵仰祈

聖鑒事竊照蘇省試行海運事屬創舉關係重大分

任需人臣等於議辦之初即以雇船為第一關

鍵籌款為濟用要需而一切文案章程鉤稽册

檔以及驗米兑米各事宜均極繁重必須實心

經理方能趨事赴功當飭藩司賀長齡等遴選

誠實勤幹之員各量材能分别派委復經臣等

隨時激勸逐件指示在事文武大小一百餘員

晝夜奮勤不辭勞瘁或招雇商船料理經費或

綜核文册酌議章程或驗兑漕糧迎提催趲或

專駐公所收發出入或巡防彈壓經歷島洋莫

不竭盡心力各供指臂而各州縣經徵漕米趕

早全完又皆慎選米色籌解經費絲毫不累閭

閻現在全漕一百數十萬石一律開行以數百

年未行之事上稟

宸謨如期妥竣似應加以鼓勵查藩司賀長齡綜理

全局布置精詳臬司慶善辦事細心同資贊畫

蘇松糧道宋濬蘇松太道潘恭常駐浦驗兑始

終其事均係司道大員

恩出

聖裁臣等未敢擬請優叙其赴津交米解銀各員及

押運之將弁等俟交米全竣另行具

奏外所有辦漕在事各員人數衆多臣等不敢濫

《海运粮船图》

［清乾隆二十六年前］

1644—1761 年

横 164 厘米　纵 72.5 厘米

| 绢本 |

此图中描绘的帆船是乾隆中期以前海上运粮的主要用船，既可以在海上航行，也可在内河航行，不易搁浅，每船可运粮食 4000—6000 石。

第四单元

民变迭起

Successive Uprisings

由于人口激增，朝政败坏，加之军费、河工开支巨大，百姓负担日重，社会矛盾不断激化。各地大小民变此起彼伏，以川楚白莲教起义为最盛。甚至京畿重地、宫禁之内都难保太平。清廷疲于应对，社会控制能力更加弱化，更大的风暴正在酝酿之中。

白莲教告示

丁巳年五月初三日

1797 年 5 月 28 日

横 45.5 厘米　纵 75.2 厘米

| 纸本 |

乾隆末期，土地兼并日趋严重，社会矛盾不断加剧，白莲教在下层劳动人民内长期传播，逐渐形成了一股巨大的社会力量。嘉庆元年（1796 年）正月，张正谟等率众在湖北枝江举事，此后各地相继响应，起义很快扩散到湖北、陕西、四川、河南、甘肃五省。清政府耗费了大量的人力、物力，才逐渐将这次起义镇压下去。

此件档案为湖北白莲教起义军的安民告示，起事首领在此告示中自封真命天子，继承大明脉序，要求各地百姓遇到义军不要惊慌，不要协助清军、勾连乡勇，只需各安本业，日后必有重恩。宫中保存原档另有题签、封套，注明系嘉庆二年六月初六日，由陕西巡抚秦承恩奏呈。

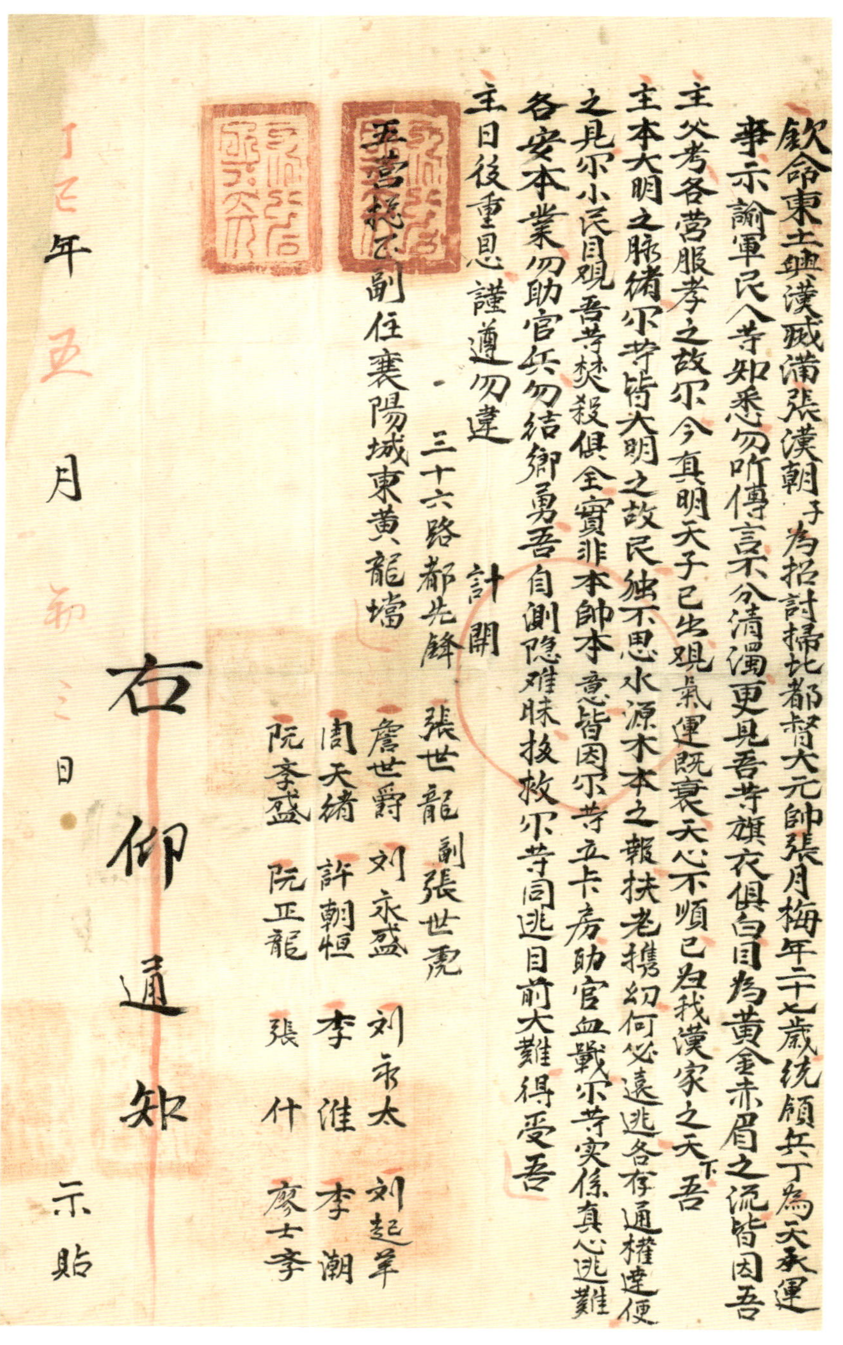

欽命東土興漢滅滿張漢朝子為招討掃北都督大元帥張月梅年二十七歲統領兵丁為天承運
出示諭軍民人等知悉勿听傳言不分清濁更見吾等旗衣俱白目為黃金赤眉之流皆因吾
主父考各營服孝之故爾今真明天子已出現氣運既衰天心不順已為我漢家之天下吾
主本大明之脈緒爾等皆大明之故民独不思水源木本之報扶老携幼何必遠逃各存通權達便
之見爾小民目覌吾等焚殺俱全實非本帥本意皆因爾等立卡房助官血戰爾等实係真心逃難
各安本業勿助官兵勿結鄉勇吾自惻隱难昧援救爾等同逃目前大難得受吾
主日後重恩謹遵勿違

計開

三十六路都先鋒　張世龍　副張世虎

詹世爵　刘永盛　刘永太　刘起華

周天緒　許朝恒　李　進　李　潮

阮李盛　阮正龍　張　什　廖士李

五營総副任襄陽城東黃龍壋

右仰通知

丁巳年五月初三日　示貼

《河南各府州县图》

清嘉庆朝

1796—1820 年

横 68 厘米　纵 66 厘米

| 纸本 |

该图为清军镇压河南地区白莲教起义时，所使用的军用地图。图中绘出相关地区河流、山脉、村县及州府地理位置，绘制精当，注记详实。

额驸丰绅殷德奏折

请将其留于湖北镇压白莲教民

清嘉庆元年七月初八日

1796年8月10日

横80厘米 纵22厘米

| 纸本 |

此系和珅之子、固伦额驸丰绅殷德奏报"白莲教匪"及"苗匪"情形，恳请留在湖北攻剿白莲教民的奏折。

经略大臣额勒登保奏折

办理湖北白莲教军情

清嘉庆六年五月初一日

1801年6月11日

横320厘米 纵22厘米

| 纸本 |

清廷镇压白莲教起义期间，嘉庆帝以"安坐军营、办理延误"为由，革去勒保五省经略大臣之职，以额勒登保接任。此系额勒登保奏报湖北地方"剿办"白莲教情形的奏折。此折内称湖北官兵、乡勇粮饷不济，以致扰民等情形。嘉庆帝朱批："此皆朕之过。"

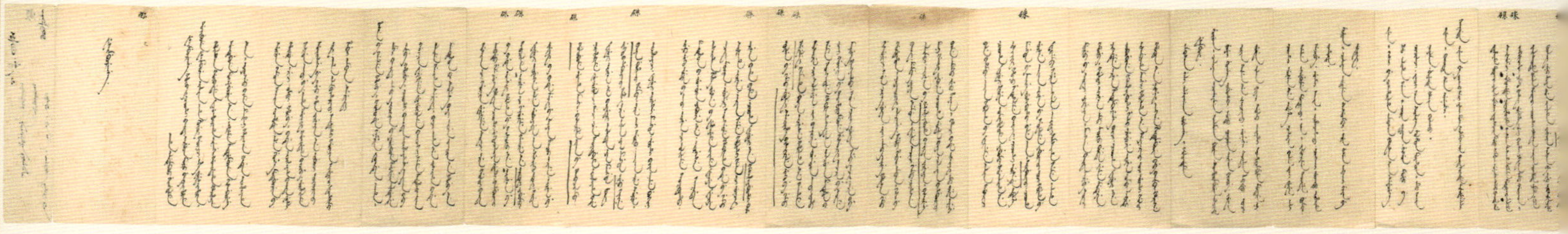

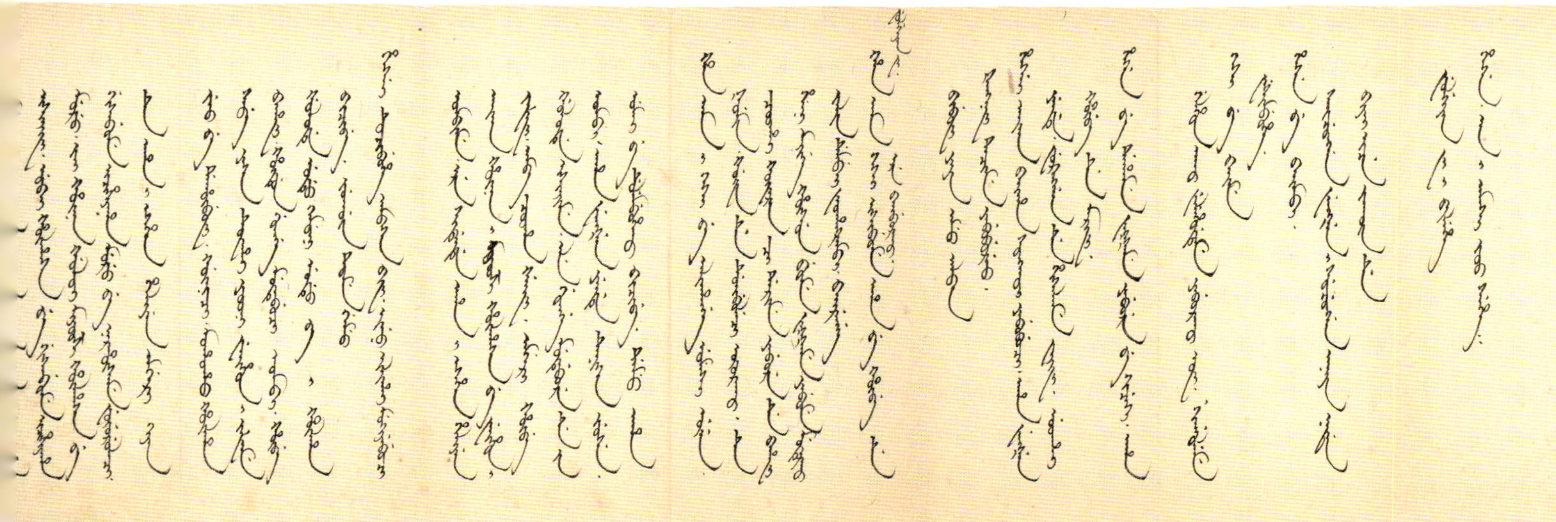

满文

局部

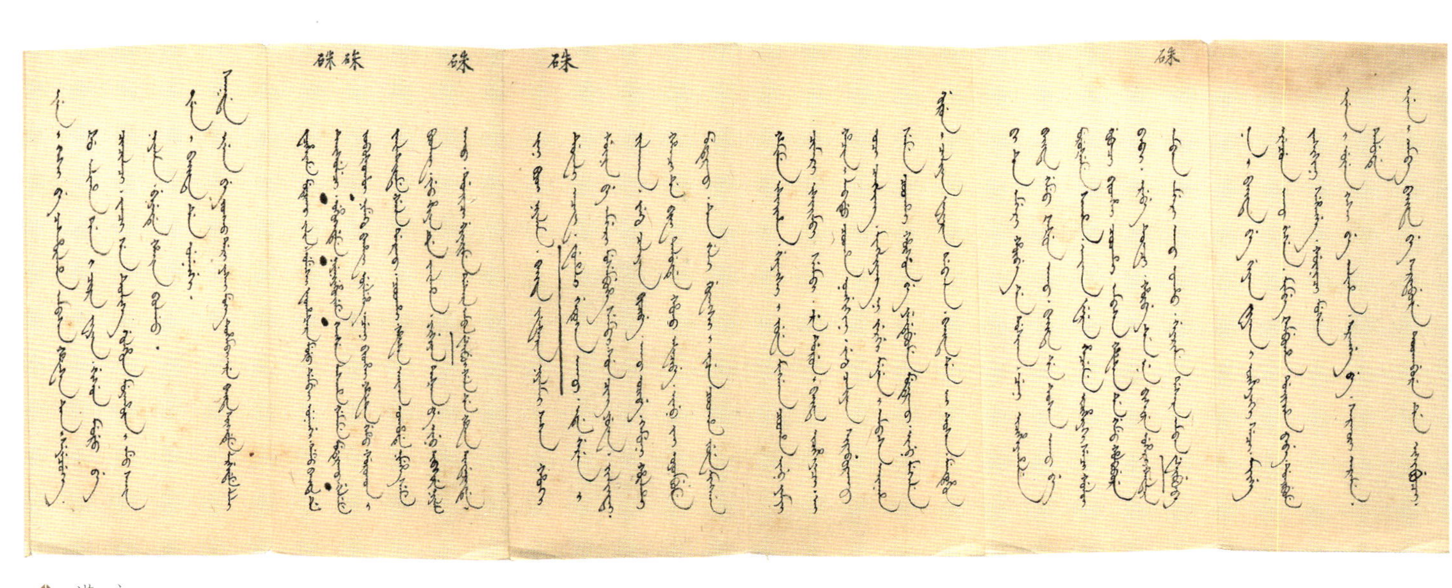

满文

大学士保宁等奏折

审明陈德行刺案缘由

清嘉庆八年闰二月二十四日

1803 年 4 月 15 日

横 661.2 厘米 纵 23.6 厘米

| 纸本 |

京中贫民陈德携刀潜入紫禁城，于神武门内行刺嘉庆帝。大学士保宁等重臣133人奉旨审讯后，呈报嘉庆帝。内中详述陈德既往经历，称行刺事件纯属因其生活困苦、借酒消愁后的过激行为。

陈德，曾于内务府服役，熟悉宫中情况。因其生活无着，绝望之下，入宫行刺。神武门陈德刺驾案是有清一代唯一行刺皇帝的大案。

嘉庆帝朱谕

将刺驾案犯陈德凌迟处死

清嘉庆八年闰二月

1803 年 4 月

横 20 厘米 纵 21.6 厘米

| 纸本 |

此件档案为嘉庆帝手书谕旨，自述遇刺时的场景，并述及将陈德凌迟处死等案件处理情形。

保寧等會同審擬大逆兇犯
奏旨隨文
閏二月二十四日
臣保寧等跪
奏為會同審明大逆兇犯遵
旨按律定擬具奏事竊照本月二十日
皇上由
圓明園進
宮齋戒
聖駕進
神武門將入
順貞門突有兇犯自
神武門內西廂房南山牆後邊出經
御前大臣定親王綿恩固倫額駙親王拉旺多爾濟
御前侍衛扎克塔爾珠爾杭阿
乾清門侍衛丹巴多爾濟桑吉斯塔爾等上前擒
捕該犯手持小刀將丹巴多爾濟扎傷三處並
將綿恩褂袖扎破當將該犯拏獲奪下兇刀并
於身邊搜出籤語等件奉
旨交軍機大臣會同刑部嚴審定擬具奏欽此當經
臣慶桂等提犯詳細研訊該犯始則言語支吾
臣慶桂等設法推鞫惟據供出姓名住址及因
貧情急要尋死路等語其實在逆謀實情一字
不肯供吐二十一日奉
旨添派滿漢大學士六部尚書會同審訊仍復狡飾
如前臣保寧等以該犯所供自尋死路一節迥
出情理之外斷非實情連日熬訊加以擰耳跪
鍊押槓始猶茹刑不吐至二十三日將該犯擦
刑恐嚇多方開導始據供出起意謀逆各緣由
據供我姓陳名德年四十七歲係本京人祖父
母早經身故並無伯叔兄弟父親名叫陳良母

特諭卿知二十日進宮齋戒乘轎將進順貞門之時突有一人持刀
直奔轎前定親王綿恩用手力推該犯用刀劃破定親王衣袖貝
子丹巴多尔吉抱住該犯下身該犯用刀將伊扎傷三處後續
上四人始將該犯擒住因命大學士九卿會審四日夜設法盤詰
據供名陳德本京人曾充兵隨現無營運曾做過好夢又求過好
籤遂生逆謀僥倖萬一已於二十四日凌遲矣以光天化日之下竟
有此等異事實屬意想不到再四川軍營連獲勝仗又辦究
五六百人所餘者不過五六百人大約春令內可望淨盡矣特諭
逆犯凌遲之日觀者不下萬人無不痛罵此等事實不可解

林清供单

清嘉庆十八年

1813年

横 70.8 厘米 纵 25 厘米

| 纸本 |

天理教系白莲教支派，首领为京畿大兴人林清和河南滑县人李文成。嘉庆十八年九月十五日（1813年10月8日），在宫内太监引导下，林清率教众攻入紫禁城，于隆宗门外与守军激战。兵败后，林清被捕。此审讯供单记录了起事经过、参与人数及接应太监姓名等细节。

《紫禁城内防卫兵丁数目图》

清中后期

1736—1911年

横 59.5 厘米 纵 52.5 厘米

| 纸本 |

宫禁宿卫是以保护皇帝为核心的警卫制度，是古代封建王朝保护皇权的重要制度，一般由皇帝亲信卫队负责，职责重大。清代定制，紫禁城内由上三旗侍卫、亲军、前锋、护军及上三旗包衣骁骑、护军营等轮班宿卫。

此图为紫禁城后宫区域防卫兵丁位置、数目布防图。区域内共有兵丁约70名，分官、长、兵三级，把守宫内要道各门，其中带队官员驻守于乾清宫西南的月华门。

九月十九日

林清供我先前入教原希圖歛錢後來因我會
說話衆人推我掌卦又後來出了卦就總領了八
卦卯滑縣的李文成除坎卦外七卦俱是他領
的七卦內有事李文成須來報我我又見攏的
人多就起意謀逆我們推算天書弥勒佛有青
羊紅羊白羊三教此時白羊教應興衆人說我
是太白金星下降又說我該做天王有衛輝的
馮克善該做地王李文成該做人王將來事成
之後天下是人王的天王地王就同孔聖人張
天師一般天書上又說八月中秋中秋八月黄
花滿地開放我們想今年該閏八月這九月十五
正是第二個中秋合該應運所以與李文成約
定在九月十五日起事彼此聚會我預先布置
叫陳爽陳文魁帶了一百來人分路先進
紫禁城原想這邊得了手我就同河南來的一股
起
回鑾之時迎上前途鬧事不想李文成一路不到我也沒法了至我附近
一帶從教的原只二百來家我已挑了一百多人進京剩下的老弱婦女
不能濟事所以陳爽等之外實無多餘的人豈
能再派人在城中藏伏呢這八卦的人每卦多
少不等震離兩卦人數最多滑縣頭目于克俊
磁州頭目趙得一長垣頭目賈士元羅文志衛
輝頭目就是馮克善手下人各有幾百名這都
是震卦道口鎮頭目王休志手下人有一二千
名曹縣頭目許安幗德州頭目宋躍潅金鄉頭
目崔士俊手下人各有幾百名這都是離卦此
二卦頭目我都熟悉的又巽卦頭目楊遇三在
順德府乾卦頭目華姓在宣化府艮卦頭目王
道潅在歸化城坤卦頭目魏正中石安度兑卦
頭目王忠順在潼關這五卦頭目我都不熟記
憶不清這都是李文成向我告知的至於傳教
的時候喫茶喫藥這都是我手下的人轉相接
引添出來的事我實不知道十五日起事之時
同謀的太監實祗劉得財劉金高廣幅張太

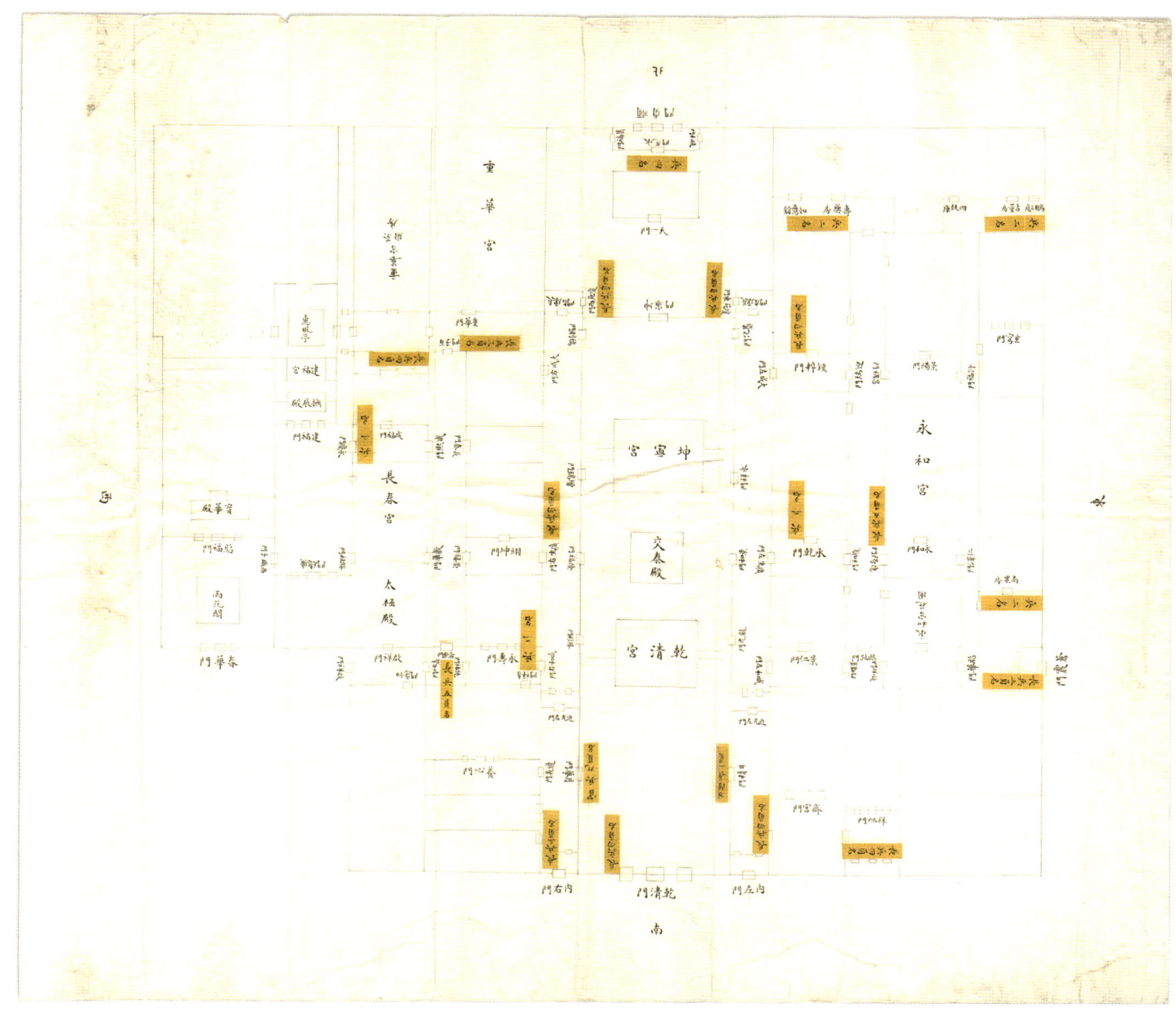

嶼仔尾
此係嶼仔尾擊壞夷船之處
鼓浪嶼
此係風神廟逆夷搶上口岸之處
此係文汛口逆夷搶上口岸之處
此係石壁擊沉夷船之處
文汛口
軍功厰
此係十三路頭逆夷搶上口岸之處
此係鼓浪嶼砲臺擊沉火輪船兵船之處
虎頭山
水操臺
海防同知署
鎮南關
道署
提署
篔簹港
何厝
五通
高崎
潯尾
通同安縣港
澳頭汛
北
鎦五店

STRUGGLE AND QUEST

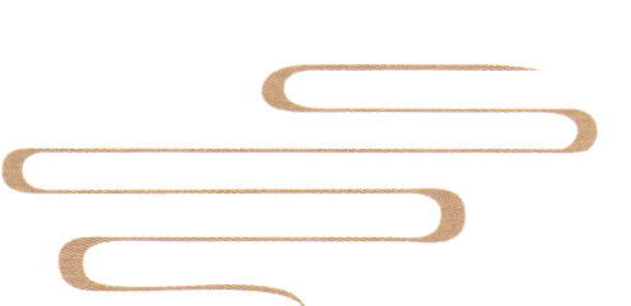

道光二十年（1840 年），鸦片战争爆发，中国战败，被迫打开国门。古老中国被裹挟着进入近代世界秩序。列强步步紧逼，蚕食鲸吞，清廷奴颜婢膝，丧权辱国。山河破碎，国土沦丧，中华民族遭受了前所未有的苦难。中国人民没有屈服，而是挺起脊梁，奋起抗争，以百折不挠的精神进行了一场场气壮山河的斗争，谱写了一曲可歌可泣的史诗。

When the Opium War broke out in 1840, China was defeated and forced to open up. The ancient country of China was forced to enter the modern world order. The great powers pressed on and encroached upon its territory, and the Qing court slavishly fawned upon foreign imperialists and humiliated the country. The country was broken and ruined, and the Chinese nation experienced unprecedented suffering. The Chinese people did not give in. Instead, they stood up to fight. With an indomitable spirit, they fought one magnificent struggle after another, leading to a memorable chapter in Chinese history.

第一单元

内忧外患

Troubles External and Internal

十九世纪初，英国为弥补对华贸易逆差，向中国大肆走私鸦片。道光十九年（一八三九年），林则徐在广东虎门集中销毁鸦片，英国以此为由发动侵略战争。战败后的中国逐步成为半殖民地半封建社会，人民生活困苦，遭受着清王朝与西方列强的双重压迫，一大批仁人志士走上了救亡图存的抗争之路。

鸿胪寺卿黄爵滋奏折

请禁鸦片严塞漏卮以培国本

清道光十八年闰四月初十日

1838 年 6 月 2 日

横 241.8 厘米　纵 21.5 厘米

| 纸本 |

黄爵滋在奏折中痛陈鸦片为患，银价上昂等弊端，请道光帝禁烟，对吸食者处以重刑。道光帝将黄爵滋奏折交给各将军、督抚议奏，命“各抒己见，妥议章程”。

湖广总督林则徐奏折

遵旨筹议禁烟章程

清道光十八年五月十九日

1838 年 7 月 10 日

横 274.4 厘米　纵 21.8 厘米

| 纸本 |

林则徐一贯主张严厉禁烟，严查进口，严惩走私贩运奸商。此折为遵旨会议黄爵滋奏议，折中林则徐表示支持严办吸食者，并提出禁烟六条措施。

黃爵滋摺　請嚴塞漏卮由

閏四月初十日

奏

旨

鴻臚寺卿臣黃爵滋跪

奏為請嚴塞漏卮以培
國本事臣惟
皇上宵衣旰食所以為天下萬世計者至勤且切而
國用未充民生罕裕情勢積漸一歲非一歲之比
其故何哉考諸
純廟之世籌邊之需幾何
巡幸之費幾何修造之用又幾何而上下充盈號稱極
富至嘉慶以來猶徵豐裕士夫之家以及巨商
大賈奢靡成習較之目前不啻霄壤豈愈奢則
愈豐愈儉則愈嗇耶臣竊見近來銀價遞增每
銀一兩易制錢一千六百有零非耗銀於內地
實漏銀於外夷也蓋自鴉片流入中國我
仁宗睿皇帝知其必有害也故誥誡諄諄例有明禁然
當時臣工亦不料其流毒至於此極使早知其
若此必有嚴刑重法遏於將萌查例載凡夷船
到廣必先取具洋商保結保其必無夾帶鴉片
然後准其入口爾時雖有保結視為具文夾帶
斷不能免故道光三年以前每歲漏銀數百萬
兩其初不過紈袴子弟習為浮靡尚知斂戢嗣
後上自官府縉紳下至工商優吏以及婦女僧
尼道士隨在吸食置買煙具為市日中
盛京等處為我
朝根本重地近亦漸染成風外洋來煙漸多另有
躉船載煙不進虎門海口停泊零丁洋中之老
萬山大嶼山等處粵省奸商勾通巡海兵弁用
扒龍快蟹等船運銀出洋運煙入口故自道光
三年至十一年歲漏銀一千七八百萬兩自十
一年至十四年歲漏銀二千餘萬兩自十四年
至今漸漏至三千萬兩之多此外福建江浙山

林則徐

奏

旨

湖廣總督臣林則徐跪
奏為遵
旨籌議章程恭摺覆
奏仰祈
聖鑒事本年五月初一日准兵部火票遞到刑部咨開道光十
八年閏四月初十日奉
上諭黃爵滋奏請嚴塞漏卮以培國本一摺著盛京
吉林黑龍江將軍直省各督撫各抒所見妥議章程
迅速具奏欽此臣查原奏內稱近來銀價
遞增每銀一兩易制錢一千六百有零非耗銀於
內地實漏銀於外洋蓋自鴉片烟流入中國其初
不過紈袴子弟習為浮靡繼而上自官府
縉紳下至工商優隸以及婦女僧尼道士隨在
吸食廣東每年漏銀至三千餘萬兩合之各
省又數千萬兩耗銀之多由於販烟之盛販烟
之盛由於食烟之眾苟欲加重罪名必先重治
吸食請
皇上嚴降諭旨自今年某月日起至明年某月日止
准給一年限期戒烟一年以後仍然吸食是不奉
法之亂民罪以死論其語自係因鴉片流毒於
中國紋銀暗耗於外洋凡在臣工誰不切齒
是以歷年條奏不啻發言盈廷而獨於吸食之
人未有議用大辟者一則以
大清律例早有明條近復加嚴犯者由杖

英舰侵入厦门鼓浪屿停泊图

清道光二十一年十一月二十二日

1842 年 1 月 3 日

横 85.5 厘米　纵 46.5 厘米

| 纸本 |

第一次鸦片战争期间，英军进攻厦门并占据鼓浪屿。不久，北上浙江，只留下数艘兵船停泊鼓浪屿洋面。道光帝派遣侍郎端华赴福建了解情况。这是端华所上奏折的附图。

此图标注7艘英军军舰停泊及双方既往交战情形。以黄签标注地名及交战中重要事件发生地点，其中3处标写为清军曾击沉英兵船、火轮船。但据英军记录，本次厦门之战中并无船只损毁。

广州将军穆克德讷等奏折

英法联军攻入广州掳去总督叶名琛

清咸丰七年十一月二十三日

1858 年 1 月 7 日

横 150 厘米　纵 21 厘米

| 纸本 |

咸丰六年（1856 年），英法两国以亚罗号、马神甫事件为由，挑起第二次鸦片战争。此折为穆克德讷奏报英法联军攻破广州，掳走两广总督叶名琛详请。此后，英法联军北犯天津，清政府被迫签订《天津条约》。

三日礮聲四起督臣始調各鄉團練未能齊集
至十四日辰刻城內觀音山北門內外各礮臺
遽為該夷所踞奴才等即傳伍崇曜會同各紳前
往夷船詢其所請該夷語多驕慢聲稱奴才等均
非辦理此事之人此番舉動因督臣拒之太甚
不得已而為之事既至此秖可前赴天津求
大皇帝另派曉事
欽差大臣妥為辦理省城亦不久踞等語伍崇曜
各紳等往來其間該夷堅執前說忽於二十一
日該夷突至奴才雙禧衙門將督臣拉赴夷船奴才
等不勝焦急遂令伍崇曜各紳等前往看視該
夷竟不許見傳語必不加害又將奴才穆克德訥
奴才柏貴請至觀音山但云彈壓城內外軍民別
無一詞奴才等再四思維該夷城內斷難久踞惟
觀音山所存各處十萬餘火藥為其所焚人心
惶惶自以安民為要且從古撫夷不外羈縻仍
令伍崇曜各紳等前往開導能否該夷不來天
津辦有大略再為馳
奏惟有仰懇
聖恩迅賜簡放
欽差大臣來粵以柔遠人而定民心奴才等夷務雖
非專職而勤理無方疎於防禦均有應得之咎
相應請
旨飭部將奴才等嚴加治罪不勝惶悚待
命之至所有夷人突入省城及辦理未協實在各緣
由謹合詞恭摺具
奏伏乞
皇上聖鑒訓示謹
奏
覽奏實深詫異另有旨
咸豐七年十一月　二十三　日

局部

無一詞䝨等再四思維該夷城內斷難久踞惟
觀音山所存各處十萬餘火藥為其所焚人心
惶惶自以安民為要且從古撫夷不外羈縻仍
令伍崇曜各紳等前往開導能否該夷不來天
津辦有大略再為馳
奏惟有仰懇
聖恩迅賜簡放
欽差大臣來粵以柔遠人而定民心䝨等夷務雖
非專職而勸理無方疎於防禦均有應得之咎
相應請
旨飭部將䝨等嚴加治罪不勝惶悚待
命之至所有夷人突入省城及辦理未協實在各緣
由謹合詞恭摺具
奏伏乞
皇上聖鑒訓示謹
奏

覽奏實深詫異另有旨

奏

䝨穆克德訥柏貴雙齡恆祺臣江國霖臣周起濱跪
奏為馭夷僨事兵力單薄致夷人乘機入城由驛
恭摺請
旨嚴議仰祈
聖鑒事竊䝨柏貴上年展覲
天顏面承
訓諭飭令旋粵幫辦夷務祇聆之餘倍深兢惕本年
六月間回任曾於謝
恩摺內附述爾時夷務大概情形迨後細加體察上
年嘆咭唎夷人購礮督臣葉名琛調集兵勇堅
忍相拒並停止各國貿易雖當時沿河民房礮
臺率被焚毀不無驚擾然嘆夷所失亦多相持
許久卒將兵船退出省河各國夷人尚皆不敢
輕視遷延半載餘雖照會不通亦未蠢動䝨與
督臣商酌如該夷呈送照會自可因勢利導藉
資綏輯本年十月內有咪唎㗎夷酋照會督臣
請與見面恭投國書督臣覆以前此接見夷人
率在舊洋商伍怡和之仁信棧房今此屋已於
去年為嘆夷所焚雖有願見之心並無可見之
地未經允許當時督臣並未知會䝨於事後始
行聞知竊深詫異遂往見督臣詢以前事據云
如見咪夷而嘆夷乘時來擾成何事體且嘆夷
禁阻咪夷不准進口如何能見䝨謂咪夷既不
敢公然犯順轉來請見安知非為嘆夷調停縱
不親見亦可委員前往督臣答以彼未請員殊
可不必不出一月總可了事䝨與督臣共事有
年知其辦事慎祕所言如此自必確有把握且
接見司道各官力言可保無事遂致衆皆緘口
䝨亦以端倪未露不能固爭不意冬月初一日
各夷船數十隻駛進省河督臣傳諭該夷如無
動靜兵勇毋許挑釁相持數日該夷遂於初九

总管内务府大臣明善奏折

圆明园被劫掠情形

清咸丰十年十月初四日

1860年11月16日
横190厘米 纵21.5厘米
| 纸本 |

英法联军攻入北京前，咸丰帝出逃避暑山庄。联军闯入圆明园后，大肆劫掠并放火焚毁。此后亦有土匪窜入，趁火打劫。此为明善奏报奉命清查园内建筑和财物被劫掠情况的奏折。

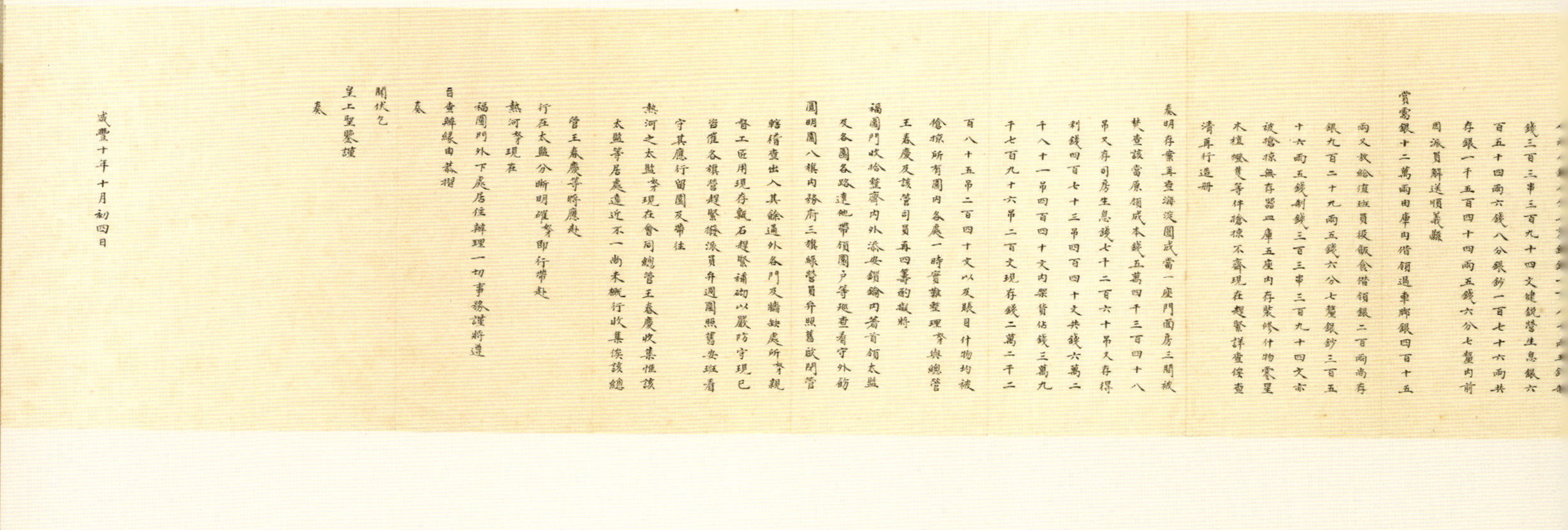

錢三百三串三百九十四文建銳營生息銀六
百五十四兩六錢八分銀鈔一百七十六兩共
存銀一千五百四十四兩五錢六分七釐內前
周派員解送順義縣
賞需銀十二萬兩由庫內借領過車腳銀四百十五
兩又放給值班員役飯食借領銀二百兩尚存
銀九百二十九兩五錢六分七釐銀鈔三百五
十六兩五錢制錢三百三串三百九十四文亦
被搶掠無存器皿庫五座內存裝修什物零星
木植爐是等件搶掠不齊現在趕緊詳查俟查
清再行造冊
奏明存案再查海淀圓成當一座門面房三間被
焚查該當原領成本錢五萬四千三百四十八
吊又存司房生息錢七千二百六十吊又存得
利錢四百七十三吊四百四十文共錢六萬二
千八十一吊四百四十文內架貨估錢三萬九
千七百九十六吊二百文現存錢二萬二千二
百八十五吊二百四十文以及賬目什物均被
搶掠所有園內各處一時實難整理奴才與總管
王春慶及該管司員再四籌酌擬將
福園門收拾整齊內外添安鎖鑰內著首領太監
及各園各路遠他帶領園戶等巡查看守外飭
圓明園八旗內務府三旗綠營員弁照舊啟閉管
轄稽查出入其餘通外各門及牆缺處所奴才親
督工匠用現存瓴石趕緊補砌以嚴防守現已
咨催各旗營趕緊撥派員弁週圍照舊安班看
守其應行留園及帶往
熱河之太監奴才現在會同總管王春慶收集惟該
太監等居處遠近不一尚未概行收集俟該總
管王春慶等將應赴
行在太監分斷明確奴才即行帶赴
熱河奴才現在
福園門外下處居住辦理一切事務謹將遵
旨查辦緣由恭摺
奏
聞伏乞
皇上聖鑒謹
奏
咸豐十年十月初四日

奏明存案再查海淀圓成當一座門面房三間被
焚查該當原領成本錢五萬四千三百四十八
吊又存司房生息錢七千二百六十吊又存得
利錢四百七十三吊四百四十文共錢六萬二
千八十一吊四百四十文內架貨估錢三萬九
千七百九十六吊二百文現存錢二萬二千二
百八十五吊二百四十文以及賬目什物均被
搶掠所有園內各處一時實難整理奴才與總管
王春慶及該管司員再四籌酌擬將
福園門收拾整齊內外添安鎖鑰內著首領太監
及各園各路達他帶領園戶等巡查看守外飭
圓明園八旗內務府三旗綠營員弁照舊啟閉管
轄稽查出入其餘通外各門及牆缺處所奴才親
督工匠用現存瓴石趕緊補砌以嚴防守現已
咨催各旗營趕緊撥派員弁週圍照舊安班看
守其應行留園及帶往

三品頂戴總管內務府大臣奴才明善跪
奏
奏為遵
旨查得
圓明園內外被搶被焚情形恭摺奏
聞仰祈
聖鑒事竊奴才正在查辦間於九月二十五日恭接九
月十八日奉
硃筆著總理行營王大臣傳諭明善令伊在園經理
一切並會同王春慶等收集衆太監妥為安置應
赴行在者赴行在並將兩次被搶被焚情形詳細
察訪具奏若尚有辦理之件即令明善在園庭附
近地方居住若無事可辦即馳赴熱河將應赴行
在之太監帶來欽此奴才遵即會同總管王春慶並
奉領
圓明園郎中景綬慶連員外部錫奎六品苑丞廣淳
並各園各路達他等前往
三園內逐座詳查九洲清晏各殿長春仙館上下
天光山高水長同樂園大東門均於八月二十
三日焚燒至
三園內正大光明殿等座於九月初五初六日焚
燒玉玲瓏館於十一日焚燒初次夷人進園焚
燒尚無土匪自二十三日以後時有土匪進園
後經被獲正法畧見稍息其蓬島瑤臺慎修思
永雙鶴齋等座及廟宇亭座宮門值房等處雖
房座尚存而殿內陳設鋪墊桌椅床張均
被搶掠其宮門兩邊罩子門及大北門西北門
藻園門西南門福園門綺春園宮門運料門長
春園宮門等處雖未焚燒而門扇多有不齊查
所有園內各座陳設木器及內庫金銀紬緞等
項冊籍向係司房內殿等處管收亦均被搶被
焚無從清查現在所存殿座房間亭座廟宇宮
門船隻除由總管王春慶繕具清單特赴
熱河恭呈
御覽外其大宮門大東門及大宮門外東西朝房六
部朝房內果房鑾儀衛值房內務府值班房
恩慕寺
恩佑寺清溪書屋關武樓木廠徵粗房澄懷園內
近光樓六間值房八間上駟院武備院值房等
處均被焚燒檔案房前後堂漢檔房等處被焚
滿檔房樣式房等處尚存數間亦被搶掠僅將
印信護出無失庫房六座被搶四座焚燒二座
查銀庫現存正項銀一百六兩六錢二分一釐
銀鈔二萬九千三百二十五兩當百當五十大
錢五百六十三串五十文奴才率同官員達他等

洪秀全诏书

谕薛之元镇守天浦省

清咸丰八年

1858 年

横 80 厘米　纵 48 厘米

| 纸本 |

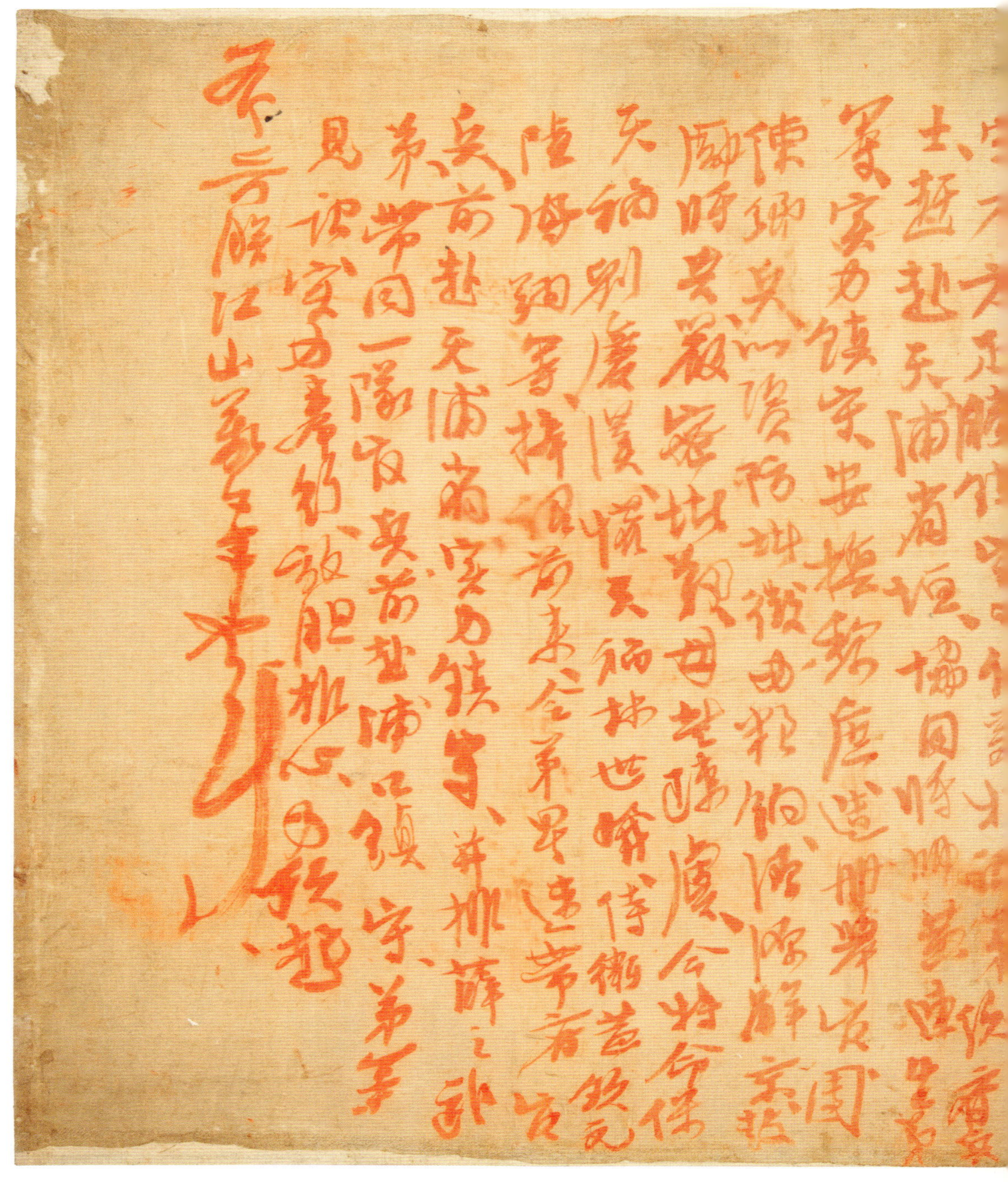

洪秀全（1814—1864 年），广东花县（今广东广州）人。他借用基督教概念，创立拜上帝教，于道光三十年十二月（1851 年 1 月）发动太平天国起义。咸丰三年占领江宁（今南京），定为都城。太平军二破清军江北大营后，设置天浦省（今南京江浦一带）。洪秀全封原捻军将领薛之元为“答天豫”，诏令其镇守天浦省。此件档案是目前所见唯一存世的洪秀全亲笔诏书。

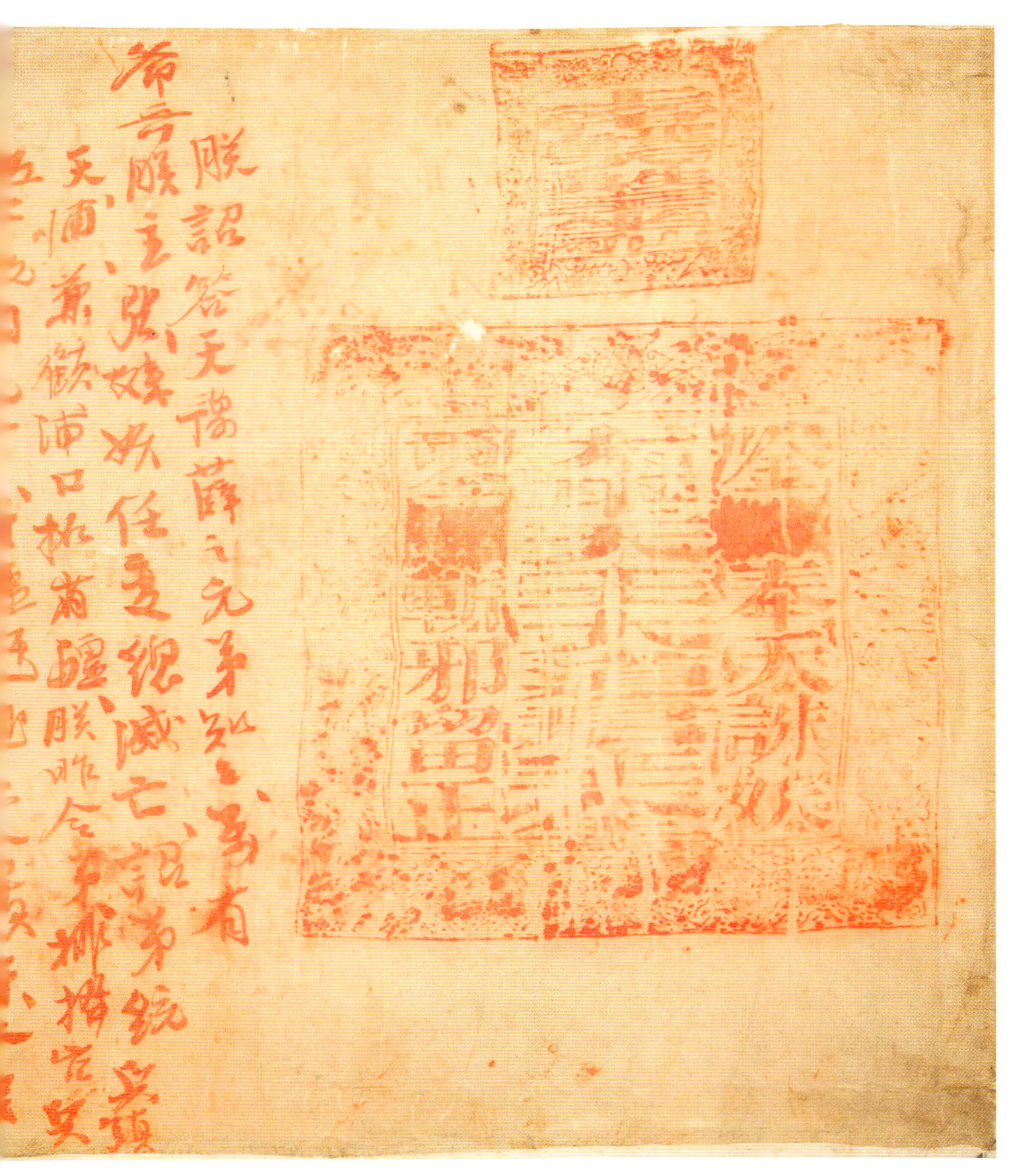

大清宝钞图样

清咸丰朝

1851—1861 年

横 28.2 厘米　纵 35.3 厘米

| 纸本 |

咸丰三年（1853 年），太平天国席卷南方，清廷军费大增。清政府开始发行以银两为单位的户部官票和以铜钱为单位的大清宝钞。宝钞由于管制混乱，伪造严重，迅速贬值，至同治元年（1862 年）停止使用。此为内府所藏宝钞印制图样。

署理直隶总督谭廷襄奏折 推行大钱钞票章程并设局铸钱

清咸丰七年闰五月十四日

1857 年 7 月 5 日

横 270 厘米　纵 22 厘米

| 纸本 |

咸丰初年，太平天国起义后占据了清政府重要的财赋来源地——江南，又因铸铜钱所需的滇铜难以运达，加之军事镇压的需要，导致清政府财政压力巨大，被迫进行货币改革，发行铁钱、大钱（当十铜钱），以填补亏空。谭廷襄此折即为依令筹议大钱钞票的章程。此法施行不久，便因弊病过多而被废止。

以上各條是否有當理合恭摺具
奏伏乞
皇上聖鑒
訓示遵行謹
奏
原議王大臣速議具奏
咸豐七年閏五月　十四　日

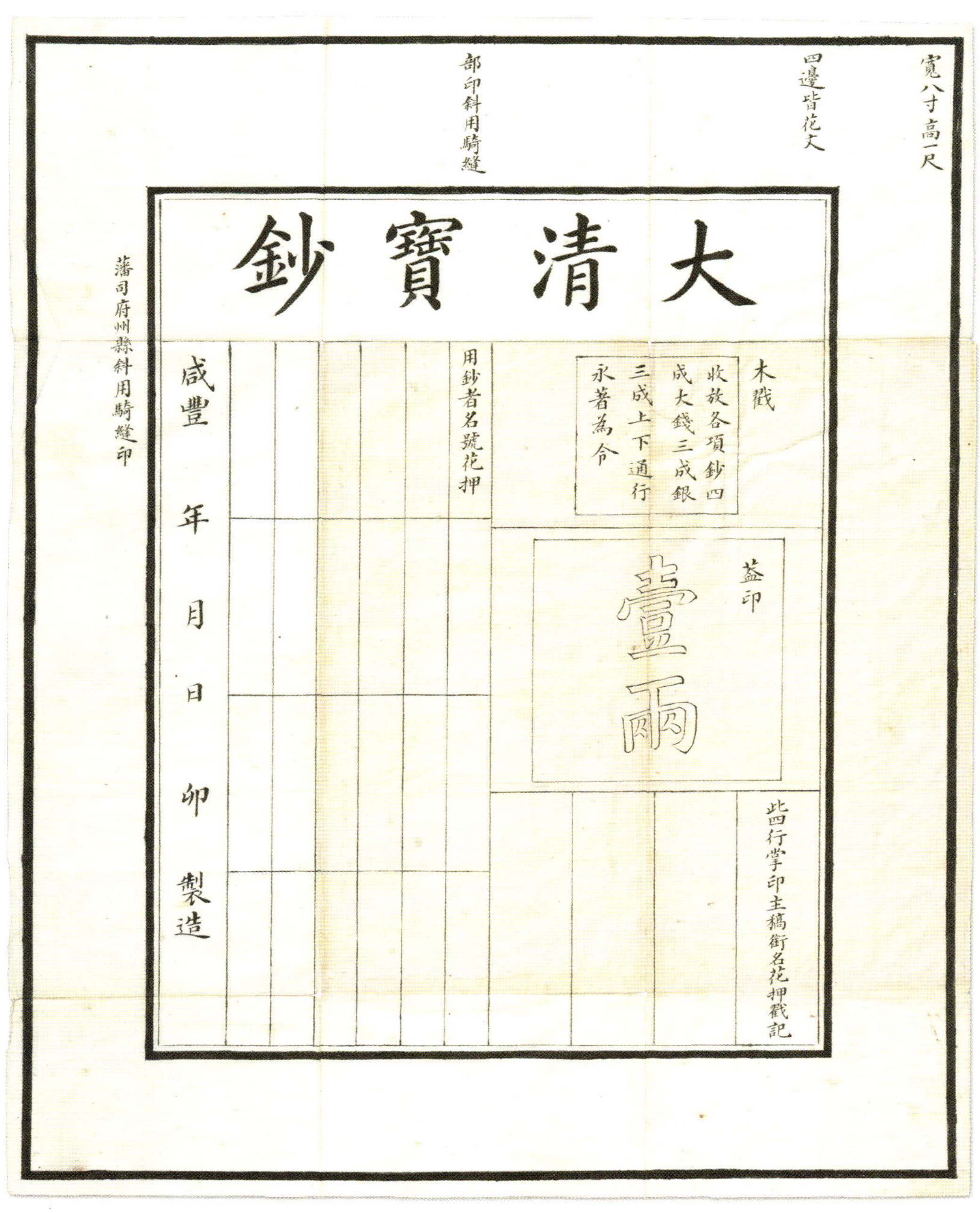

奏

奏為籌議推行大錢鈔票章程並於天津正定大
名三府先行設局試鑄當一鐵錢當十銅錢以
利民用恭摺具
奏仰祈
聖鑒事竊臣遵
旨會同
御前大臣軍機大臣議奏疏通大錢及鐵制錢辦法
一摺聲明在於天津正定大名等府設局添鑄
當一鐵錢當十銅錢以便行用並自本年下忙
為始直隸徵收錢糧悉照銀七票三之案辦理
其大錢三成即納在鈔票三成之內交票交錢
悉聽其便仍於各府設立鈔局准以鈔票與大
錢互相易換再以大錢分發各行店按二八搭
配行使庶鈔票與大錢互相通融以資補救奉
旨依議欽此當經飭司移行各屬一體遵照茲臣督
同藩司錢炘和將應辦事宜照依原奏分別籌
議伏查理財以利民用必權其盈虛隨時酌量
變通然後有利而無弊今因銀不恆足而以鈔
輔之鈔不虛行而以錢實之欲行鈔必先鑄錢
欲行錢尤貴重鈔務使錢可濟鈔鈔可濟銀鈔
即是錢錢亦是銀於
國用民生方有裨益謹再悉心籌議分列條款敬
為我
皇上陳之
一直隸各州縣應設分局以通鈔票也查官票
寶鈔推行日久皆在城市商賈匯集之處大抵
以販貨交捐為出路價值率多折減至民閒則
因無錢可取不肯收存且外省寶鈔少而官票
多皆係一兩至數十兩整數不能分拆欲令以
現錢購買究糧勢必不能因而奸猾之徒包攬
抵換弊端百出訟牘繁興而各營兵丁所得一
半鈔票無可銷售益形苦累遂不得已令各州
縣收買各營鈔票通融易解兵丁稍資貼補不
過十分之一二未能徧及設令鈔票日久壅滯
較之大錢尤難經理伏思鈔票必須有本方可
通暢今各州縣三成鈔票多係以實錢四千抵
收擬請即以此項作本令每州每縣皆於公所
自設分局於徵收錢糧時遵照原奏將大錢納
於三成鈔票之中與銅鐵制錢一律二八搭收
內以二成開發本地就近各營確有發單印據
鈔票以一成留給民閒完納鈔票如完納不能
及數仍准以二八錢抵交儘數報司撥用統計
兵餉鈔票五成內有二成當時即准取錢三成
仍歸省城掣字取錢鈔票必然實貴鈔票內均
有二成大錢搭入由兵丁推行於市肆無患其
不逐漸旁通至司庫所放抵餉鈔票本有大錢
二成可取毋庸另議此外所放雜項內五成鈔
票應酌量款目再搭給一成大錢許州縣轉發
行店以備民閒二八搭用其州縣解司雜項亦
准於鈔票三成內搭解大錢十分之二鈔票大
錢循環兼用上下出入均平自可不致壅滯所
有小民完糧三成錢文應由局照串票之式發
給用印小票註明錢數同七成實銀一併投匱
於截數時併計錢數將分局所換營票實總具
批連小票一併解司分別存銷庶抵換之弊源
可清而鈔票大錢一律行使非特兵丁生計有
益鈔票之本亦無須另籌矣
一官票價值應照銀價長落以歸畫一也查每
票一兩原定部價係作京錢四千文外加六分
補平第直隸現時各處銀價參差不齊每兩京

《清军进攻独流镇战图》

［清咸丰四年］

1854 年

横 297.4 厘米　纵 136.6 厘米

| 纸本 |

咸丰三年（1853年），太平天国以林凤祥、李开芳为统帅，誓师北伐，并于当年九月占领静海县（今天津市静海区）独流镇，逼近京城。清军将领胜保等部围攻独流镇，太平军顽强抗击，于咸丰四年二月突围，清军在天津一带剿灭太平军的企图没有得逞。

此图表现的是咸丰四年（1854年）清军围攻太平天国北伐军的战斗场景。

两江总督曾国藩奏折

呈报李秀成原供

清同治三年十二月十三日

1865 年 1 月 10 日

横 230 厘米 纵 21.5 厘米

| 纸本 |

李秀成，太平天国后期著名将领，曾组织东征江南，击毙洋枪队指挥华尔。天京陷落后，李秀成被俘，供述长达数万字的太平天国情况。

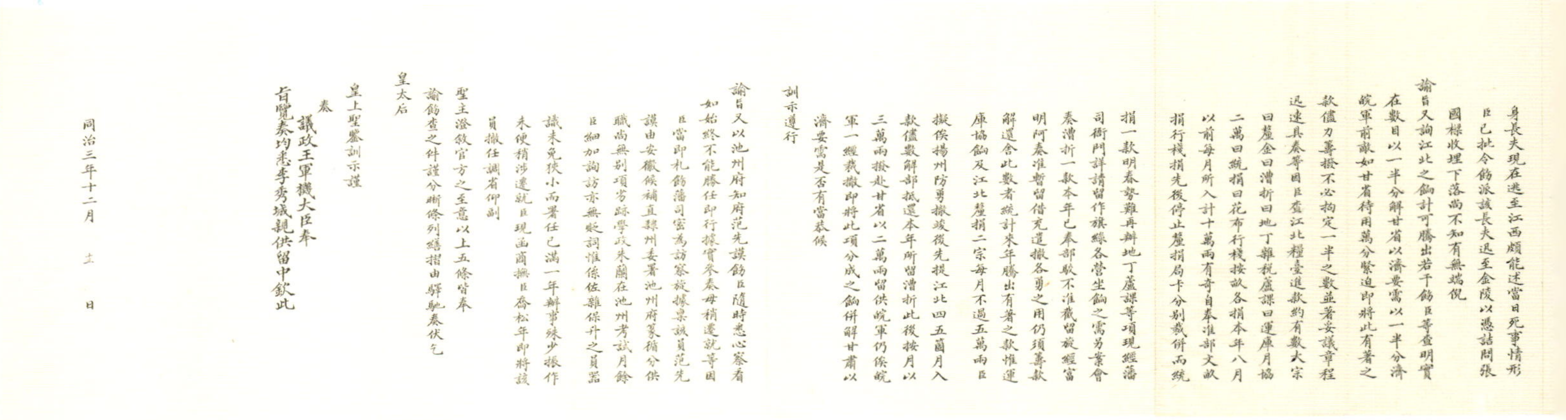

李秀成十要十误供单

清同治三年十二月十三日

1865 年 1 月 10 日

横 110 厘米 纵 21 厘米

| 纸本 |

太平军将领、忠王李秀成被清军抓捕后，曾国藩将审讯李秀成口供奏呈清廷，但将其中“支词妄语”一律删除。宫中谕令应将所删部分详细抄录咨送军机处。曾国藩遵旨将删除的口供部分补抄进呈。

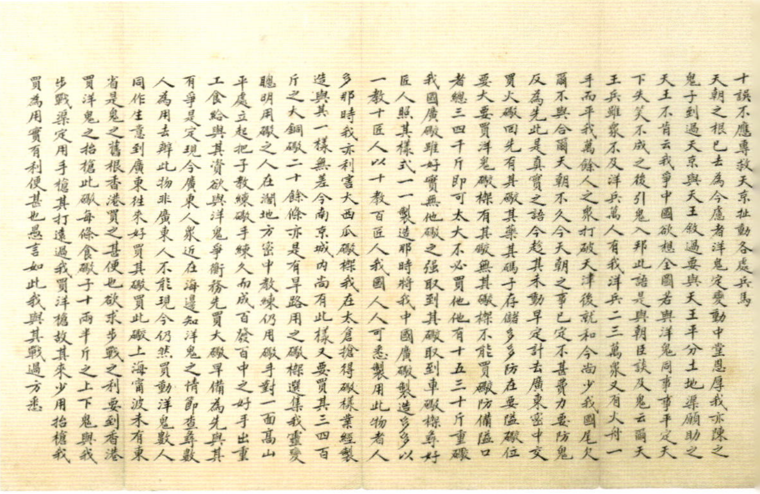

奏

奏為欽奉疊次
諭旨恭摺覆陳仰祈
聖鑒事竊自本年春夏以來江皖兵事尚亟凡先後
寄諭事件有關調度攻戰者業經隨時詳奏馳慰
宸廑厥後金陵克復百緒繁興計秋冬奉
旨垂詢之事未及具覆者尚有數端謹分條為
皇上敬陳其略伏讀
諭旨飭派曾國荃前往明太祖孝陵致祭其有應行
修葺之處飭臣一面查明情形迅速奏聞一面督
飭地方官酌量興修等因查孝陵衛在江甯省城
東北為昔年向榮等駐軍之所十年兵燹不特
饗殿全毀即圍牆碑亭亦已蕩然無存仰荷
聖慈優禮勝朝遣官致祭遵即移會曾國荃於九月
二十日按照會典謹備祭品前往行禮臣亦嘗
往展謁一次察看明陵毀傷過甚修理維艱旋
委善後局司道勘估工程據稟匠人不甚諳練
約略估計需銀在十二萬兩以外金陵應修之
工極多且鉅六月十六日破城時地道缺口及
南門城樓甫經修竣頃又於十二月初七日挑
浚秦淮河此三處皆用營中勇夫分段賦工然
需費已二萬有奇此外城脚地道二十餘處明
春有頹坍之虞目下無此鉅款興修即明陵要
工亦尚無款可撥不能不稍緩數月再行籌辦
諭旨有云曾國藩咨送李秀城供詞一本昨議政王
軍機大臣呈進均已覽悉末段所載該逆冤轉求
生乞貸一命請招降江西湖北各賊言招降事宜
有十要洪逆有十誤均歸刪節飭將原供仍詳細
抄錄咨送軍機處等因查李秀城原供擬拾數萬
言雖多可信之處而自誇戰功與各路軍報不
甚符合其中反覆重沓獻諛乞憐無非圖延旦
夕之一命臣竊謂該逆斷無赦理江西湖北各
賊股亦斷無憑該逆人書全數就撫之理是以
將其支詞妄語概行刪節既奉
諭旨查詢茲將其十要十誤及其他語補抄進
呈以備考核
諭旨又因李秀城供詞內稱張國樑遺骸係伊用棺
木收埋在丹陽寶塔根下飭臣傳知曾國荃派員
尋覓即飭該故員家屬認領改葬等因遵經恭錄
轉移曾國荃派員往查日久無獲臣又續派副
將朱士達守備施占琦前往丹陽東門外附近
寶塔之皖江會館三義閣一帶徧詢該處居民

補抄李秀城親供

李秀城供十要十誤等語
一要准恩赦兩廣之人勿殺給票令回或散作生意肯散兩
廣之人天下聞知無有不服其欲願投入軍者不必用他各
省縣之兵亦要散去如行此舉大幸民安免勞
大
清財貨免勞將相之心
二欲恩行此舉要中堂發一二人同我差使前去若我京城
貴營拿有我京城之人准我保數位代我帶民前往先收我
兒子為先
三要收我堂弟李世賢為首李世賢之母親及其家眷概被
蘇州李撫營溧陽將兵帶去業寬養重待欲收我弟求中堂
行文取其母到皖省我行文前去可速成功其事母至孝今
我被擒辦此甚易其母不到我文前去遲些日期亦可成事
四要將聽王陳炳文收復陳炳文與我至愛兩好作為親親
我今被擒在此我文至渠定肯從所以肯從此事者因我在
此各有去路定而成也陳炳文從汪海洋亦至我家弟從朱
興隆陸順德從之定也若不收復此人雖中堂兵欲爭能平
此等實是費力費財渠等在外路瀾爾兵到此渠又他去擾
亂於民被圍嚴緊尚有計他逃豈在曠野而無別計者乎欲
代收此等人者亦差使往
五查幼主果能到處再有別樣善謀又再計較此人必不能
有了
六要中堂肯行此舉必高玉堂趙金龍為用其去必成
七要求中堂發一諭與我押帶我文並往有文去不用信令
用印者到我營中其衆將更不信他定疑中堂自造誘他我
親書字到我營將個個皆知更為穩便我在天朝時用文蓋
印者無我親書密號其將不從收復我弟我子及我姪我將
之後又收黃文金總教回鄉其事定成我落這邊我部轄定
概從之我部從順處處皆從矣
八要求中堂今將南京城內不計是王是將不計何處之人
求停刀勿殺赦其死罪給票給資放其他行普其傳出於外
人人悉中堂中丞寬恩赦他其心免結團事速成
九要收復天朝各將免亂天下者務要善心撫恤有中堂如
此仁愛收復又有罪將幫酬為引不計其何將不計有罪以
義用收復天朝將兵後稔匪作亂舉手而平在安省南北便
易
十要勞老中堂如行者求行出示各省遠近三十縣鄉村言
金陵如此如此今各衆不計何人俱赦仍舊為民此是首要
用仁愛為刀而平定天下不可以殺為威殺之不盡仁義而
服世間罪將本無才智被獲罪孤何此事矣老中堂深恩量
大出我一片愚及愚誠昨夜承老中堂調至駕前訊問承恩
惠示真報無由罪將一身屈錯來逢明良今見老中堂恩廣
罪將定要先行靖一方報酧昨夜深恩厚情死而足願歡樂
歸陰
計開天朝之失誤有十
一誤國之首東王令李開芳林鳳翔掃北敗亡之大誤
二誤因李開芳林鳳翔掃北兵敗後調丞相曾立昌陳仕保
許十八去救到臨清州之敗
三誤因曾立昌等由臨清州敗回未能救李開芳林鳳翔封
燕王秦日昌復帶兵去救兵到舒城楊家店敗回
四誤不應發林紹璋出湘潭此林紹璋在湘潭全軍敗盡
五誤因東王北王兩家相殺此是大誤

太平天国各地花户纳粮串票

太平天国七年（清咸丰七年）

1857 年

横 12.4 厘米　纵 23.3 厘米

| 纸本 |

花户是旧时对户口的一种称呼。串票，是田赋征收的凭证文书，最早出现在明代，又称连票。据《大清会典》记载，顺治年间采用二连截票之法，康熙年间颁行三联银票之法，“一存州县，一付差役应比，一付花户执照……照数填写”。太平天国运动兴起后，亦效仿使用串票，作为辖区内农户缴纳钱粮的收据。

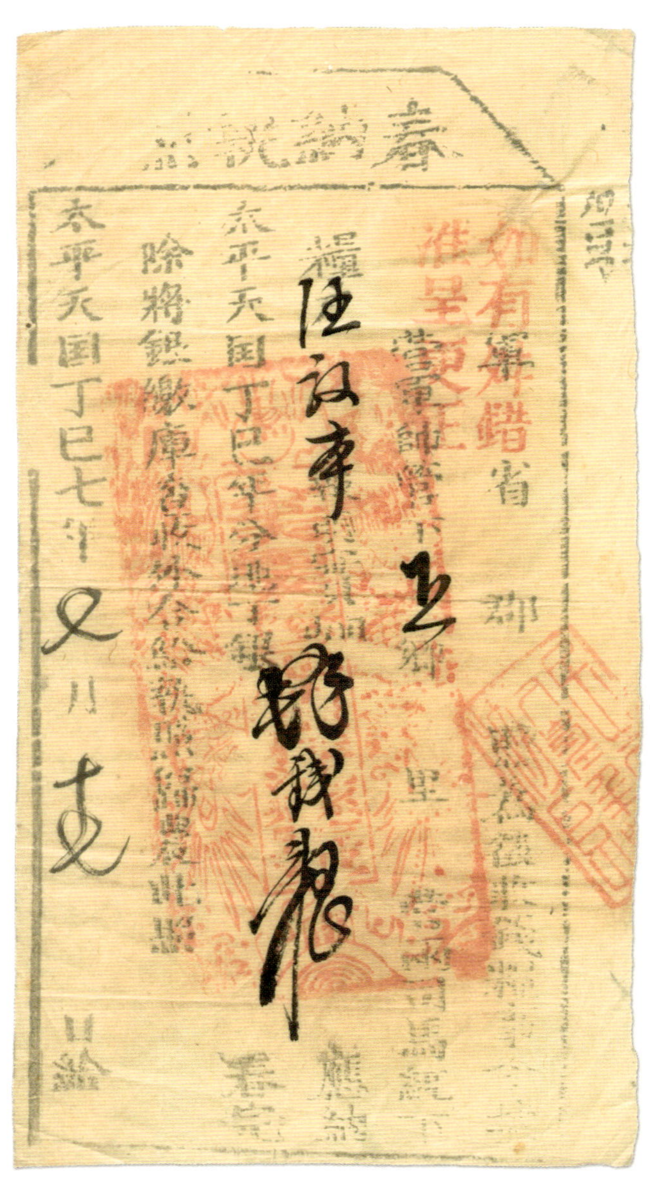

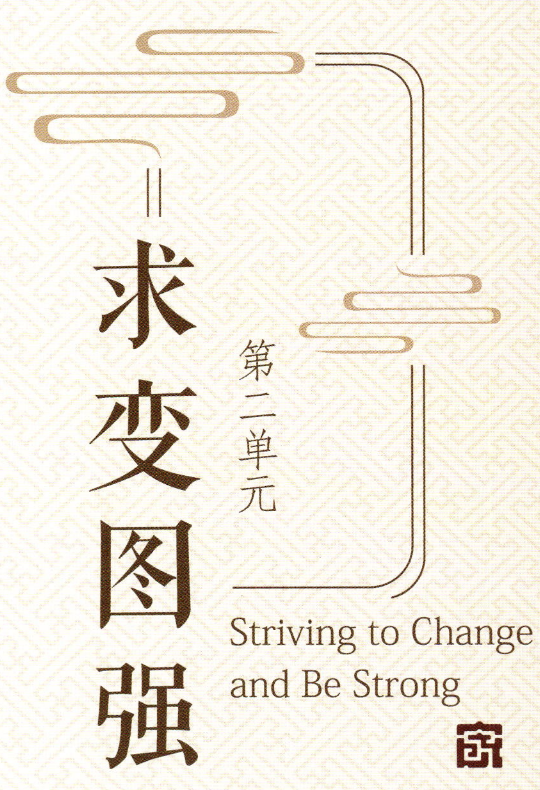

第二单元 求变图强

Striving to Change and Be Strong

内忧外患之下，以恭亲王奕䜣为代表的洋务派，以『自强』『求富』为口号，学习西方器物之学，意图通过兴办实业、编练海军、培养西学人才等举措进行自救。虽然创办了一批近代军事和民用工业企业，但洋务运动并没有使中国走上富强之路。

恭亲王奕䜣等奏折

呈报总理各国事务衙门章程

清咸丰十年十二月二十一日

1861 年 1 月 31 日

横 60 厘米　纵 21 厘米

| 纸本 |

清廷原无专门外交机构，外交有关事宜均由礼部、理藩院等机构兼办。清咸丰十年，奕䜣等奏请设立处理外交事务的专门机构并撰拟章程。翌年初，清廷于北京东堂子胡同正式设立总理各国事务衙门。这是奕䜣等人为呈报总理衙门章程的奏折。

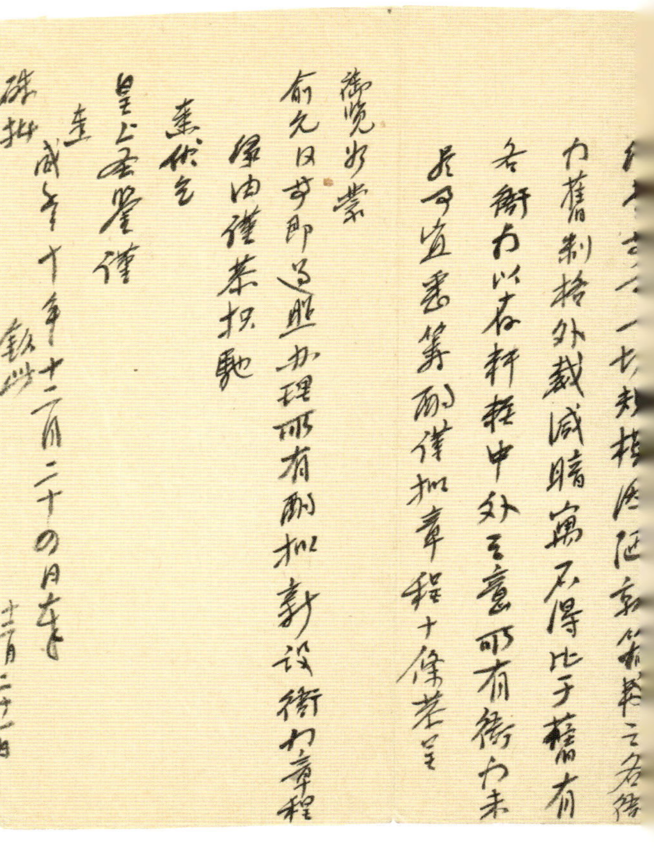

两江总督曾国藩奏折

派员带领幼童出洋留学

清同治十一年正月十九日

1872 年 2 月 27 日

横 78.4 厘米　纵 21.3 厘米

| 纸本 |

随着两次鸦片战争的失败和洋务运动的开展，清朝有识之士逐渐意识到培养人才的重要性。同治九年（1870 年）起，曾国藩多次提出派遣幼童赴西方学习。同治十一年，清廷应曾国藩奏请，派遣第一批官费留学生赴美深造。此后又派遣学生赴英、法两国留学。至光绪元年（1875 年），先后选拔学生 4 批共 120 人，其中詹天佑等人成中国早期近代化的先驱。

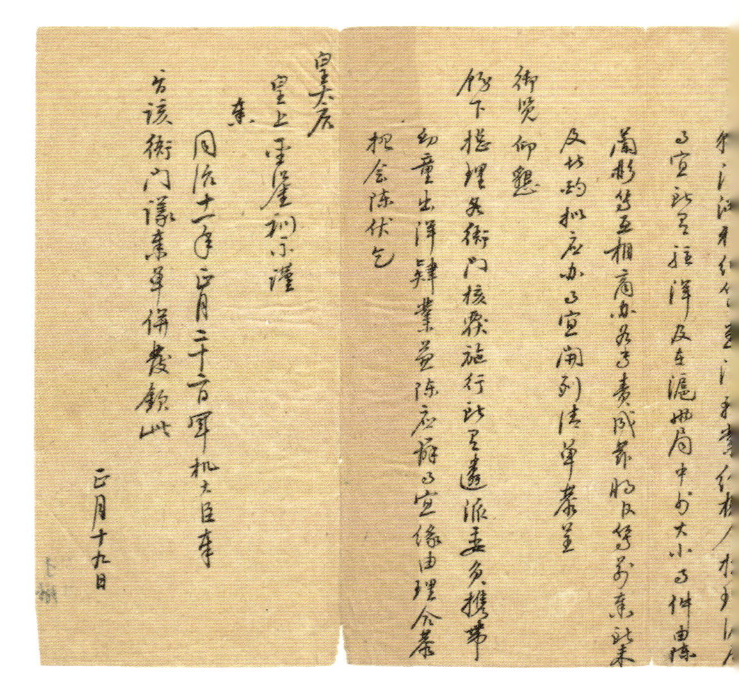

奏

恭親王等　新設衙門未盡事宜章程十條

十二月二十〇日

臣奕訢、臣桂良、臣文祥跪

奏為遵籌設新衙門未盡事宜酌擬章程十條

恭摺具奏仰祈

聖鑒事竊臣等前籌大局請設立總理衙門各情蒙

俞旨允行並承准軍機大臣字寄

寄諭一道飭令將未盡事宜隨時詳議具奏伏

思臣等請設立總理各國事務衙門其原以

各國使臣住京從此往來接晤及一切奏咨

事件無公所以為彙總之地不足以示羈縻

該夷從前每藉口于中國遇有外夷事

件推諉不辦任情狂悖今設立衙門該

夷已為欣喜此常自在迅速建立以副

其性臣等初擬于禮部設立公所辦理一切

惟禮部為考論典禮之衙門接待該夷

往來其間殊于體制未協且大堂為該部

堂官辦公之所若臣等借用則于大堂接見

該夷尤為窒礙如僅用司堂該夷必不心

服因別設衙門在該夷視之以為總理

曾國藩等　遴派委員携幼童出洋肄業事由

丁未大學士兩江總督曾國藩協辦大學士直隸總督李

鴻章奏竊臣等擬選聰穎子弟　核覆施行

御批該衙門議奏

十一年正月廿二日

欽差大臣大學士兩江總督一等侯臣曾國藩

欽差大臣協辦大學士直隸總督一等伯臣李鴻章跪

正月二十二日

奏為遴派委員携帶幼童出洋肄業兼陳應辦事宜

恭摺仰祈

聖鑒事竊臣等籌擬選聰穎子弟赴泰西各國肄

業以培人材業於十年七月初三日奏擬會

奏在案旋准總理衙門六察兼不分滿漢子弟擇

其資性端謹文理優長一律選往每年所需經

費由江海關洋稅項下指撥等因於四

前來伏查挑選幼童出洋肄業固屬中華

創始之舉抑亦古來未有之事臣等携帶幼

童委員聯絡中外必須重大撫之古人出使絕

域雖時地不同而以數萬里之遙需之二十年之久

非堅忍耐勞志趣卓越者不足以膺是選查有

奏調來江之三品銜刑部候補主事陳蘭彬夙

抱偉志以用世自命挹其容貌則樸實無華

絕不矜飾才氣與之討論時事皆能洞燭幾微

器量遠略亦具內心其又運同銜江蘇候補同知容

閎幼在花旗國最久而志趣深遠不為習

俗所囿同治二年曾派令出洋購買機器該員

練明於洋風土人情美國尤熟游之地足以聯外

交而窺秘鑰以上二員上次擬內業經保舉

勝任相應請

旨飭派陳蘭彬為正委員容閎為副委員常川

駐扎美國經理一切事宜此時不敢遽請實叙俟將來

辦有成效再由臣等從優酌保俟臣挑選幼童

每年上海先行選局招選幼童出洋肄業即挑選次第

署理北洋通商大臣李鸿章奏折

编练水师以图自强

清光绪八年八月二十二日

1882年10月3日

横199.5厘米　纵21.5厘米

纸本

局部

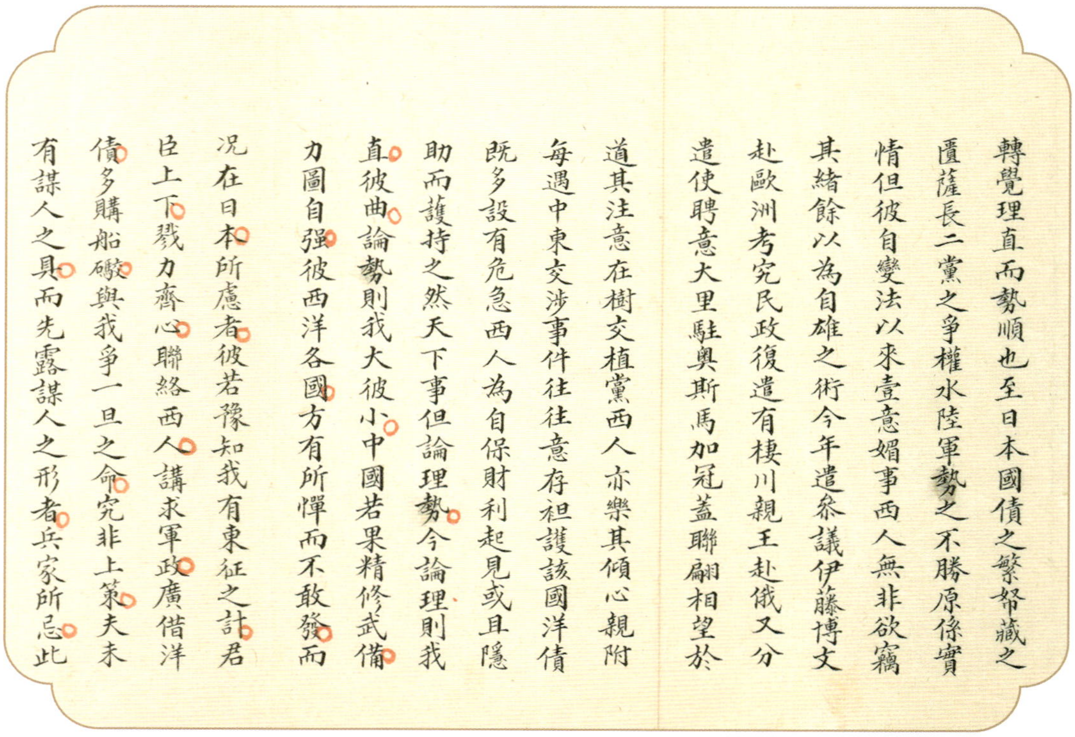

轉覺理直而勢順也至日本國債之繁帑藏之
匱薩長二黨之爭權水陸軍勢之不勝原係實
情但彼自變法以來壹意媚事西人無非欲竊
其緒餘以為自雄之術今年遣參議伊藤博文
赴歐洲考究民政復遣有棲川親王赴俄又分
遣使聘意大里駐奧斯馬加冠蓋聯翩相望於
道其注意在樹交植黨西人亦樂其傾心親附
每遇中東交涉事件往往意存袒護該國洋債
既多設有危急西人為自保財利起見或且隱
助而護持之然天下事但論理勢今論理則我
直彼曲論勢則我大彼小中國若果精修武備
力圖自强彼西洋各國方有所憚而不敢發而
况在日本所慮者彼若豫知我有東征之計君
臣上下戮力齊心聯絡西人講求軍政廣借洋
債多購船礮與我爭一旦之命究非上策夫未
有謀人之具而先露謀人之形者兵家所忌此

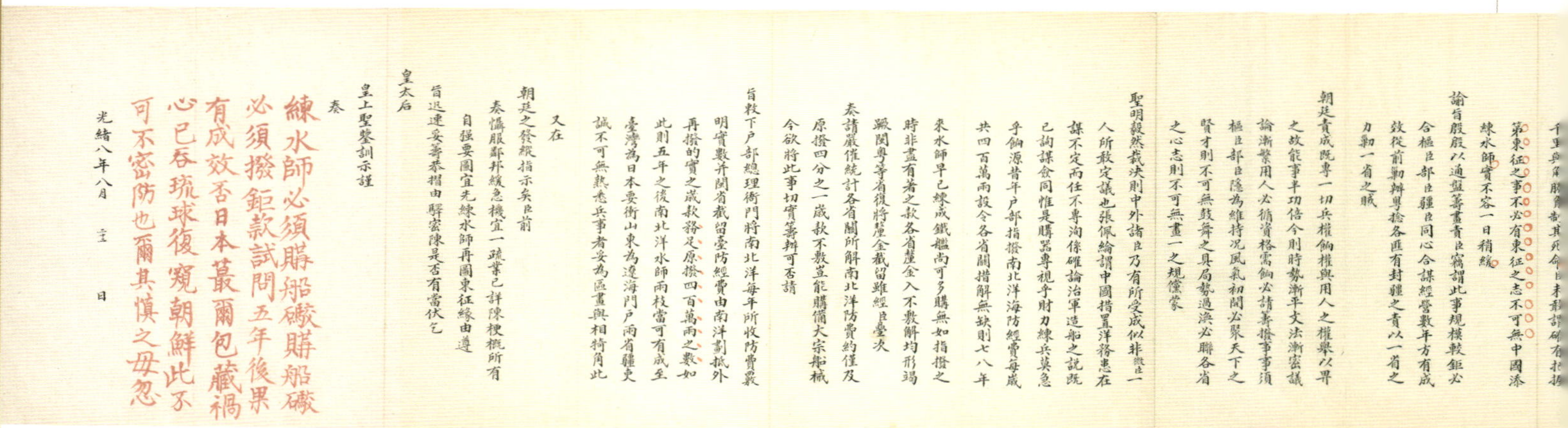

第東征之事不必有東征之志不可無中國添
練水師實不容一日稍緩
諭旨飭臣以通盤籌畫責臣竊謂此事規模較鉅必
合樞臣部臣疆臣同心合謀經營數年方有成
效從前勦辦粵捻各匪有封疆之責以一省之
力剿一省之賊
朝廷責成既專一切兵權餉權與用人之權舉以畀
之故能事半功倍今則時勢漸平文法漸密議
論漸繁用人必循資格需餉必請籌撥事事須
樞臣部臣隱為維持況風氣初開必聚天下之
賢才則不可無鼓舞之具局勢過渙必聯各省
之心志則不可無畫一之規儻蒙
聖明毅然裁決則中外諸臣乃有所受成似非微臣一
人所敢定議也張佩綸謂中國措置洋務患在
謀不定而任不專洵係確論治軍造船之說既
已詢謀僉同惟是購器專視乎財力練兵莫急
乎餉源昔年戶部指撥南北洋海防經費每歲
共四百萬兩設令各省關措解無缺則七八年
來水師早已練成鐵艦尚可多購無如指撥之
時非盡有著之款各省釐金入不敷解均形竭
蹶閩粵等省復將釐金截留雖經臣屢次
奏請嚴催統計各省關所解南北洋防費約僅及
原撥四分之一歲款不敷豈能購備大宗船械
今欲將此事切實籌辦可否請
旨敕下戶部總理衙門將南北洋每年所收防費覈
明實數並閩省截留臺防經費由南洋劃抵外
再撥的實之歲款務足原撥四百萬兩之數如
此則五年之後南北洋水師兩枝當可有成至
臺灣為日本要衝山東為遼海門戶兩省疆吏
誠不可無熟悉兵事者妥為區畫與相犄角此
又在
朝廷之發縱指示矣臣前
奏懾服鄰邦緩急機宜一疏業已詳陳梗概所有
自强要圖宜先練水師再圖東征緣由遵
旨迅速妥籌恭摺由驛密陳是否有當伏乞
皇太后
皇上聖鑒訓示謹
奏
光緒八年八月　廿二　日

練水師必須購船礮購船礮必須撥鉅款試問五年後果有成效否日本蕞爾包藏禍心已吞琉球復窺朝鮮此不可不密防也爾其慎之毋忽

光绪五年（1879年），日本吞并与清朝有封贡关系的琉球国。光绪八年（1882年），日本强迫朝鲜签订《济物浦条约》，取得与清朝在朝鲜相同的权利。面对日本对朝鲜的觊觎，清廷内部发出“东征日本”的呼声。李鸿章就此提出“自强要图，宜先练水师，再图东征”的战略规划，又言“东征之事不必有，东征之志不可无”，列举现阶段征日的种种不利因素，试图打消清廷的想法，同时借机要求拨款购舰，以整练南、北洋水师。朱批内称：“日本蕞尔，包藏祸心，已吞琉球，复窥朝鲜，此不可不密防也。”

局部

臣
前
奏所以有修其實而隱其聲之說也自昔多事之
秋凡膺大任籌大計者祇能殫其心力盡人事
所當為而成敗利鈍尚難逆覩以諸葛亮之才
略而兵頓於關中以韓琦范仲淹之經綸而勢
绌於西夏迨我
高宗武功赫濯震懾八荒然忠勤如傅恒岳鍾琪而不
能必滅金川智勇如阿桂阿里衮而不能驟服
緬甸彼當天下全盛之時
聖明主持於上萃各省之物力挾千萬之鉅餉薦一人
無不用陳一事無不行猶且遷延歲月相機了
局者時與地有所限也日本步趨西法雖僅得
形似而所有船礮略足與我相敵若必跨海數
千里與角勝負制其死命臣未敢謂確有把握
第東征之事不必有東征之志不可無中國添
練水師實不容一日稍緩

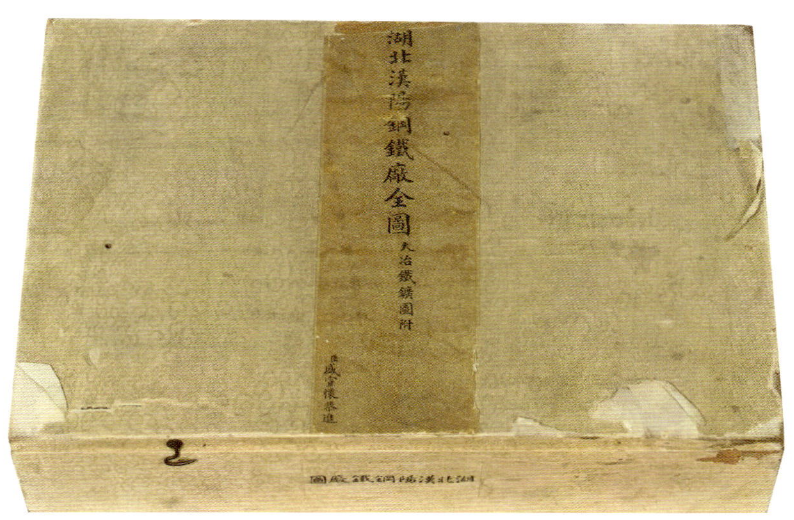

湖北汉阳钢铁厂全景图册

清光绪三十三年

1907 年

匣：长 44.1 厘米　宽 31 厘米　高 10 厘米

图册：横 39 厘米　纵 27 厘米

| 纸本 |

光绪十六年（1890 年），洋务派代表张之洞在武汉开办汉阳钢铁厂，这是中国近代首家钢铁企业。此为进呈御览的钢铁厂相片集，其中包括厂区全景、各分厂、码头、生产车间、设备及外国雇员住宅等有关场景。

全廠一覽圖

漢陽兵工廠

襄河煤炭碼頭

大冶得道灣獅子山運道及存鑛處二

第三单元 山河沉沦

Broken Territory

鸦片战争之后，外敌环伺，边疆危机日益深重，清政府先后被迫与英、美、法、俄等国签订了一系列不平等条约。甲午战败和中日《马关条约》的签订，刺激列强掀起瓜分狂潮，中华民族危机空前严重，半殖民地程度大大加深，也促使中华民族日益觉醒。

黑龙江将军奕山奏折

遵旨会见俄国穆拉维约夫议定边界

清咸丰八年四月二十一日

1858年6月2日

横 300.8 厘米 纵 20.8 厘米

| 纸本 |

咸丰八年（1858年），沙俄于英法联军入侵中国之际，趁火打劫，加紧掠夺我国东北地区领土。中俄双方在瑷珲城（今黑龙江黑河）进行谈判，最终迫使清廷签署《瑷珲条约》，强占中国领土60多万平方公里。此件档案是奕山汇报与俄方代表穆拉维约夫商讨划界事宜的奏折。

督办新疆军务大臣左宗棠奏折

收复新疆善后各项事宜

清光绪四年十月二十二日

1878年11月16日

横 418 厘米 纵 21.7 厘米

| 纸本 |

同治十年（1871年），沙俄趁阿古柏侵占新疆之机，出兵强占伊犁。光绪三年（1877年），左宗棠率部收复新疆大部后，清廷谕令其统筹收复善后事宜、访查俄军情况。此为左宗棠报告查访情况及善后举措的奏折（录副）。

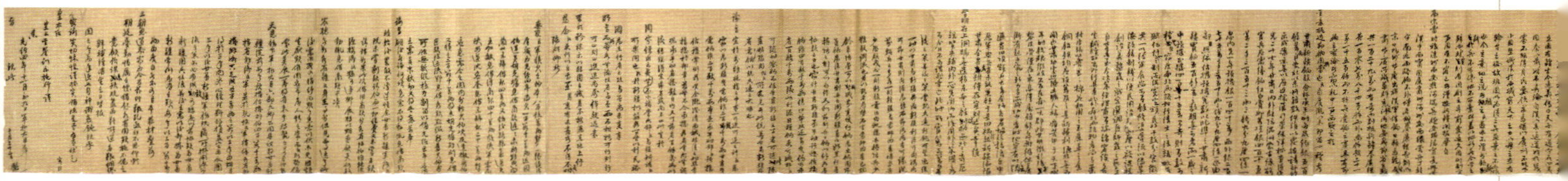

奕山跪

奏為欽遵

諭旨會晤夷酋酌議地界情形恭摺密

奏仰祈

聖鑒事竊奕前於三月二十七日

奏明由省攜篆起程兼程遄行於四月初五日抵

黑龍江城即據卡官報稱探得夷酋木哩斐岳幅乘駕小船下駛大約於初六日可到海蘭泡奕即令副都統吉拉明阿前往訂期會面去後該副都統於初八日旋回述稱木哩斐岳幅聲言事忙欲往澗吞等處辦理要事不能在此耽擱該副都統再四挽留始行應允訂於初十日會見嗣於初十日未刻木哩斐岳幅率領通事施沙木勒幅並夷目數十人登岸乘馬進城到寓奕以禮款待看其言貌尚覺恭順木哩斐岳幅令該國通事以清語傳說前因防範咦夷伊國來往由黑龍江行駛左岸蓋房存居今年續有數百人船前來在此屯兵幫助防範咦夷我兩國和好有年均有裨益黑龍江一帶當初本係伊國地方現在江左存居滿洲屯戶均令遷移江右存居彼此互免嫌隙如有需費伊國供給至於兩國界址自沙畢奈嶺迤東至額爾古訥河入黑龍江烏蘇里河松花江至海凡沿河各岸一半可屬於中國一半屬於哦國江內只准我兩國人船行走他國船隻不准往來再哦國已經咨行大國理藩院嗣後各海口處應一體通商各派官員照管黑龍江城亦可照此辦理我

局部

局部

◈ 满、汉文合璧

皇帝尊亲之宝

光绪帝贺表

恭祝慈禧太后六十寿辰

清光绪二十年十月初十日

1894 年 11 月 7 日

横 122.4 厘米　纵 31.2 厘米

| 纸本 |

光绪二十年（1894 年），慈禧皇太后六十寿辰，光绪帝特进贺表致贺。此贺表做工精致，装潢考究。外用锦匣盒具包装，内盛正、副贺表二份。正表为卷轴装，置于精美托架之上；副表为册页装，首尾为锦质，上书有“万寿无疆”字样，置于托架下面。正副表上均钤盖“皇帝尊亲之宝”。

满、汉文合璧

光绪帝朱谕

《马关条约》签约缘由

清光绪二十一年四月二十三日

1895年5月17日

横110厘米　纵28厘米

|纸本|

光绪二十一年（1895年），李鸿章以“头等全权大臣”的名义抵达日本马关，与日本首相伊藤博文签订《马关条约》。光绪帝批准签约后，下发朱谕。在这道朱谕中，光绪帝总结了甲午战争惨败缘由，要求君臣同心改革以图自强。此后不久，戊戌变法开始。该朱谕由内阁或翰林院掌事官员誊录。

近自和約定議以後廷臣交章
論奏謂地不可棄費不可償仍
應廢約決戰以期維繫人心支
撐危局其言固皆發於忠憤而
於朕辦理此事兼權審處萬不
獲已之苦衷有未能深悉者自
去歲倉猝開釁徵兵調餉不遺
餘力而將少宿選兵非素練紛
紜召集不殊烏合以致水陸交
綏戰無一勝至今日而關內外
情勢更迫北則竟偪遼瀋南則
直犯京畿皆現前意中之事陪
都為
陵寢重地京師則
宗社攸關況廿年來
慈闈頤養備極尊崇設一朝徒御有
驚則藐躬何堪自問加以
天心示警海嘯成災沿海防營多被
衝沒戰守更難措手用是宵旰
徬徨臨朝痛哭將一和一戰兩
害熟權而後幡然定計此中萬
分為難情事乃言者章奏所未
詳而天下臣民皆應共諒者也
茲當批准定約特將前後辦理
緣由明白宣示嗣後我君臣上
下惟當堅苦一心痛除積弊於
練兵籌餉兩大端盡力研求詳
籌興革勿存懈志勿騖空名勿
忽遠圖勿沿故習務期事事覈
實以收自強之效朕於中外臣
工有厚望焉

在挽救民族危亡的探索中，维新派寄希望于改良变法，以实现富国强兵。但戊戌变法仅持续百天，便宣告失败。《辛丑条约》的签订，使清政府沦为列强统治中国的工具。清末『新政』无力回天，但在客观上推动了中国近代化进程。

康有为上清帝第三书

清光绪二十一年五月初六日

1895 年 5 月 29 日

横 1360 厘米　纵 24 厘米

| 纸本 |

光绪二十一年（1895 年），清政府在甲午战争战败后，与日本签订了丧权辱国的《马关条约》。同年，康有为利用赴京赶考之机，发动在京各省应试举人，联名上书，痛陈民族危亡的严峻形势，提出变法主张，史称“公车上书”。五月初六日（5 月 29 日），康有为第三次上书，历陈“变法自强”的紧迫性，提出富国、养民、教士、治兵改革四策。其思想言论在社会上产生了广泛的共鸣与影响。

具呈進士康有為為安危大計乞及時變法富
國養民教士治兵求人才而慎左右通下情而
圖自强以雪
國恥而保疆圉呈請代
奏事竊近者朝鮮之釁日人內犯致割地補餉此
聖清二百餘年未有之大辱天下臣民所發憤痛心
者也然辱國之事小外國皆啟覬覦則瓜分之
患大割地之事小邊民皆不自保則瓦解之患
大
社稷之危未有若今日者然殷憂所以啟聖外患乃以
興邦為安為危仍視
皇上之措置而已
皇上受
祖宗付託之重孝治天下所以俯從和議者豈不欲隱
忍一時之恥辱更圖異日之自强哉天下臣民
皆知
皇上之苦衷亦知
皇上之必變計也竊謂經此創深痛鉅之禍必當為

卧薪嘗膽之謀朝野上下震動憤發蘄桓不忘
在莒句踐不忘會稽庶厲人心以祈
天命今議成將彌月矣進士從禮官來竊見上下熙熙
苟幸無事具文粉飾復慶太平又聞貴近之論
以為和議成後可十數年無患持祿保位從容
如故竊意諸臣必未有以自強大計憂危大議
日啟
聖心者不然何彌月以來未聞有非常之
詔聳動天下此進士所聞而憂懼夙夜罔措者也曩
者聞諸口破都畿失琉球爭越南累經敗衄矣
諸臣苟安目前不預籌變計遂至有今日之事
然嚮者之敗不過償金幣失屬國而已雖復苟
安可延旦夕今則割及內地漸齧腹心其勢疾
蹙夫治天下者勢也可靜而不可動如箭之在
括如馬之在埒當其無事相視莫敢發難當其
更變朽株盡可為患昔者壬午以前吾屬國無
恙也自日本滅琉球吾不敢問於是法取越南
英滅緬甸朝鮮通商而暹羅半竊不過三四年
閒而吾屬國盡矣甲午以前吾內地無恙也今
臺灣一割三垂皆界強鄰狡焉思啟豈能以禮
讓為國哉況數十國之逐逐於後乎譬大病後
元氣既弱外邪易侵變症百作豈與同治時吾
國勢猶盛外夷窺伺情形未洽比哉且民心既解
散勇無歸外患內訌禍在旦夕而欲苟借和款
求安目前靡知所屆矣近諸臣紛紛多有告歸
者進士登第之始亦復何心然恭應
殿試則有與海內賢能力矢自強之
制策恭應
朝考則有變則通通則久之
御題伏讀感激發憤流涕竊以為

主彼得乃至易作工人躬習其業歸而變政故
能驟強我親藩世爵大臣與
國休戚啟沃
聖聽者也而不出都城寡能學問非特不通外國之
故抑且未知直省之為一旦執政豈能有補大
臣固守舊法習為固循宜選令游歷三年講求
諸學歸能著書始授政事其餘分遣品官激厲
士庶出洋學習或資游歷並給憑照能著新書
皆予優獎歸授教習庶開新學則上之可以贊
聖聽下之可以開風氣矣內治既舉則兵備宜修然
近之言治者莫不知言船械軍兵矣而兵無一
能練船械無一可用則以有末而無本故也昔
戰國之世魏有蒼頭齊有武騎秦有百金死士
楚能投袂伐宋近者德法之爭十三日失和十
七日即移兵二十四萬渡禮吳河而壓法境矣
蓋列國並爭無日不訓討軍實戒懼不怠國乃
可立今諸夷交伺邊臺有變治兵之法益與古
異自德人作內政寄軍令而勝法民盡為兵各
國畏之莫不更變俄兵三百餘萬德奧亦百餘
萬選兵先以醫生視其強弱乃入學堂學習布
陣騎擊測量繪畫其陣法營壘船械鎗砲海島
口港波濤沙線日夕講求確有程度操練如真
戰平居如臨敵所由爭雄海上職此之由日本
步武泰西敢來侮我我仍以大一統之舊視之
不訓兵備八旗三十餘萬綠營六十餘萬皆老
弱無可用同治中興之際乃以募勇成功今募
勇三十餘萬非魁扣虛名則乞丐充數論語所
謂以不教民戰是謂棄之卻鈌論將在說禮樂
而敦詩書今外國將才皆從學堂天文地圖陣
法方略考授雖以王子先伍偏裨考選有功然

局部

後援用而我諸將多有不識字者其於中外之
故天文地理益復茫然即能勇敢已不能當此
世變矣管子謂器械不精以卒予敵外夷講求
鎗砲製作日新鎗則德有得來斯德毛瑟鎗法
有格拉鎗克洛拔尺鎗沙士缽鎗英有亨利馬
梯尼鎗美有哈乞開斯鎗林明敦鎗秘海馬地
尼鎗俄有俾爾達奴鎗奥有韋恩得鎗義有韋
脫里鎗近者英之黎姆斯鎗為尤精砲則克虜
卜嘉立嗄爾提納爾哪登飛爾孟替尼砲外近
則有毒煙開花砲空氣黃藥大砲暗砲台其餘
水底自行船機器飛車御彈衣測量砲于表
巧製日新日本亦能自製新器曰苗也理鎗而
我中國之大不能自製皆須購自遠夷兵釁一
開皆守局外例不出售即以重價請估而彈子
既盡鎗亦廢棄何以為國哉即承平購辦委員
不解製造於堅輕遠準速無所諳曉或以舊鎗
改充毛瑟貪其價廉乃不可用且中飽者益無
論矣查同治十三年德之攻法每分時鎗十餘
響光緒三年俄之攻土鎗三十餘響至日本來
犯鎗乃六十餘響二十年間後來居上精進以
倍然則我師潰敗雖將士不力亦器械不精故
膽氣不壯有以致之若夫海軍不增盡為敵虜
益無可言以智利馬達加斯加東南小夷鐵艦
猶三十餘艘而我乃遴之安得不為人擒哉今

八国联军照会（抄稿）

拆毁大沽等炮台并允沿途驻军

清光绪二十八年

1902 年
横 142.5 厘米　纵 21.3 厘米
| 纸本 |

光绪二十八年六月初一日（1902 年 7 月 5 日），针对清廷要求收回天津地方管理权的来文，列强各国发出照会，声称必须满足其一系列条件，方可裁撤殖民机构——天津都统衙门，并交还管理权。条件包括将大沽炮台及有碍京师至海通道之各炮台一律拆毁并不得复建、联军保留京师至海通道沿途驻兵权利等。在应允列强诸多无理要求后，清廷于七月十二日正式恢复对天津地区的管理。

流距鐵路有在二英里之內者亦可其拆毀礮
臺一節應責成中國不得將該礮臺重新修築
至天津城垣在光緒二十六年間作亂時其勢
直當為礮臺由內攻打各國租界因此亦不得
再行重修各國駐京大臣亦不能允中國
國家在北河口秦王島山海關等處埋設不論何
項海防之法各國駐京大臣擬將都統衙門出
入各帳目交與堪以勝任二員查清一由管帶
聯軍各官選派一由直督選派除將礮臺盡行
拆毀所需款項扣出外其餘剩款交與直隸藩
庫其天津都統衙門或各國軍隊從前服役之
華民均不得因此故無論如何擾累嗣後所有
自京至海通道各國軍營服役之華民均有身
帶腰牌為據此項華民如間有犯法情事該軍
營統領有權或將該華人治罪或送交中國官
員審理以昭允協再必須定明各國軍隊於應
避暑時有夏令避暑之權宜凡天津都統衙門
已定而尚未銷案之罪名冊簿於都統衙門裁
撤後將交與本省官員應按照所定者辦理凡
都統衙門已定之案無論係犯有罪名或錢債
涉訟均不能重新審理天津都統衙門各卷冊
均應交與駐紮天津領袖領事官收存如有關
涉之人始可前赴查閱至賦稅一節天津城並
天津一帶地方居民人等應視為都統衙門治
理時已將應完中國
國家各稅均行完納不得向此等人補索無論何
項賦稅等款以上所述各節本大臣自應照會
貴親王轉達
貴國
國家允行本大臣除願自貴親王應允各節之復
文到日起計算四箇禮拜內將天津都統衙門
裁撤外應請貴親王指明屆時都統衙門應將
天津城並天津一帶地方各事交與何項官員
手內接收祈示知為荷

伍

照錄各國使臣照會

為照會事光緒二十八年六月初一日接准來
文並鈔送直隸總督袁宮保咨文解明因何緣
故應將自從前年六月諸國聯軍統領所設都
統衙門向來治理之天津及天津一帶地方早
日交還直督自治業已拜悉一切查本大臣與
在天津都統衙門派有官員之各國大臣意見
相同經奉本國國家特予權柄應允將都統衙
門裁撤惟中國
國家先應特聲明允照以下所擬各節辦理始可
今開列如下光緒二十七年七月二十五日議
定條款第八款訂明
大清國
國家應允將大沽礮臺及有礙京師至海通道之
各礮臺一律削平現已設法照辦等語既當時
中國全權大臣向各國駐京大臣言明甚願免
遵該款照辦責任一節經聯國全權大臣已託
天津都統衙門承辦此項工程迄今尚未完竣

伍

照錄各國使臣照會

為照會事光緒二十八年六月初一日接准來
文並鈔送直隸總督袁宮保咨文解明因何緣
故應將自從前年六月諸國聯軍統領所設都
統衙門向來治理之天津及天津一帶地方早
日交還直督自治業已拜悉一切查本大臣與
在天津都統衙門派有官員之各國大臣意見
相同經奉本國國家特予權柄應允將都統衙
門裁撤惟中國
國家先應特聲明允照以下所擬各節辦理始可
今開列如下光緒二十七年七月二十五日議
定條款第八款訂明
大清國
國家應允將大沽礮臺及有礙京師至海通道之
各礮臺一律削平現已設法照辦等語既當時
中國全權大臣向各國駐京大臣言明甚願免
遵該款照辦責任一節經聯國全權大臣已託
天津都統衙門承辦此項工程迄今尚未完竣
故本大臣擬請貴親王將完畢削平一役交與
統轄駐津各國軍隊各武官承辦庶保第八款
內所載各節全行照辦至所需各費應由都統
衙門公庫中尚存之款籌撥該約第九款內載
中國
國家應允由諸國分應主辦會同酌定數處留兵
駐守以保京師至海通道無斷絕之虞等語查
天津全城亦在此酌定數內是都統衙門裁撤
後聯軍仍應接續照舊在現今所屯各處駐紮
各國軍隊及其應需糧食衣被等物概免各項
賦稅該軍隊有操練打靶及野外大操之權無
庸預先照會但遇發彈子時應先通知且又
竭力設法以免各國之兵與華兵相撞滋事為
妥故擬由中國
國家禁止華兵距駐紮天津之軍隊二十華里內
前進或屯紮溯查新約未畫以前各國駐京大
臣與中國全權大臣內有貴親王往返公文內
彼此相允順京至海通道應設各軍隊之管帶
官所得彈壓治罪之權延至距鐵路兩旁二英
里之遠在該約第九款內載數處有兵駐守之

清末灾民照片

横 26 厘米　纵 21.3 厘米

| 纸本 | 照片 |

清朝末年灾荒频繁发生，由于清政府政治腐败，大小官吏贪赃枉法，中饱私囊，加上战乱频仍，造成受灾百姓饥寒交迫，流离失所，境况惨不忍睹。

西字圍

甲字

清政府致比利时国书

清光绪三十一年八月初九日

1905 年 9 月 7 日

横 245.3 厘米　纵 34.4 厘米

| 织锦 | 布 | 绢 |

光绪三十一年（1905 年）八月，清政府委派载泽、徐世昌、戴鸿慈、端方、绍英五大臣前往比利时等国考察宪政。出使五大臣于八月二十六日（9 月 24 日）在北京前门火车站登车时，被革命党人吴樾携带炸弹袭击，载泽、绍英等人受伤。此次出洋未能成行，故原备国书留在了国内。

满、汉文合璧

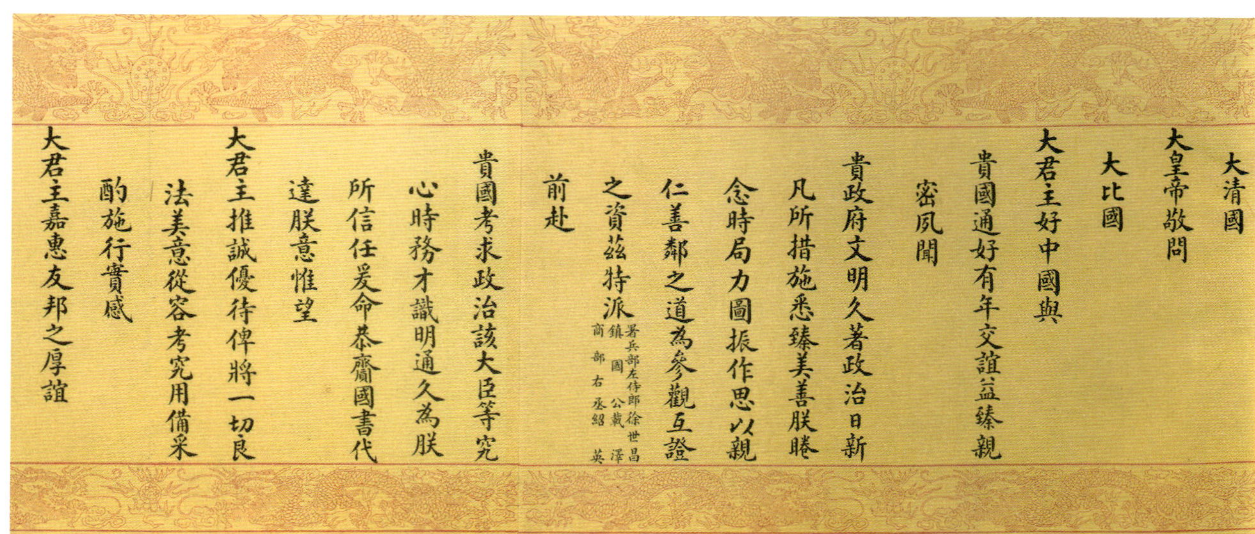

大清國
大皇帝敬問
大比國
大君主好中國與
貴國通好有年交誼益臻親
密夙聞
貴政府文明久著政治日新
凡所措施悉臻美善朕睠
念時局力圖振作思以親
仁善鄰之道為參觀互證
之資茲特派署兵部左侍郎徐世昌 鎮國公載澤 商部右丞紹英
前赴
貴國考求政治該大臣等究
心時務才識明通久為朕
所信任爰命恭齎國書代
達朕意惟望
大君主推誠優待俾將一切良
法美意從容考究用備采
酌施行實感
大君主嘉惠友邦之厚誼

局部

◆ 满、汉文合璧

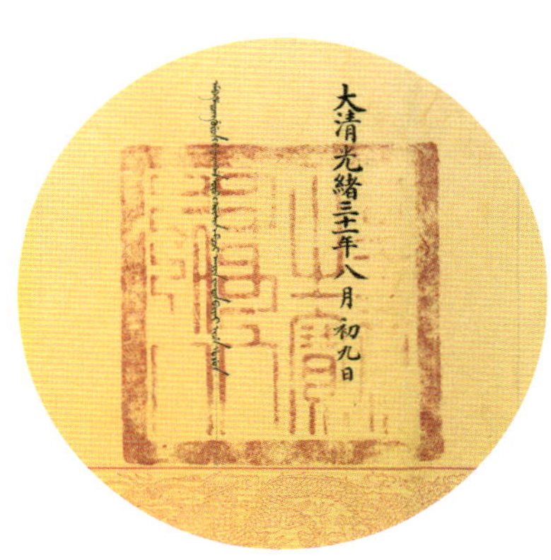

皇帝之宝

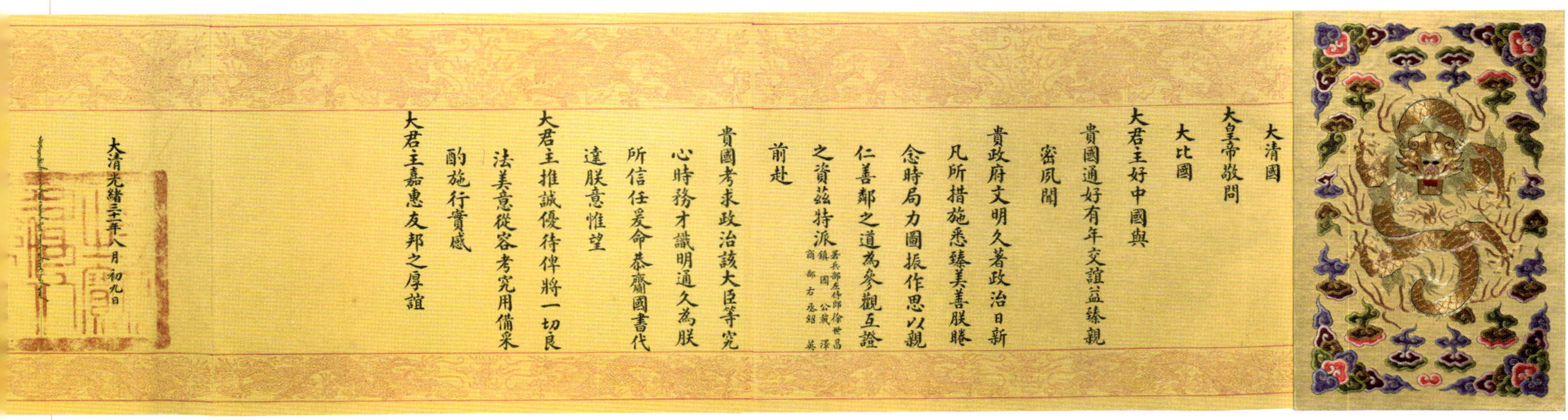

大清國
大皇帝敬問
大比國
大君主好中國與
貴國通好有年交誼益臻親
密夙聞
貴政府文明久著政治日新
凡所措施悉臻美善朕睠
念時局力圖振作思以親
仁善鄰之道為參觀互證
之資茲特派署兵部左侍郎徐世昌 鎮國公載澤 商部右丞紹英
前赴
貴國考求政治該大臣等究
心時務才識明通久為朕
所信任爰命恭齎國書代
達朕意惟望
大君主推誠優待俾將一切良
法美意從容考究用備采
酌施行實感
大君主嘉惠友邦之厚誼
大清光緒三十一年八月初九日

光绪三十一年（1905年）底，清廷改派尚其亨、李盛铎会同载泽、戴鸿慈、端方前往美欧，先后考察了美、英、法、德、瑞典、挪威、奥匈、俄、荷兰、瑞士、意大利等国宪政，历时近一年。这是端方等人与随员在意大利罗马时的合影。

礼亲王世铎等奏折

遵议开办京师大学堂章程

清光绪二十四年五月十四日

1898年7月2日

横 199.5 厘米　纵 22.8 厘米

| 纸本 |

創一切制度均宜審慎精詳非有明體達用之
大臣以宏攝之不足以宏此遠謨況風氣漸開
各省已設學堂近又叠奉
諭旨停試八股講求西學各省向課制藝書院自應
一律更改將來學堂日有增益而無所統轄必
至各分畛域其弊不可不防伏乞
皇上簡派大臣中之博通中外學術者一員管理京
師大學堂事務即以節制各省所設之學堂其
在堂辦事各員統由該大臣慎選奏派命官既
須鄭重而擇師尤關緊要今士人學無本原不
通中國政教之故徒襲西學皮毛豈能供
國家之用欲轉移之非精選總教習不可苟得其
人學術正而道藝興苟失其人學術謬而道藝
亦誤伏維
皇上孜孜興學尤應慎簡教習以收尊道敬學之效
總教習綜司學堂功課非有學賅中外之士不
足以膺斯重任非請
皇上破格錄用不足以得斯宏才若總教習得人分
教習皆由其選派亦可收指臂之效其餘一切
擬辦事宜悉具章程之內謹繕清單恭呈
御覽所有臣等遵
旨籌辦京師大學堂并擬詳細章程緣由理合恭摺具
陳伏乞
皇上聖鑒訓示遵行再此摺係由總理各國事務衙
門主稿會同軍機處辦理合併聲明謹
奏

光緒二十四年五月十四日

和碩禮親王臣世鐸
協辦大學士軍機大臣兵部尚書臣剛毅
軍機大臣工部尚書臣錢應溥
總理各國事務和碩慶親王臣奕劻
太子太傅文華殿大學士一等肅毅伯臣李鴻章
戶部尚書臣宗室敬信
軍機大臣戶部尚書臣王文韶
禮部尚書臣許應騤
刑部尚書步軍統領臣崇禮
軍機大臣刑部尚書臣廖壽恆
戶部左侍郎臣張蔭桓

管学大臣张百熙奏呈京师大学堂考选入学章程

清光绪二十八年七月十二日

戊戌变法期间，《明定国是诏》专令“京师大学堂为各行省之倡，尤应首先举办”。五月十四日（7月2日），礼亲王世铎等呈遵议开办京师大学堂章程奏折，并附呈由梁启超代拟的《大学堂章程》清单。

该章程共分8章54节，从办学方针、课程安排、学生入学规则、学成出身、聘用教习、学堂官制，到校舍兴建、开办经费预算方面都做了比较明确的规划。章程中还特别规定，在大学堂中设立与之相辅的中学和小学。

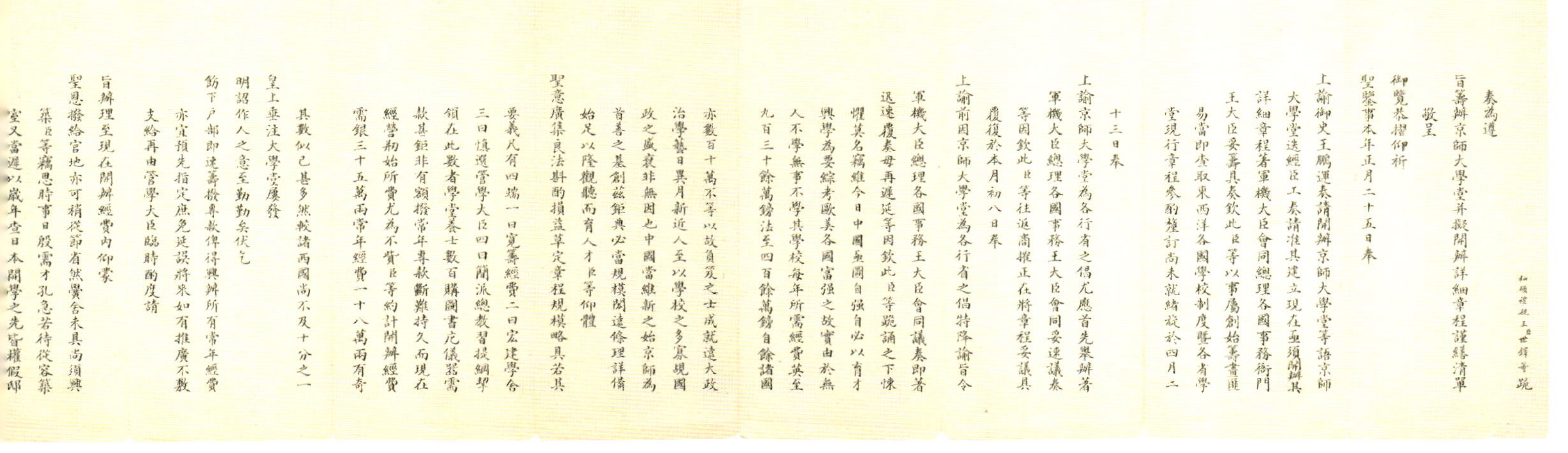

局部

1902年8月15日

横1142.2厘米　纵21.5厘米

|纸本|

管学大臣张百熙奏折

遵旨草拟学堂章程

清光绪二十八年七月十二日

1902 年 8 月 15 日

横 142.5 厘米　纵 21.3 厘米

| 纸本 |

光绪二十七年十二月初一日（1902 年 1 月 10 日），清政府命张百熙为管学大臣，重建京师大学堂，同时将京师同文馆并入。张百熙以中国教育体制为本，广泛参照各国先进教育方法，制订了包括《京师大学堂章程》在内的 6 件学堂章程，进呈御览。这些学堂章程统称《钦定学堂章程》，是我国第一次建立起官方规定的完整学制。

局部

第六節　各省高等學堂如欲附設仕學館者
照大學堂仕學館章程一律辦理
第七節　高等學堂應附設師範學堂一所以
造就各處中學堂教員即照京師大學堂師
範館章程辦理
第八節　高等學堂之功課與京師大學堂豫
備科功課相同一切辦法均照大學堂豫備
科一律辦理
第九節　高等學堂之建置應得容學生八百
人以上
第十節　現在官立高等學堂五年之内暫不
徵收束脩以後徵收每月每人不得過銀錢
二圓

庆亲王奕劻等奏折

遵旨拟议邮传部官制

清光绪三十三年六月二十三日

1907 年 8 月 1 日

横 142.5 厘米　纵 21.8 厘米

| 纸本 |

光绪三十二年（1906 年），清廷“预备立宪”，改组整合原有部院。发布谕令称“轮船、铁路、电线、邮政应设专司，着名为邮传部”。庆亲王奕劻等为此拟议邮传部官制事宜缮具清单，随折呈奏。

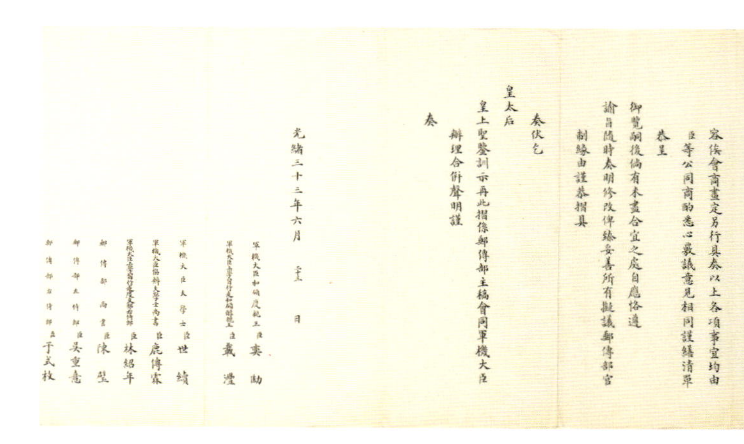
容俟會商畫定另行具奏以上各項事宜均由
臣等公同商酌悉心參議意見相同謹繕清單
恭呈
御覽嗣後倘有未盡合宜之處自應恪遵
諭旨隨時奏明修改俾臻妥善所有擬議郵傳部官
制緣由謹恭摺具
奏伏乞
皇太后
皇上聖鑒訓示再此摺係郵傳部主稿會同軍機大臣
辦理合併聲明謹
奏
光緒三十三年六月　二十三　日
臣奕劻
臣載灃
軍機大臣大學士臣世續
臣鹿傳霖
臣林紹年
郵傳部尚書臣陳璧
郵傳部左侍郎臣吴重熹
郵傳部右侍郎臣于式枚

謹擬高等學堂章程

高等學堂章程

第一章　全學總綱

第一節　高等學堂之設使學生於中學卒業後欲入大學分科者先於高等學堂修業三年再行送入大學肄業

第二節　京師大學堂章程第一章之第一節

第二節第三節高等學堂一律遵守

第三節　今定省會所設學堂曰高等學堂此亦有變通之處如小省尚不能立高等學堂者即姑立一中學為高等學之豫科大省物力富人才多十年之後其功課程度直足與大學規模一律即可稱大學堂但名實務宜相稱又於繁富之府廳州縣地方及通商大埠雖非省會若能創設與高等學堂程度相等之學堂亦可稱為高等學堂

第四節　高等學堂雖非分科已有漸入專門之意應照大學豫科例亦分政藝兩科日本高等學堂之大學豫科分三部其第一部為入法科文科者而設第二部為入理科工科農科者而設第三部為入醫科者而設今議立大學分科為政治文學格致農業工藝商務醫術七門則政科為豫備入政治文學商務三科者治之藝科為豫備入格致農業工藝醫術四科者治之

第五節　於高等學堂之外得附設農工商醫

奏　慶親王等摺　擬議郵傳部官制事宜由

六月二十三日

軍機大臣和碩慶親王臣奕劻等跪

奏為遵

旨擬議郵傳部官制事宜繕具清單恭摺仰祈

聖鑒事光緒三十二年九月二十日內閣奉

上諭欽奉

懿旨輪船鐵路電綫郵政應設專司着名為郵傳部原擬各部院衙門職掌事宜及員司各缺仍着各該堂官自行覈議悉心妥籌會同軍機大臣奏明辦理此次所定損益原為立憲始基實行預備如有未盡合宜之處仍着體察情形隨時修改循序漸進以臻妥善等因欽此臣等受任以後朝夕籌維博訪詳求期於適用查各國官制其交通一部或領八局或領五局或領四局或領三局英法則專轄郵電德比則兼轄鐵路惟日本之遞信省始統轄鐵道商船郵便電信四政之全臣等深維今昔之情勢熟審中外之機宜斷不敢稍涉鋪張致形疎闊亦不敢苟安簡陋有礙推行謹就愚慮所及擬議臣部員缺為我

皇太后

皇上縷晰陳之竊維全部之綱領必有總匯之機關茲謹遵官制通則清單設承政參議兩廳若機要若考績若會計均屬於承政廳以左右丞領之若法制若審稿若檢查均屬於參議廳以左右參議領之兩廳各置僉事二員七品小京官二員分設五司曰船政司掌全國船政凡輪船應行考覈調查及籌畫擴充並審議船律各項事件曰路政司掌全國路政凡鐵路應行考覈調查及籌畫擴充並審議路律各項事件曰電政司掌全國電政凡電政應行考覈調查及籌畫擴充並審議電律各項事件曰郵政司掌全國郵政凡郵政應行考覈調查及籌畫擴充並審議郵律各項事件曰庶務司掌部內各雜項事件為四司所不能賅者綜計臣部共置左右丞各一員左右參議各一員僉事四員郎中十員員外郎十二員主事二十四員七品小京官十四員按照原奏各部官制通則擬設八九品錄事不定額缺伏思立部之初首以綜覈名實為亟如果缺多事簡自應懸缺待補將來推擴日廣綜領日繁員缺如有不敷仍應隨時續請增置期於職修事舉無濫無闕船路電郵四政均係專門之學應有專科之書擬設圖書館一區分咨各國出使大臣購寄各種圖書庋焉並設講習所俾合部人員得於暇時研究以資練習其餘應行附設之考工通譯各局所統由臣等體察情形陸續籌辦此外尚應仿照農工商部之例酌設顧問官議員凡於四政素有經驗及著有名譽之京外官員紳商由臣部慎選奏派令隨時往來調查報告藉廣諮謀而備採擇

奏设游美学务处之关防

游美学务处呈文

赴美留学考试情况及录取学生表册

宣统二年六月二十九日

1910 年 8 月 4 日

横 79.1 厘米　纵 27.6 厘米

横 140.8 厘米　纵 19.3 厘米

横 264 厘米　纵 19.3 厘米

| 纸本 |

《辛丑条约》签订后，美国退还部分“庚子赔款”，专用于中国选派学生赴美留学。宣统元年（1909 年），清政府成立游美学务处，通过考试选拔赴美留学生。三年内录取学生 47 名、70 名和 63 名，赴美就读于麻省理工学院、哈佛大学、普林斯顿大学等名校。学成归国的留学生多成为国之栋梁，对中国近现代科技、文化、教育等领域的发展产生重要影响。

此组档案为第二次考试情况及录取学生名册，其中赵元任、竺可桢、胡适等人均在此次录取名单之列。

朱進 二十 江蘇金匱 東吳大學 六十二分八分之一
施贊元 二十 浙江錢塘 約翰書院 六十二分
胡宣明 十九 福建龍溪 約翰書院 六十一分二十分之十七
胡憲生 二十 江蘇無錫 京師譯學館 六十一分四十分之十九
郭守純 二十 廣東潮陽 約翰書院 六十分四十分之一
毛文鍾 十九 江蘇吳縣 高等工業 六十分十分之九
霍炎昌 二十 廣東南海 嶺南學堂 六十分十分之九
陳福習 十八 福建閩縣 福建高等 六十分二十分之十三
殷源之 十九 安徽合肥 江南高等 六十分二分之一
符宗朝 十八 江蘇江都 兩淮中學 六十分五分之二
王裕震 二十 江蘇上海 美國利福尼學 六十分二十分之七
孫恒 十九 浙江仁和杭州 育英書院 五十九分四十分之二十五
柯成楙 十七 浙江平湖 上海南洋中學 五十九分二十分之十一
過憲先 十九 江蘇金匱 上海高等實業 五十九分二十分之七
鄺翼堃 十九 廣東番禺 約翰書院 五十九分四分之一
胡適 十九 安徽績溪 中國新公學 五十九分四十分之七
許先甲 二十 貴州貴筑 四川高等 五十八分四分之一
胡達 十九 江蘇無錫 高等商業 五十八分十分之一
施鎣 二十 江蘇吳縣 上海實業 五十七分四十分之二十九
李平 二十 江蘇無錫 江蘇高等 五十七分二十分之七
計大雄 十九 江蘇南匯 高等實業 五十七分四十分之十三
周開基 十九 江蘇吳縣 南洋中學 五十六分二十分之十九
陸元昌 十九 江蘇陽湖 上海高等實業 五十六分
周銘 十九 江蘇泰興 上海實業 五十五分十分之九
莊俊 十九 江蘇上海 唐山路礦 五十五分二十分之三
馬仙嶠 十八 直隸開州 保定高等 五十三分五分之二
易鼎新 二十 湖南醴陵 京師財政 五十三分五分之二
周仁 十九 江蘇江甯 江南高等 五十一分十分之七
何斌 二十 江蘇嘉定 浙江育英高等 五十一分四十分之九
李錫之 十九 安徽合肥 安徽高等 五十分四十分之二十三
張寶華 二十 浙江平湖 美洲加利福尼大學 五十分五分之一

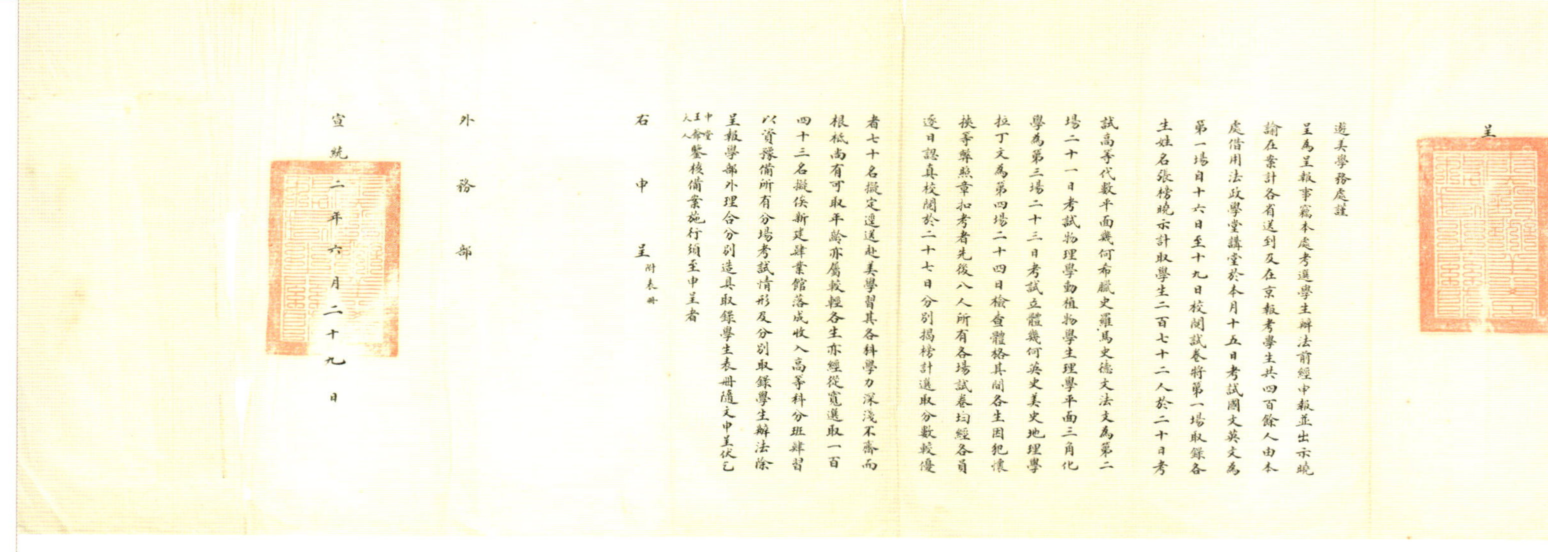

遊美學務處謹
呈為呈報事竊本處考選學生辦法前經申報並出示曉
諭在案計各省送到及在京報考學生共四百餘人由本
處借用法政學堂講堂於本月十五日考試國文英文為
第一場自十六日至十九日校閱試卷將第一場取錄各
生姓名張榜曉示計取學生二百七十二人於二十日考
試高等代數平面幾何希臘史羅馬史德文法文為第二
場二十一日考試物理學動植物學生理學平面三角化
學為第三場二十三日考試立體幾何英史美史地理學
拉丁文為第四場二十四日檢查體格其間各生因犯懷
挾等弊照章扣考者先後八人所有各場試卷均經各員
逐日認真校閱於二十七日分別揭榜計選取分數較優
者七十名擬定遣送赴美學習其各科學力深淺不齊而
根柢尚有可取年齡亦屬較輕各生亦經從寬選取一百
四十三名擬俟新建肄業館落成收入高等科分班肄習
以資豫備所有分場考試情形及分別取錄學生辦法除
呈報學部外理合分別造具取錄學生表冊隨文申呈伏乞
中堂
王爺
大人鑒核備案施行須至申呈者

右　　申　　呈　附表冊

外　　務　　部

宣統二年六月二十九日

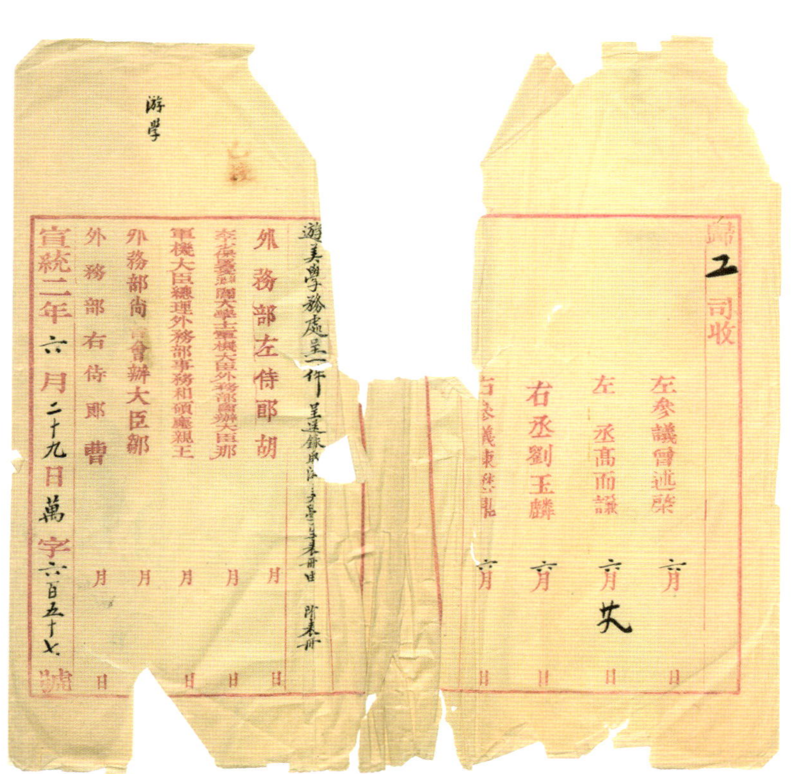

遊學

歸工　司收

左參議曾述棨　六月　日

左丞高而謙　六月　日　失

右丞劉玉麟　六月　日

右參議[illegible]　六月　日

遊美學務處呈一件　呈送錄取[illegible]學生表冊由　附表冊

外務部左侍郎胡　月　日

[illegible]協辦大學士軍機大臣外務部會辦大臣那　月　日

軍機大臣總理外務部事務和碩慶親王　月　日

外務部尚書會辦大臣鄒　月　日

外務部右侍郎曹　月　日

宣統二年六月二十九日萬字六百五十七號

陸鴻棠　年十九歲江蘇上海人約翰書院學生
吳康　年十九歲江蘇吳縣人復旦公學學生
裘維瑩　年十八歲江蘇金匱人東吳大學學生
張行恒　年十八歲江蘇婁縣人上海實業學生
顧維精　年十九歲江蘇無錫人上海實業學生
楊孝述　年二十歲江蘇華亭人上海實業學生

局部

謹將考取第二次遣派赴美學生姓名年歲籍貫等項開具一覽表恭呈
鈞鑒

姓名	年歲	籍貫	學堂	平均分數
楊錫仁	十八	江蘇震澤	南洋中學	七十九分二十分之七
趙元任	十九	江蘇陽湖	江南高等	七十三分五分之二
王紹礽	十九	廣東南海	唐山路礦	七十一分二十分之十七
張謨實	十九	浙江鄞縣	約翰書院	六十九分四分之三
徐志薌	十八	浙江定海	約翰書院	六十九分四十分之二十七
譚頌瀛	二十	廣西蒼梧	南洋中學	六十九分十分之一
朱籙	十九	江蘇金匱	東吳大學	六十八分五分之二
王鴻卓	十九	直隸天津	家塾	六十八分二十分之七
胡繼賢	十八	廣東番禺	嶺南學堂	六十七分二十分之十七
張彭春	十八	直隸天津	私立中學	六十七分五分之四
周厚坤	二十	江蘇無錫	唐山路礦	六十七分四十分之二十九
鄺□宜	十八	廣東東莞	嶺南學堂	六十七分四十分之十九
沈祖偉	十八	浙江歸安	約翰書院	六十六分四十分之二十三
區其偉	十八	廣東新會	嶺南學堂	六十六分十分之九
程闓運	十九	浙江山陰	東吳大學	六十六分八分之七
錢崇澍	二十	浙江海寧州	直隸高等	六十六分二十分之十七
陳天驥	十七	浙江海鹽	約翰書院	六十六分五分之三
吳家高	十九	江蘇吳縣	美國加厘福尼大學	六十六分五
路敏行	二十	江蘇宜興	復旦公學	六十六分二十分之十一
周象賢	二十	浙江定海廳	上海高等實業	六十六分五
沈艾	十七	福建侯官	家塾	六十五分四十分之三十九
陳延壽	十七	廣東番禺	長沙雅禮大學	六十五分四十分之二十七
傅驌	十九	四川巴縣	復旦公學	六十五分五分之二
李松濤	十九	江蘇嘉定	約翰書院	六十五分五分之一
劉寰偉	十八	廣東新寧	嶺南學堂	六十四分二十分之十九
徐志誠	十九	浙江定海	約翰書院	六十四分二十分之十七
高崇德	十九	山東棲霞	山東廣文學堂	六十四分
竺可楨	十七	浙江會稽	唐山路礦	六十三分五分之四
程延慶	十九	江蘇震澤	約翰書院	六十三分四十分之三
沈溯明	十九	浙江烏程	浙江兩級師範	六十三分十分之三
鄭達宸	十九	江蘇江陰	復旦公學	六十三分四十分之十一
席德炯	十七	江蘇吳縣	上海實業	六十三分五分之一
徐墀	二十	廣東新寧	唐山路礦	六十三分十分之一

修订法律大臣沈家本清单

呈送修订法律馆办事章程

清光绪三十三年十一月十四日

1907 年 12 月 18 日

横 95 厘米　纵 21 厘米

| 纸本 |

法制改革是清末新政的重要内容之一。光绪二十八年（1902 年），清廷设立修订法律馆。光绪三十三年（1907 年），清政府命伍廷芳、沈家本等草拟法典，任命沈家本等三人为修订法律大臣。同年十一月十四日，沈家本奏报修订法律馆开馆日期，并进呈拟订的十四条办事章程。

局部

謹擬修訂法律館辦事章程繕具清單恭呈
御覽
計開
第一條　館中職掌分列三項如左
一擬訂奉
旨交議各項法律
二擬訂民商訴訟各項法典草案及其附屬法並奏定刑律草案之附屬法
三刪訂舊有律例及編纂各項章程
第二條　館中分設二科如左
第一科　掌關於民律商律之調查起草
第二科　掌關於刑事訴訟律民事訴訟律之調查起草
所有奉
旨交議各件及各項附屬法隨時由二科分任
第三條　館中設譯書處掌編譯各國法律書籍
第四條　館中設編案處掌刪訂舊有律例及編纂各項章程

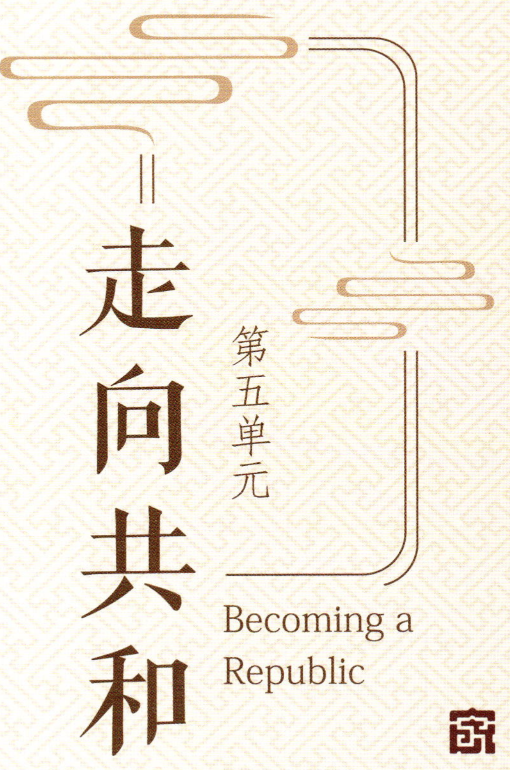

第五单元 走向共和

Becoming a Republic

危局之中，孕育新生。辛亥革命推翻了延续两千多年的君主专制制度。一九一二年一月一日，孙中山就任中华民国临时大总统。辛亥革命成为一个新的起点，开创了完全意义上的近代民族民主革命，打开了中国进步闸门，传播了民主共和理念，极大推动了中华民族思想解放，以巨大的震撼力和影响力推动了中国社会变革。

两广总督岑春煊咨呈

查核孙文籍贯等

清光绪三十一年三月初九日

1905年4月13日

横86.4厘米　纵26.3厘米

| 纸本 |

孙中山（1866—1925年），名文，字载之，号日新，又号逸仙，化名中山樵，广东香山（今广东中山）人。兴中会、中国同盟会、中国国民党创始人，中国民主革命的伟大先驱。

光绪年间，孙中山因组织革命活动遭清廷通缉，流亡海外，为掩护身份于檀香山加入美籍。岑春煊呈报调查香山翠亨村孙文家世有关情况并附证词，请外务部责成驻美大臣与美方交涉取消国籍或庇护等事。

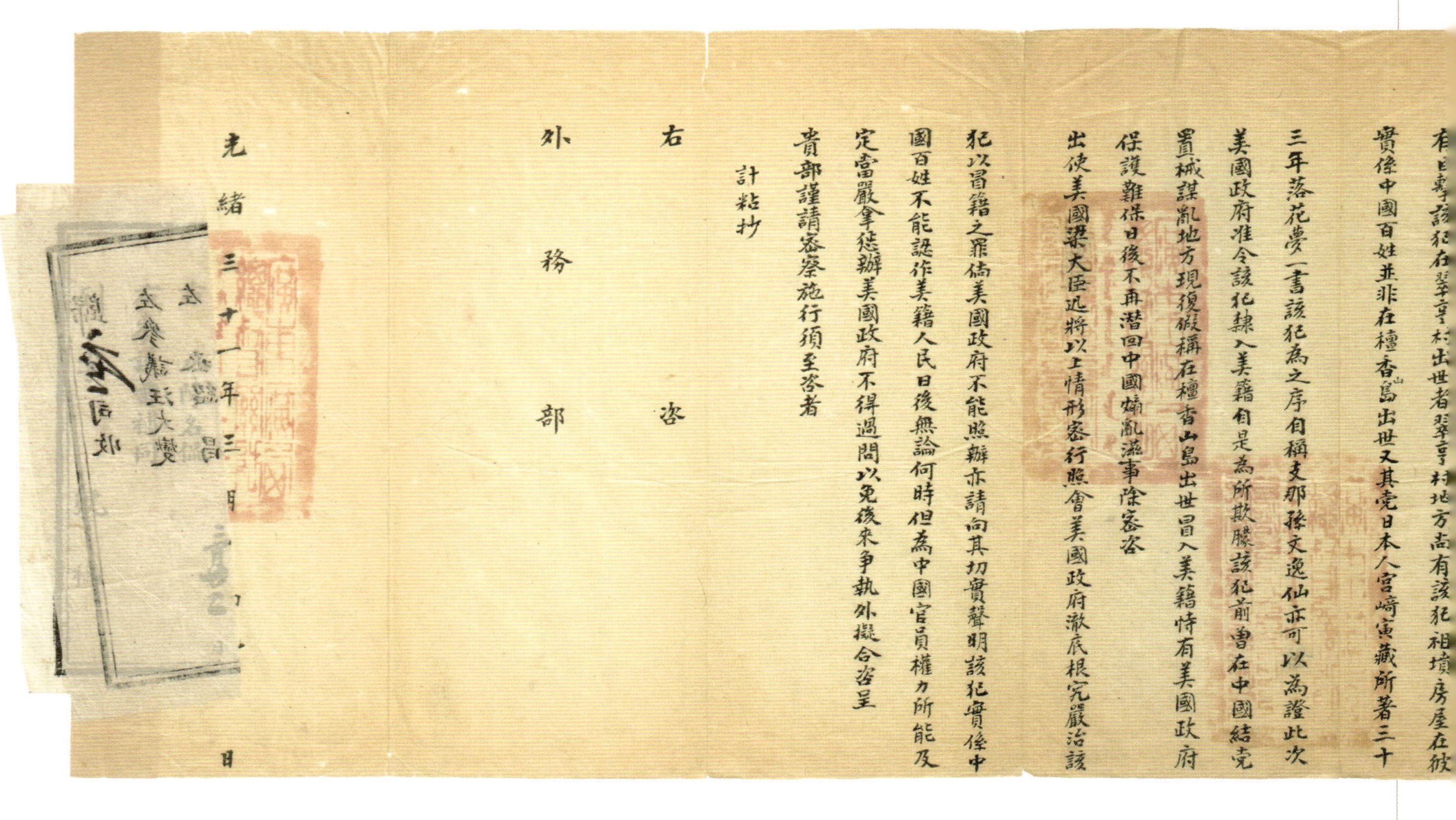

有[illegible]該犯在翠亨村出世者翠亨村地方尚有該犯祖墳房屋在彼
實係中國百姓並非在檀香山島出世又其黨日本人宮崎寅藏所著三十
三年落花夢一書該犯為之序自稱支那孫文逸仙亦可以為證此次
美國政府准令該犯隸入美籍自是為所欺朦該犯前曾在中國結黨
置械謀亂地方現復假稱在檀香山島出世冒入美籍恃有美國政府
保護難保日後不再潛回中國煽亂滋事除咨
出使美國梁大臣迅將以上情形咨行照會美國政府澈底根究嚴治該
犯以冒籍之罪倘美國政府不能照辦亦請向其切實聲明該犯實係中
國百姓不能認作美籍人民日後無論何時但為中國官員權力所能及
定當嚴拿懲辦美國政府不得過問以免後來爭執外擬合咨呈
貴部謹請察核施行須至咨者

計粘抄

右　咨

外務部

光緒三十一年三月　日

孫序

世傳有時有東海俠客號虯髯公者嘗遊中華遍訪豪傑遇李靖於靈石識世民於太原相與談天下事許世民為天人之資贏靖助之以建大業後世民起義師除隋亂果興唐室稱為太宗說者謂初多俠客之功有以成其志云宮崎寅藏君者今之俠客也識見高遠抱負不凡具懷仁慕義之心發拯危扶傾之志日憂黃種淩夷憫支那削弱數游漢土以訪英賢欲共建不世之奇勛襄成興亞之大業聞吾人有造支那之謀創興共和之舉不遠千里相來訂交期許甚深勗勵極摯方之虯髯誠有過之惟愧吾人無太宗之資乏衛公之略馳驅數載一事無成實多負君之厚望也君近以倦遊歸國將其所歷筆之於書以為關心亞局興衰籌保黃種生存者有所取資為吾喜其用心之良為心之喜特序此以表揚之

壬寅八月

支那孫文逸仙拜序

具甘結人甘善照今赴

大老爺台前為具甘結事奉諭密查孫文家世底蘊切查孫文係縣屬翠亨村人同治甲子年生現年四十一歲世代耕種童時在家讀書十五歲後在香港學習洋文考列醫學一等近數年出外日多甚少回村伊祖名敬賢父名達成伊母楊氏生時均在鄉居住並未出過外洋止有其兄一人名眉係出外洋現翠亨村並無田產有洋樓裝式屋一所尚存普照生長大字都石門村與翠亨村毗連目擊孫文生長翠亨村其父母並未出過外洋理合出具切結中間不昧所結是實

光緒三十年十月　日具結人甘善照

具甘結人何天明今赴

大老爺台前為具甘結事緣奉密諭密查孫文家世底蘊切天明生長香山石門鄉與翠亨村相隔最近目擊孫文於同治甲子年生於翠亨村現年四十一歲祖名敬賢父名達成其母楊氏兄弟兩人兄名眉世代耕種孫文童時在家讀書十五歲後赴香港讀洋書後專攻醫學考列一等出外日多數年來甚少回村其父母均未出過外洋現翠亨村有坐東向西洋樓裝式屋一所此外並無田產理合將孫文確係生長翠亨村緣由出具切實甘結中間不冒所具是實

光緒三十年十月　日具甘結人何天明押

頭品頂戴兵部尚書署理兩廣總督兼管［…］務岑

為

密咨事案查逆犯孫文前於光緒二十二年九月間在廣東省城潛運軍火圖謀不軌經官軍查出起獲私藏軍火及該逆黨與多名訊明懲辦該犯於事敗後匿迹外洋迭經購拿未獲前因訪聞該犯有在美東一帶演說斂財勾結內地土匪希圖煽亂並有假稱在檀香山島出世冒入美籍情事當經

電准

出使美國梁大臣查復屬實並經札飭香山縣將該犯祖父姓名家室住址及何年月出世何時離鄉暨平日行逕逐一訪查明確並咨傳該鄉族紳耆詳加詢問取具切實甘結呈候核辦在案茲據署香山縣柴令廷淦遵照查復前來本部堂查該犯孫文字逸仙幼名帝象係廣東廣州府香山

光緒三十一年三月二十二日［…］六百二十八號

雜項

外務部收

逆犯孫文冒入美籍請咨梁使澈究由

署粵督文一件

左侍郎聯　月　日

軍機大臣尚書會辦大臣瞿　月　日

軍機大臣總理外務部事務和碩慶親王　月　日

外務部尚書會辦大臣那　月　日

右侍郎伍　月　日

光緒三十一年三月二十二日珠字六百二十八號

浙江巡抚张曾敭奏折

抓捕秋瑾经过

清光绪三十三年八月初五日

1907 年 9 月 12 日

横 180 厘米　纵 22 厘米

| 纸本 |

秋瑾（1875—1907 年），浙江山阴（今浙江绍兴）人，日本留学期间加入同盟会。回国后，与徐锡麟秘密组织在浙江和安徽两地起义。光绪三十三年（1907 年），因起义消息泄密被捕，后从容就义。此为时任浙江巡抚奏报相关情况的奏折。

局部

頌揚蔣繼雲各監禁一年限滿交保約束應錢
仁訊係被誘受傷未愈呂植松年輕無知王植
槐係屬誤拏飭縣分別遞回省釋至臣前次電
奏兵隊擊斃數匪現據紹興府會委查明係格
傷數人其一因拒捕被格受傷甚重不能取供
旋即身死報由山陰縣驗明棺殮至今尚無屍
屬出認其一係石寶煦取保調醫業已平復其
一即應錢仁應請更正除鈔錄電咨臬供各件
及女犯秋瑾悖逆字據分咨軍機處法部查照
外謹將本案辦理緣由會同閩浙總督臣松壽
恭摺具
奏伏乞
皇太后
皇上聖鑒訓示謹
奏

著照所請該部知道

奏

調補江蘇巡撫浙江巡撫臣張曾敭跪

奏為逆匪勾結謀亂迭獲首要訊明懲辦恭摺具
陳仰祈
聖鑒事竊查浙省會匪向有九龍雙龍等項名目迭
經拏辦迄未盡絕根株其黨散布各處而以金
華府屬之武義永康東陽等縣台州府屬之仙
居紹興府屬之嵊縣處州府屬之縉雲青田松
陽宣平等縣為最多近來風氣日壞竟有士流
敗類興學界中之倡言革命者聯合鼓亂由是
匪勢益盛臣密飭所屬查拏迭據金華府縣稟
報查得該匪黨羽甚衆其著名頭目如徐買兒
聶李唐王汝槐呂觀興張岳雲等均極獷悍並
有學界中人如竺紹康呂鳳樵趙宏富沈榮古
許道亨等及舉人張恭廩貢生劉耀勳廩生王
金發武生沈經等皆以士流而為黨目是股匪
徒皆穿學堂體操黑衣肩章綴有漢字又據署
武義縣錢寶鎔衢防統領已革廣東補用副將
儲光森將沈棋山會同親督弁勇獲匪目聶
李唐劉耀勳等訊認與紹興大通學堂體育會
勾結謀亂搜獲旗幟稟布號衣軍械革命告條
等件查大通學堂係逆匪徐錫麟所辦體育會
附設該堂之内即經電飭紹興府確查隨據該
守貴福來省面稟據紳士密報大通體育會女
教員革命黨秋瑾及竺紹康呂鳳樵等約期起
事竺紹康回嵊糾黨來郡等情復接安徽撫臣
馮煦來電緝獲徐錫麟之弟徐偉據供錫麟妻
王氏游學東洋改名徐振漢與秋瑾同主革命
等語查核皖省犯供與本省獲犯所供紳士所
報均屬相同適先所派軍隊到紹會府查辦旋
據該府暨同山陰會稽二縣帶隊前往大通學
堂及嵊縣公局搜查該匪膽敢開槍拒捕兵勇
還槍擊傷數人拏獲秋瑾及程毅等六人當場
搜獲悖逆字據起出洋槍藥彈多件查閱秋瑾
各字據内有革命論說小說詩稿偽檄文偽軍
制所編八軍以光復漢族大振國權為號該府
縣親提秋瑾查訊詰以匪黨共有幾人堅不吐
實惟稱論說稿是我所做日記手摺亦是我物
革命黨之事不必多問等語訊之程毅等亦供
係秋瑾為首當飭將秋瑾正法其金華各屬匪
徒直據沈棋山等續獲要匪二十餘人金華永
康等縣亦擒獲匪目倪經徐買兒王汝槐呂觀
興等多人訊明稟請就地正法餘匪解散由臣
先行摘要電奏在案嵊縣匪徒拒敵官軍致戕
哨長把總李逢春兵勇亦有傷亡經該縣拏獲

两广总督袁树勋电文（底稿）

广州新军起义情形

清宣统二年正月初六日

1910 年 2 月 15 日

横 125 厘米　纵 18 厘米

| 纸本 |

新军是清政府在中日甲午战争后建立起的一支新式陆军，完全采用西式的军制、训练和装备。宣统二年正月初二日（1910 年 2 月 11 日），同盟会依靠在新军中秘密发展的力量，在广州发动了武装起义。此次起义虽然最终失败，但却极大增强了革命党人对胜利的信心，加速了革命形势的发展。此为时任两广总督袁树勋向清廷报告广州城内新军起义情形的电报底稿。

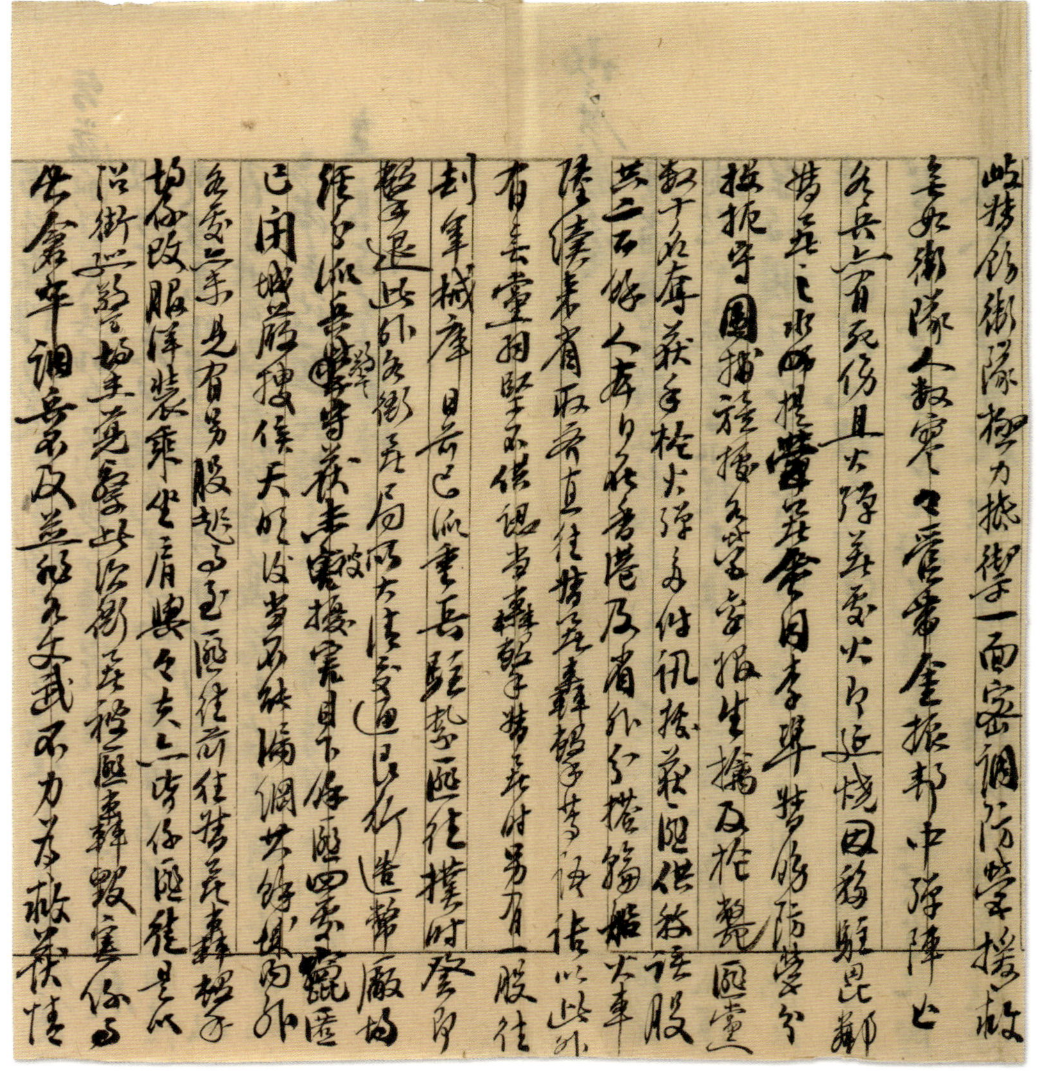

上谕（抄稿）

镇压武昌起义

清宣统三年八月二十一日

1911 年 10 月 12 日

| 纸本 |

宣统三年八月十九日（1911 年 10 月 10 日）晚，驻扎武昌的新军第八营内的革命党人打响了起义的第一枪，并迅速夺取楚望台军械库，缴获大量枪支弹药。随后，各路起义部队相继向楚望台集结。攻占军械库，是武昌起义军的第一个目标，也为起义胜利奠定了基础。

湖广总督瑞澂电奏新军起事情况，清廷下发上谕，内称已调集军队赴鄂镇压革命党人，同时严厉申斥瑞澂“毫无防范”致使“省城失陷”，辜负君恩。此为上谕的抄稿。

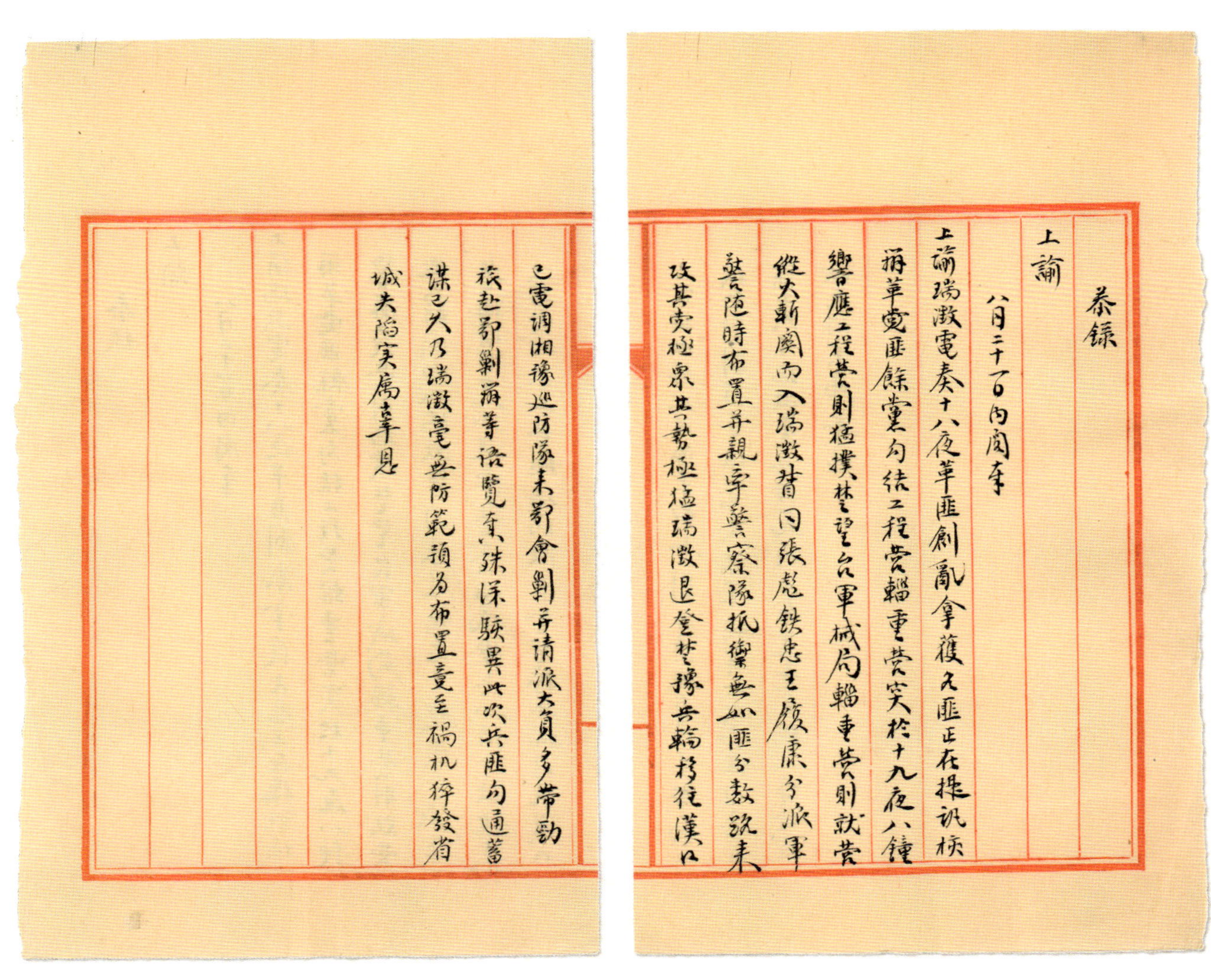

恭錄

上諭

八月二十一日内閣奉

上諭瑞澂電奏十八夜革匪創亂拿獲各匪正在提訊核

辦革黨匪餘黨勾結工程營輜重營突於十九夜八鐘

響應工程營則搶撲楚望台軍械局輜重營則就營

縱火斬關而入瑞澂督同張彪鐵忠王履康分派軍

警隨時布置并親率警察隊抵禦無如匪分數路來

攻其黨極眾其勢極猛瑞澂退登楚豫兵輪移往漢口

已電調湘豫巡防隊來鄂會剿并請派大員多帶勁

旅赴鄂剿辦等語覽奏殊深駭異此次兵匪勾通蓄

謀已久乃瑞澂毫無防範預為布置竟至禍機猝發省

城失陷實屬辜恩

孙中山就任中华民国临时大总统誓词

1912 年 1 月 1 日
（中国第二历史档案馆藏）

清宣统三年十一月十三日

横 120 厘米　纵 29 厘米

| 纸本 |

1912 年 1 月 1 日，孙中山在南京宣誓就任中华民国临时大总统。此为《临时大总统誓词》及《临时大总统宣言书》。由此，中华民国成立，中国人民寻求救国之路的探索，进入新的阶段。

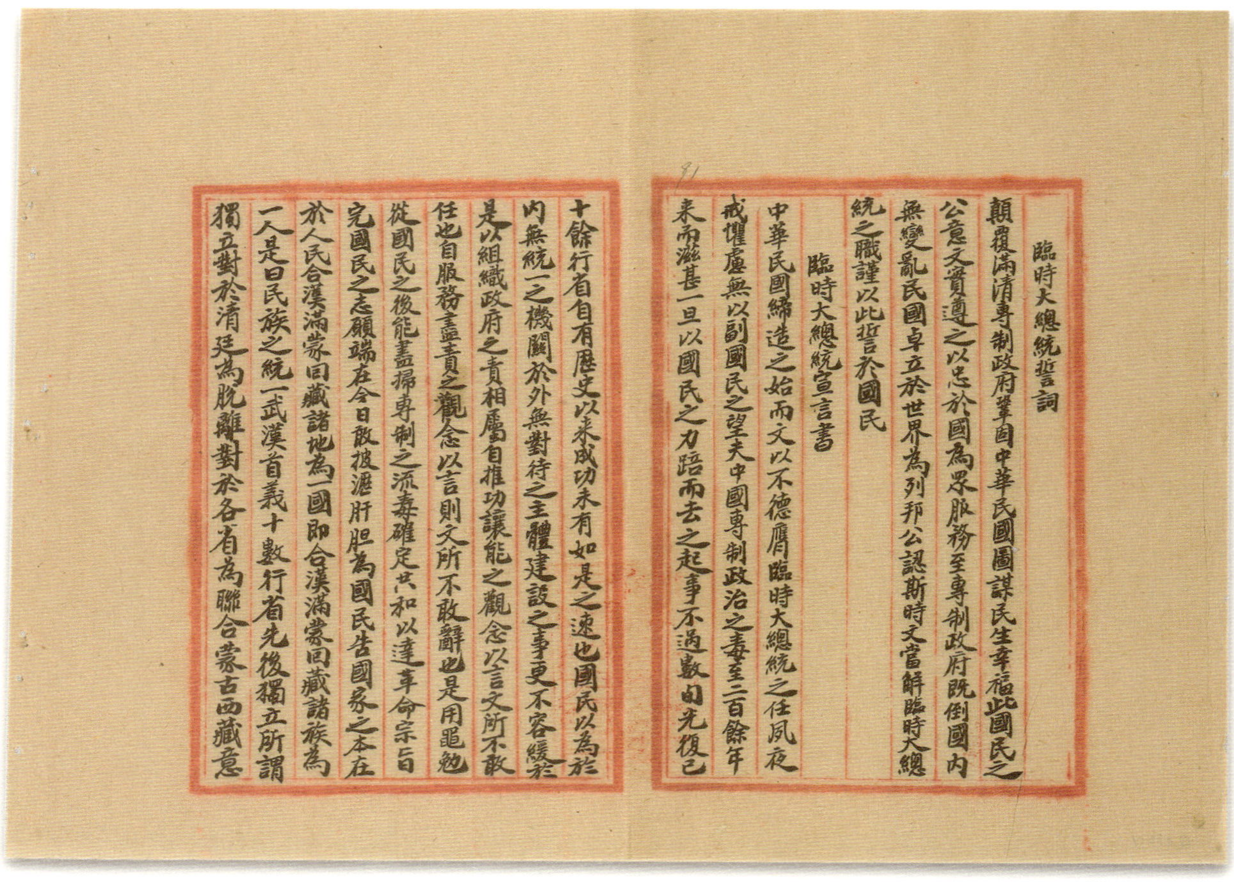

臨時大總統誓詞
顛覆滿清專制政府鞏固中華民國圖謀民生幸福此國民之
公意文實遵之以忠於國為衆服務至專制政府既倒國内
無變亂民國卓立於世界為列邦公認斯時文當解臨時大總
統之職謹以此誓於國民

臨時大總統宣言書
中華民國締造之始而文以不德膺臨時大總統之任夙夜
戒懼慮無以副國民之望夫中國專制政治之毒至二百餘年
來而滋甚一旦以國民之力踣而去之起事不過數旬光復已
十餘行省自有歷史以來成功未有如是之速也國民以為於
内無統一之機關於外無對待之主體建設之事更不容緩於
是以組織政府之責相屬自推功讓能之觀念以言文所不敢
任也自服務盡責之觀念以言則文所不敢辭也是用黽勉
從國民之後能盡掃專制之流毒確定共和以達革命宗旨
完國民之志願端在今日敢披瀝肝胆為國民告國家之本在
於人民合漢滿蒙回藏諸地為一國即合漢滿蒙回藏諸族為
一人是曰民族之統一武漢首義十數行省先後獨立所謂
獨立對於清廷為脫離對於各省為聯合蒙古西藏意

亦同此行動既一決無歧趨樞機成於中央斯經緯周於四至是曰領土之統一血鐘一鳴義旗四起擁甲帶戈之士遍於十餘行省雖編制或不一號令或不齊而目的所在則無不同由共同之目的以為共同之行動整齊畫一夫豈其難是曰軍政之統一國家幅員遼闊各省自有其風氣所宜前此清廷强以中央集權之法行之以遂其偽立憲之術今者各省聯合互謀自治此後行政期於中央政府與各省之關係調劑得宜大綱既挈條目自舉是曰內治之統一滿清時代藉立憲之名行斂財之實雜捐苛細民不聊生此後國家經費取給於民必期合於理財學理而尤在改良社會經濟組織使人民知有生之樂是曰財政之統一以上數者為政務之方針持此進行庶無大過若夫革命主義為吾儕所昌言萬國所同喻前此雖屢起屢躓外人無不鑒其用心八月以來義旗飆發諸友邦對之抱和平之望持中立之態而報紙及輿論尤每表其同情鄰誼之篤良足深謝臨時政府成立以後當盡文明國應盡之義務以期享文明國應享之權利滿清時代辱國之舉措與排外之心理務一洗而去之抱和平主義與我友邦益增睦誼將使中國見重於國際社會且將使世界漸趨於大同

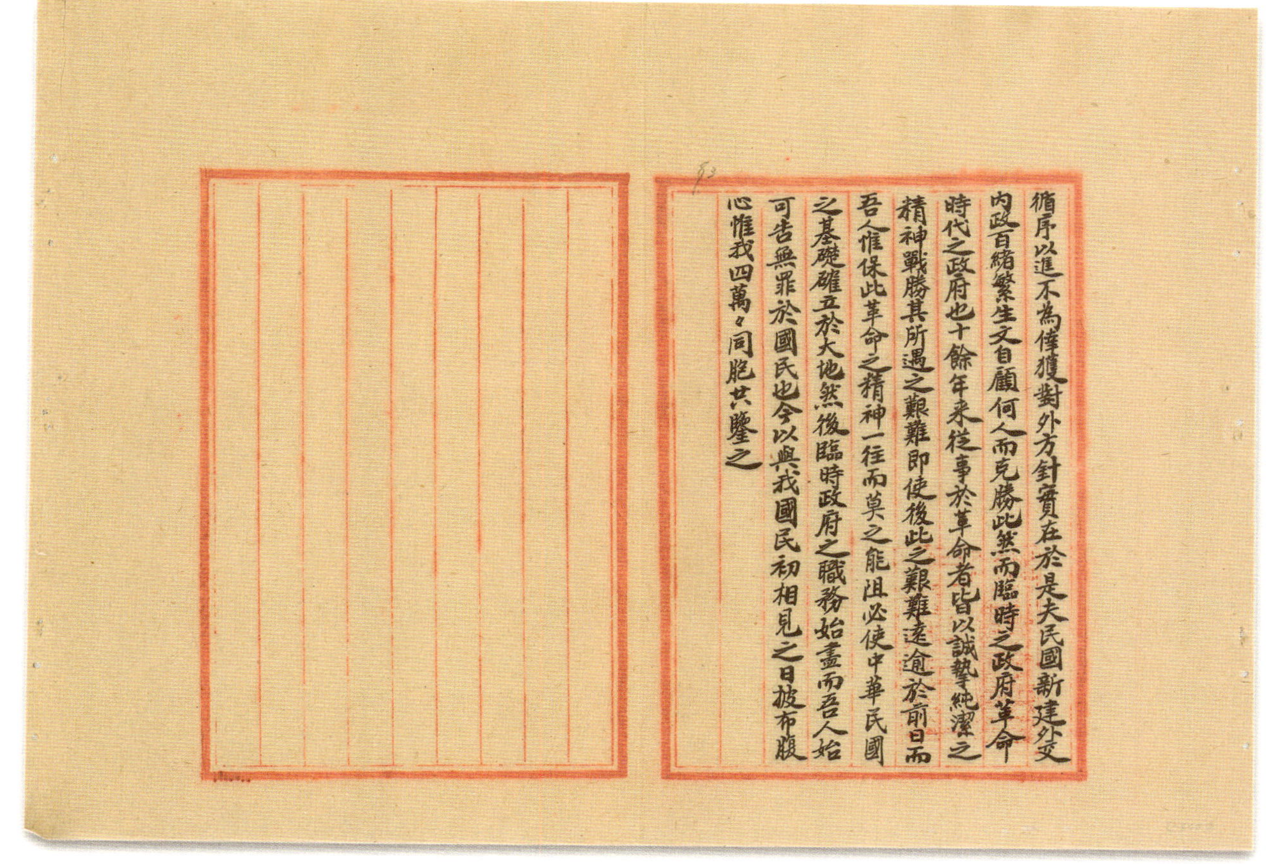

循序以進不為倖獲對外方針實在於是夫民國新建外交內政百緒繁生文自顧何人而克勝此然而臨時之政府革命時代之政府也十餘年來從事於革命者皆以誠摯純潔之精神戰勝其所遇之艱難即使後此之艱難遠逾於前日而吾人惟保此革命之精神一往而莫之能沮必使中華民國之基礎確立於大地然後臨時政府之職務始盡而吾人始可告無罪於國民也今以與我國民初相見之日披布腹心惟我四萬〃同胞共鑒之

清帝退位诏书

清宣统三年十二月二十五日
（中国国家博物馆藏）

1912年2月12日
横120厘米　纵29厘米
| 纸本 |

隆裕皇太后代表宣统帝宣布接受“善后优待条例”，正式发布退位诏书。诏书内称“外观大势，内审舆情，特率皇帝将统治权公诸全国，定为立宪共和国体”。以袁世凯全权组织临时政府，与南方革命政权协商统一办法，“合满蒙汉回藏五族完全领土，为一大中华民国”。

清帝退位诏书的颁布，标志着清王朝的覆灭，也宣告了中国延续两千余年的帝制时代的终结。

與皇帝得以退處寬閑優游歲月長受國民之優禮
親見郅治之告成豈不懿歟欽此
宣統三年十二月二十五日
內閣總理大臣臣袁世凱
署外務大臣臣胡惟德
民政大臣臣趙秉鈞
署度支大臣臣紹英假
學務大臣臣唐景崇假
陸軍大臣臣王士珍假
署海軍大臣臣譚學衡
司法大臣臣沈家本假
署農工商大臣臣熙彥
署郵傳大臣臣梁士詒
理藩大臣臣達壽

钤印

宣統三年十二月

法天立道

奉
旨朕欽奉
隆裕皇太后懿旨前因民軍起事各省響應九夏沸騰
生靈塗炭特命袁世凱遣員與民軍代表討論大局
議開國會公決政體兩月以來尚無確當辦法南北
暌隔彼此相持商輟於途士露於野徒以國體一日
不決故民生一日不安今全國人民心理多傾向共
和南中各省既倡議於前北方諸將亦主張於後人
心所嚮天命可知予亦何忍因一姓之尊榮拂兆民
之好惡是用外觀大勢内審輿情特率皇帝將統治
權公諸全國定為共和立憲國體近慰海内厭亂望
治之心遠協古聖天下為公之義袁世凱前經資政
院選舉為總理大臣當茲新舊代謝之際宜有南北
統一之方即由袁世凱以全權組織臨時共和政府

鸣谢

张秀福　赵永亮　张振东　宁　宁　张　轩　尚雅君
刘　阳　庞　杰　曹丽娜　梅　倩　孙　全　何红艳
刘　佳　赵鹏飞　赵雅梦　朱　楷　时佳玉　陈秋静
郭聿欣　郭金龙　徐　力　刘　也　潘忠瑾　张　健